JN241850

家族の人類学

マレーシア先住民の親族研究から助け合いの人類史へ

信田 敏宏 著

臨川書店

目　　次

はじめに

　調査地ドリアン・タワール村を初めて訪れたのは、今から 22 年前の 1996 年のことである。鬱蒼とした熱帯雨林の森のなかにひっそりと佇むオラン・アスリの村は、当時の私にとって、何か得体のしれない怖さを秘めた謎の村であった（信田 2013a）。しかし、村に一歩踏み入れた時から、その恐怖心は好奇心となり、それから約 2 年間、満天の星空を見上げることも、鳥や虫の鳴き声に耳を傾けることもなく、調査に明け暮れる日々を送ったのである。

　世帯数 63、人口 387 人のドリアン・タワール村でのフィールドワークは、調査の基本となる世帯調査から手を付けた。約 1 カ月後、世帯調査を終え、親族関係の系譜図を作成すると、この村では全ての人が親族関係にあることが明らかになったのである。世帯調査で一軒一軒家に上がり込み、村びとから直接話を聞いたことで、全ての村びとの顔と名前が脳裏に刻み込まれ、また彼ら全てにつながりがあるため、親族関係を把握するのにもそう時間はかからなかった。ちなみに、私自身、当時も今も村びとにとって赤の他人ではない。世帯調査を実施する前に、バティン・ジャングットから養子になるように勧められ、養子儀礼を行ない、親族の一員となっていたのである。バティンは私を養子にする理由を、この村では親族または家族になった方がつきあいやすいから、と語っていた。

　この村では、1970 年代初頭、バハロンというマレー人の役人（オラン・アスリ局の長官）がフィールドワークを行なった。彼がケンブリッジ大学に提出した博士論文（Baharon 1973）が私の調査の基礎となっている。バハロンの博士論文には、基礎的なデータとして、親族名称など、家

族・親族に関するデータも掲載されており、私が調査をする 20 年以上前の村の様子や情報を知る上でとても役に立った。誰かが将来、この村を再調査する際に、最も役に立つデータは、村の家族や親族に関する情報であろう。誰が誰とどのような親族関係で結びついているのかを知ることは、村を理解する上で基盤となるからである。また、昔の様子を知っておくことは、現在までの村の変化を把握する上で必要不可欠である。従って、私も 1990 年代の村の基礎的なデータをできる限り書き残しておくべきだと考え、調査結果を「世帯の記録」として論文に付した（信田 2004a）。本書では、その「世帯の記録」に新たな情報を加えた改訂版を付している（「世帯の記録」）。

　2 年間の調査期間中、この小さな村にも様々な問題が発生した。1996 年当時、イスラーム化の波が押し寄せていた村では、家族を巻き込んだ事件が次々と起き（信田 2004b）、同時に、開発によって経済格差が大きくなり、村の階層化も進んでいた。こうした様々な外的要因により、一つのつながりで保たれていた村びとの輪が、いくつかの輪に分かれてしまったかのように、当時の私の目には映っていた。家族の崩壊や親族関係の断絶を目の当たりにしたからであろう。この村では、村のなかのあらゆる現象が、すぐさま家族や親族関係に影響を与えていた。なぜなら、家族・親族の関係が村の人間関係の全てだからである。

　しかし、当時の私は表面に浮かび上がる事象や変化に目を奪われ、ジャーナリストさながら事件の推移にのみ振り回されていた感がある。せっかく丁寧に拾い上げた世帯調査の記録は、当時の私のなかではあくまでも基礎的なデータでしかなかったのかもしれない。

家族・親族に関する人類学研究

　村びとの個人情報や、その家族関係や親族関係は、人類学者にとって非常に重要なものなのだが、実際にそうした関係性を研究の対象とした

り、細かく分析したりすることは、人類学研究において行なわれなくなって久しい。復調の兆しが見られるとはいえ、人類学における家族・親族研究の衰退が著しいと言われている（瀬川 1997; 小川 2008）。

　かつては、人類学＝親族研究と言われるほど、家族や親族に関する人類学研究は盛んに行なわれていた。人類学は親族研究によって花開いたと言ってもよい。ラドクリフ＝ブラウン、マリノフスキー、エヴァンス＝プリチャード、レヴィ＝ストロース、エドマンド・リーチ、マードックなど、人類学における著名な学者たちは、親族研究によって名を馳せていたのである。

　世界各地の婚姻制度や親族構造を分析したレヴィ＝ストロースによって隆盛を極めた親族研究は、その後、ニーダムによる親族の概念を用いた比較研究への懐疑的な見解や、シュナイダーによる「人類に知られているいかなる文化においても親族は存在しなかった」という宣言などを契機に、次第に研究の動きが鈍くなっていった（小川 2008: 53-56）。ニーダムやシュナイダーは、欧米における家族や親族の概念を普遍化し、それらを調査対象である欧米以外の地域における家族や親族に当てはめて分析したり、比較研究を行なってきた従来の親族研究を批判したのである。

　その後、停滞の時代が長く続いたものの、マレーシアのランカウイ島のマレー漁村においてフィールドワークを行なったジャネット・カーステンが「つながり (relatedness)」という概念を用いて、編著を刊行して以降、親族研究に復調の兆しが生まれている（Carsten ed. 2000; Carsten 2004）。また、レヴィ＝ストロースの「家」概念を再考する共同研究の成果も刊行されている（小池・信田編 2013）。それでも、親族研究を前面に出した人類学研究は、依然として少ない。民族誌や人類学関係の論文でも、親族に関する記述が書かれているものはあるが、それらはあくまで調査対象の人々や社会に関する基礎的情報の提示にとどまっているも

のが多い。

　このように、人類学研究に限定して概観すると、家族や親族についての研究は衰退しているように見えるが、他の分野の研究に目を向けると、そうではなく、むしろ、家族についての関心は高まっている傾向がある。

　例えば、霊長類学の分野では、霊長類の家族を研究するなかで、人間の家族についての考察を進めている。山極（2012）は、主にゴリラとの比較から初期人類の家族の姿を推察する一方で、現代社会における家族のあり方に対しても様々な提言を行なう。松沢（2011）は、チンパンジーとの比較から、人間らしさとは何かという根源的な問いを発しつつ、人間の子育てや家族のあり方、さらには精神性にまで思索の幅を広げている。

　また、近年では、歴史人口学者・家族人類学者エマニュエル・トッドの一連の著作への注目もある（トッド 2001; 2008; 2016a; 2016b）。本書で主に参考にしている『家族システムの起源』（トッド 2016a; 2016b）では、世界の家族を 15 の類型に分け、歴史資料や民族誌の資料を用いて、歴史的な観点から家族システムの起源に迫っている。

　社会学の分野では、家族社会学など「家族」の問題は長年にわたって研究対象とされており、最近では、シェアハウスにおける家族的つながりに着目した論考（久保田 2009）をはじめ、家族を超える関係性に焦点を当てた論集（牟田編 2009）など、気鋭の社会学者らによる研究が注目されている。介護や福祉の分野においても、家族に対する関心は高い。また、人口減少が進み、少子高齢社会となっている日本では、当然ながら、多くの人が家族の問題に関心を持っており、学問分野に限らず、テレビのドキュメンタリーや映画のテーマとして「家族」が取り上げられることが増えている。

　このように、社会的にも学問的にも関心が高まっているにもかかわらず、本家本元であるはずの人類学の分野では、家族や親族への注目度は高くなっているとは言いがたい。これは不思議なことで、人類学者が

「家族」「親族」を昔ながらの研究テーマとして遠ざけているようにさえ見える。もちろん、人類学の研究テーマが多様化したことも一因かもしれない（瀬川 1997: 55）。しかし、日本に限らず、人類学が対象とする世界各地のローカルな社会でも、家族や親族の関係性は変化しているのではないだろうか。今こそ、人類学者は他分野の研究成果を取り入れ、家族や親族に再び注目しなければならない時である。

とはいえ、家族や親族の動向に注目している人類学者がいないわけではない（e.g. 河合編 2012）。新生殖医療技術における家族・親族の問題を扱った論考が数多く発表され（e.g. 上杉編 2005; 上杉 2002）、ヨーロッパ社会を対象とする人類学研究では、市民社会やソシアル概念への注目や介護や新生殖医療技術との関連において、家族や親族の問題に取り組んでいる（宇田川 2011; 森編 2004; 2014）。また、介護、移民、ジェンダー、寡婦などのテーマとの関連で家族や親族が言及されている論考もある（速水 2009; 瀬川編 2018; 椎野編 2007; 椎野 2008）。しかし、これら一連の研究は、かねてより親族研究を行なってきた研究者らによるものであり、管見では、次の世代を担う研究者による新しい親族研究はまだ少ないようである。常に新たな研究テーマが求められる昨今の学界の状況からすれば、親族研究のような、一見するとオーソドックスで古典的な研究は真正面から取り上げにくいのかもしれない。

日本との比較

マレーシアにおける長期フィールドワークから 22 年、定点継続調査を続行しながら、私は村で起こる問題や変化に注目し、イスラーム化、開発、キリスト教、教育、伝統芸能、近年では先住民運動や NGO 活動といったテーマで研究を重ねてきた[1]。これらは直接的には家族や親族

---

[1] オラン・アスリを対象とした研究ではないが、自らの家族や、障がい児教育、インクルーシブ社会について論じた著作もある（信田 2015a; 2015b; 2016; 2018）。

とは関係がないようなテーマであるが、論文を書く私の頭のなかにはい
つも村びとの顔が浮かんでいた。様々な問題や変化を受け止める彼ら一
人ひとりの様子が目に浮かぶのである。事件が起こるたびに家族や親族
が集まり話し合う姿や、問題の渦中にある夫婦を取り囲み、村のリー
ダーであるバティンが裁定を下す様子などが思い起こされる。この村で
は、一人の村びとの問題はすぐさま家族や親族の問題として発展し、ひ
いては村の問題となる。そして、それらは村のなかで解決されていく。
村で起こることはどんな事柄も一個人の問題として無関心に放って置か
れることはなく、家族や親族を巻き込んだ問題となるのである。村びと
は誰もが家族や親族の一員としてつながっているからである。逆に言え
ば、村には赤の他人は存在しないのである。

　村びとがオラン・アスリという被差別民的なマイノリティ民族であり、
周囲の民族から差別的な扱いを受けてきたことも、家族や親族で寄り
添って暮らしている要因の一つであろう。周囲の民族から差別を受けて
いるがゆえに、村びとは外の世界に出て行くのが困難なのである。実際、
都会に出たものの、周囲からのいじめや差別を受けて村に帰ってくる若
者は多い。また、わざわざ被差別民の村に移住するオラン・アスリ以外
の民族もいない。こうした事情から、村では、家族や親族の関係にある
者同士が寄り添い、濃密な人間関係が維持されているのである。

　彼らを取り巻く社会は大きく変化しているが、彼らの家族や親族の関
係性は変わっていない。家族は、単独のユニットとして存在しているわ
けではなく、親族関係のネットワークに組み込まれる形で存在している。
生業が変化しても、教育水準が高くなっても、外の世界からの影響を受
けても、彼らの家族関係や親族関係には変わりがないのである。

　一方、日本に目を向ければ、この 20 年で日本の家族や親族はずいぶ
ん変化したように見える。かつては、三世代同居など、直系家族が当た
り前だった日本の家族も、核家族化が進み、最近では、独身者や生涯未

婚者、高齢者の一人世帯など、単身化が進んでいる。家族や親族との人間関係のわずらわしさから自らを解放したい、自由でありたいという考え方も、こうした傾向を助長してきた面もあるだろう。とはいえ、その結果というべきか、少子高齢化や長く続いた経済不況などの影響で、家族や親族、さらには地域とのつながりを失ったことが要因となり、孤立死や墓問題、老後破産などの問題が起きている。そのほか、ひきこもり、DV、虐待、介護、離婚など、日本の家族問題は枚挙にいとまがない。

これらの問題に共通しているのは、助け合う人がいないということである。無縁社会と言われるように、相談する家族や手を差し伸べる親族がおらず、社会から孤立しているのである（NHK「無縁社会プロジェクト」取材班 2012; NHK スペシャル取材班 2013; 2015; 2016）。家族の絆、親族のつながりが薄くなり、家族や親族は支え合う人ではなく、迷惑をかけてはいけない人になっている。生活保護や様々な行政サービスがあるので、家族や親族が助ける必要がないという面もある。生業や経済など社会の変化とともに人々の暮らし方は変わり、その暮らしを支えるために新たな制度が作られる。しかし、その制度は皮肉にも家族や親族の絆を壊しているようにも見えるのである。

日本の場合、家族は単独で存在し、家族と家族をつなぐネットワークとしての親族関係が薄くなってきている点に特徴がある。都会では、親族が集まるのは、冠婚葬祭の時だけという人も少なくない。地方など、親族が集まって暮らしている場所でも、高齢化・過疎化が進み、親族による助け合いが不可能になっているところもある。家族を取り囲み、外の世界から家族を保護するような形で親族が存在し、その外側を社会が取り囲むというのが、従来の日本の社会のあり方であっただろう。しかし、家族と社会の間にある親族の存在が希薄になったがゆえに、家族は直接、外の社会や他者、さらには国家と接することになり、いわば家族は社会と直接交渉を行なわざるを得ない状況になっているのである。加

えて、外からの圧力にさらされる家族そのものが、成員の欠如などの理由で機能不全に陥る場合もあり、家族関係が不安定になり、家族の分断や崩壊が引き起こされているのではないだろうか。

　日本の家族は、親族のネットワークから切り離され、親族とともに生きることがなくなりつつあるが、現在では介護や福祉など、行政の制度を利用したり、様々なサービスを活用すれば、何とか暮らしていけるようになっている。極端に言えば、一人でも生きていけるような仕組みができあがっているのである。買い物は24時間コンビニエンスストアやスーパーで買うことができるし、ネットの通信販売も利用できる。高齢者の福祉サービスは、買い物代行や弁当の宅配、掃除サービスまで揃っていて、お金さえあれば、体が不自由になっても自宅で一人で生きていけるようになっている。経済的に苦しければ、生活保護の制度もある。子育ては、保育園などで他人が子供を預かってくれる。従来であれば、家族や親族に相談するようなことであっても、インターネットのなかで質問を書き込めば、誰かが解説したり、質問に答えてくれたりする。結婚式や葬式は、業者に依頼すれば、滞りなく行なってくれるし、最近では、お墓の清掃代行業まであるというから、まったく驚かされる。いわば、揺りかごから墓場まで、行政や社会が面倒を見てくれるようになっているのである。

　以上のように、今や日本は、単独でも生きていける社会になっているが、その一方で、自由や便利さの代償として孤独を感じている人が多いのも事実である。さらに、孤立しているのは個人だけではなく、親族のネットワークから切り離された家族もまた社会から孤立している場合がある。隣の家族が何人家族なのか、どんな仕事をしているのかなどを知らないことも稀ではない。単独で生きることは、物理的には可能かもしれないが、それは社会からの孤立を意味し、人間の心に大きな影響をもたらす。孤独を感じている人がいかに多いか、逆にSNSなどを通して

「つながり」を求めている人がいかに多いか、というのはよく指摘されることである。

　一方、オラン・アスリの村では、家族や親族の関係が濃密である。しかも、家族や親族の関係で互いに結びついている村びとは、冠婚葬祭の時だけでなく、日常の生活でも助け合って暮らしている。村では、狩猟採集活動や農作業、家の建築、家や道路の修理、病人や子供の世話など、何をするにも助け合っている。介護や福祉などの行政サービスはないに等しく、実際のところ、保健師が村を時々訪れるくらいで、保育園や老人ホームなどもない。老後の生活資金となる年金制度もない。結婚式や葬式を執り行なう業者もいないので、村びと総出で手作りの式を行なっている。高齢者や子供だけでなく、障がいのある人も家族や親族で世話をしているのである。問題がある時は、家族だけでなく親族に相談したり、バティンなどの村のリーダーに相談したりする。

　彼らは、「ありがとう」という言葉をめったに口にしない[2]。常に、互いに助け合い、分かち合う状況なので、そのたびに「ありがとう」とわざわざ言わないのである。かといって、「ありがとう」という気持ちがないわけではない。お互いさまの社会、いわば互酬性の社会なのである。

　濃密な人間関係のなかでは、わずらわしいことや面倒なことも多いし、実際、喧嘩や争い事は日常茶飯事である。それでも、人と付き合っていかなければ、親族と付き合っていかなければ、この村では生きていけないのである。この村では、孤立は、即、死を意味する。例えば、彼らは狩猟で得たイノシシなどの肉を平等に分配するが、誰かが独り占めしよ

---

[2] 奥野克巳は、マレーシア、サラワク州のプナン社会でのフィールドワーク経験から、プナン人が「ありがとう」「ごめんなさい」を言わないということを取り上げ、彼らの社会のあり方を考察している（奥野 2018）。おそらく、これは、狩猟採集民や元狩猟採集民に接してきた調査者の多くが気づいていたことであろうが、それをテーマとして取り上げ、真正面から論じたのは奥野が最初であろう。

うものなら、次からは、その独占者は孤立し、肉を分けてもらえない[3]。彼らにとって、助け合うこと、分かち合うことが、生きていくことと同義なのである。

村では、家族が孤立したり、個人が孤独になったりする状況もあまりない。家族や親族のつきあいは面倒なことや大変なことは多いのかもしれないが、孤独を感じずに済むというメリットがある。実際、うつ病を発症している村びとは極めて稀である。助け合い、分かち合いが彼らの生活そのものである。それは日本のように人工的な制度としてもたらされる助け合いや支援とは違い、人類が原初の時代から自然な形で持ち続けてきた社会のシステムなのである。（写真1から4）

「オラン・アスリは30年後にはいなくなる」と、今から20年ほど前にバティン・ジャングットが言っていた。家族や親族で助け合い、分かち合って生きているオラン・アスリの世界が、近代化や市場経済の影響などで消えてなくなってしまうのではないか、という危惧は確かにある。私自身も、イスラーム化というマレー人への同化政策や開発などによりオラン・アスリという民族が消滅する可能性について考えたことがある。しかし、こんにち、オラン・アスリがいなくなる可能性は相当低いと思われる。それは、彼らの家族・親族関係のあり方と無関係ではないだろう。

---

[3] 村びとには、プナン（punan）という概念があり、それを彼らは大事なものと考えている。プナンとは、ある人の欲求（食欲であることが多い）が満たされないと、その人に災いがもたらされるという考え方である。例えば、森に入る前にタバコを喫いたいと思ったが、喫わずに森に入った人がいたとする。そうした状態で森に入ると、トラに襲われたり、木が倒れてきて怪我をすると信じられているのである。また、ある人が出かける時に、他の家族が食事をしていたり、おやつを食べていたとする。その人がそれらを「食べたい」と思ったのなら、それらを一口食べるか、あるいは、時間がないときは、「プナン、プナン……」と唱えながら、ご飯粒、おかず、お菓子の一部などを腕につけるのである。そうしないと、出先で怪我をしたり、場合によっては、死んでしまうと信じられている。このプナンという概念は、彼らが狩猟で得た肉を分配することや、儀礼において共食をすることに大いに関係している。つまり、プナンという概念で語られてはいるが、彼らはみんなが同じ欲求を持っていると考え、互いの気持ちを尊重するような生活をしているのである。

写真1　夕方、くつろぎのひととき（2008 年）

写真2　母と娘たち。赤ん坊を抱いているのは息子の妻（2015 年）

写真3　結婚式を前にくつろぐ子供たち（2017 年）

写真4　結婚式の料理を準備する女性たち。ビンロウの実をむいている（2017 年）

　以上のように、家族を取り巻く状況にまで視野を広げることは、家族を考える上で必須である。本書において家族ばかりでなく、家族を超える関係性についても取り上げて考察を加えている理由はそこにある。

変わらない光景

　2017 年、村で結婚式があると調査助手のアサットから連絡がきた。私が調査を始めた頃はまだ小さかった女の子が結婚するというのである。新郎はサバ州のカダザン人の男性だという。8 月、私は 1 年ぶりに村へ向かった。

　結婚式当日、正午頃、灼熱の太陽が照りつける 40 度近い炎天下のなか、新婦新郎が村の道を練り歩く（写真 5 から 8）。ゴング（銅鑼）の音が響き渡り、大勢の村びとが新郎新婦を取り囲み大行列をつくっている。暑さで朦朧としながらも、カメラで撮影を続けていた私の目には、イスラームに改宗した村びともキリスト教に改宗した村びともみんな一緒に結婚式を楽しむ様子が映っていた。

　20 年前と同じ光景、同じ音、人々の笑い声やのんびりした時間の流れ。タイムスリップしたかのような錯覚に陥った。ただ一つ違うのは、以前はマレー人風であった新郎新婦の衣装が、樹皮で作られたオラン・アスリ風に変わっていたことである。村を練り歩いた後、新郎新婦は結婚式の会場であるアダット会館に入っていった。会館のなかもまたオラン・アスリ風にヤシの葉やバナナの葉などで美しく飾りつけられている。以前よりも伝統文化を大切にしようとする彼らの意識が強まっているのであろう。昔と同様にエアコンのない館内に大勢の村びとが座り始めた。

　婚姻儀礼も、以前と同じように執行された。かつてのアダット・リーダーたちの多くが亡くなり、新しいアダット・リーダーたちが儀礼を取り仕切っていたが、儀礼のやり方はまったく変わっていない。会場の中央には新婦側の女性親族たちが集まり、儀礼の様子をうかがいながら、

写真 5　結婚式の行列。新郎新婦を囲んで練り歩く（2017 年）

写真 6　新郎新婦。卵の花（bunga telur）を持っているのは新婦の女性親族（2017 年）

写真7　結婚式会場のアダット会館。新婦側の親族が中央に座っている（2017年）

写真8　オラン・アスリの伝統衣装に身を包み、結婚の誓いの儀礼を行なう新郎新婦。奥で
見守るのは、アダット・リーダーたち（2017年）

昔と同じ真剣な表情で新郎を見定めている。

　儀礼が終わって、参加者一同でともに食事をとった。やはりメニューも変わらない。村びとが作った牛肉のカレー、鶏肉のカレー、魚の揚げ物料理、カンコン（空芯菜）などの野菜の炒めものなどを以前と同じ場所、同じ雰囲気で食べている。

　共食の後、村びとが木陰で暑さをしのぎながら談笑している姿も同じであった。ふと目をやると、10人くらいの子供や女性たちが何やら同じダンスを踊っていた。聞きなれない音楽と踊りにしばし目を奪われ、思わずビデオを撮った。これはズンバというダンスでコロンビア出身のダンサーが考案したフィットネス・ダンスだそうだ。調べてみると、日本を含め現在世界各地で流行っているそうである。インターネットやグローバル化はこの村にも大きな影響を与えているのである。

　夜になると恒例の野外ディスコが開催された。村の若者たちのバンドが演奏するロック調の音楽に合わせて、子供たちや若者たちが踊っている。以前と違うのは、インターネットの音源を用いたカラオケ大会が行なわれていたことであった。

　あれから22年、村では様々な問題が起きては解決されていった。この世を去った村びとも多い。それでも、村は今も以前と変わらず存在している。家族のあり方も親族のまとまりも変わらない。教育水準は高くなったが、相変わらず子沢山で村の人口は減っていない。村を出て町で働く人たちも増えたが、村は過疎化していない。村の組織や儀礼、日々の過ごし方も変わらない。昔と違っているのは、片手にスマートフォンを持つようになったことぐらいである。

新たな関係性

　オラン・アスリは遠い昔から権力や外圧に翻弄されながら生きのびてきた民族である。彼らにとって家族・親族は唯一の味方であり、助け合

える仲間であっただろう。しかし、近年では、以前とは違った意味で外部世界の影響を受けている。NGOである。マレーシアのなかでマイノリティとして弱い立場にあったオラン・アスリが、先住民運動を活発化させ、自分たちの権利やアイデンティティを取り戻そうとしている。彼らはNGOを介して他の先住民族や世界のNGOとつながりつつある。家族・親族という伝統的なつながりと結束をもって生きのびてきた民族は現在、従来の関係性を超え、外の世界と新たな関係を構築しようとしている。

　22年前、村で起こる変化や事件を目の当たりにした時、10年後、20年後、この村はどうなっているのだろうか、村びとたちはどんな生活をしているのだろうか、と不安になったのを覚えている。イスラーム改宗やキリスト教改宗などで家族がばらばらになり、仕事や結婚などで村を出て行く人も現れて、村自体が次第にさびれていく姿が頭をよぎったのである。あるいは、「オラン・アスリ」と呼ばれなくなり、「マレー人」になってしまうのではないかとも予想していた。しかし、20年を過ぎた今もドリアン・タワール村の人々は同じ笑顔で同じような日々を送っている。家族の形も家族の絆も変わらない。あいかわらず、オラン・アスリのままである。

　オラン・アスリにとって家族とは何か、親族とは何か。本書では、オラン・アスリと村の歴史を詳細に振り返るとともに、近年のオラン・アスリを取り巻く社会変化と村びとの様子を記述する。そして、今一度原点に立ち返り、世帯調査で得た基礎データに目を落としながら、オラン・アスリの家族・親族の来し方行く末と近年構築されつつある新たな関係性についてさらなる考察を加えていきたい。

本書の構成

　以下、第1章では、オラン・アスリについて簡単に紹介し、第2章で

は、オラン・アスリの歴史をやや詳しく説明する。本書の主題であるオラン・アスリの家族について述べる前に、その背景となっている社会的、政治的、経済的状況を歴史的な視野で把握する必要があると考えたからである。第3章では、調査地ドリアン・タワール村の概要と村びとの近況を紹介する。第4章では、村の家族や親族の関係性を考える上で最も重要となる母系制について、その導入の過程をたどりながら微視的に分析する。第5章では、母系制だけでは語ることができないドリアン・タワール村の家族や親族の諸相を述べつつ、母系制や双系制、一夫多妻など、様々な原理が交錯する村の家族や親族の実態を解析する。第6章では、先住民運動やNGO活動の隆盛の状況を述べるとともに、それに伴って現れてきた家族や親族を超える関係性に着目する。「おわりに」では、人類の歴史という視点から、オラン・アスリの家族や親族、さらには、人類の助け合いや分かち合いについて考察し、今後の展望を述べ、まとめとする。

第1章　オラン・アスリの概説

　マレー半島とボルネオ島に国土を有するマレーシアの人口は約3,200万人（2017年）であり、オラン・アスリを含むマレー系の民族が人口の約69％を占め、華人が約23％、インド人が約7％を占めている。「ブミプトラ」と呼ばれるマレー系の諸民族には、多数派でイスラム教徒のマレー人のほかに、オラン・アスリや、ボルネオ島のサバ州・サラワク州の先住民が含まれる。多民族社会と同時に多言語社会であるマレーシアでは、民族ごとに、マレー語、中国系諸語、インド系諸語のほか、オラン・アスリ諸語、ボルネオ島のイバン語、カダザン語などの先住民系諸語を母語としているが、いずれも、国語・公用語であるマレー語を共通語として用いており、英語も広く使用されている（左右田 2014）。宗教は、マレー人が信仰するイスラーム（61％）をはじめ、仏教（20％）、キリスト教（9％）、ヒンドゥー教（6％）、儒教・道教（1％）など、多様性に富んでいるが、オラン・アスリなどの先住民が信仰する精霊信仰やアニミズムなどは、マレーシアでは公式の宗教と見なされていない。

　それぞれの民族は様々な文化的背景を持っているが、そのなかで、オラン・アスリは、マレーシアのマレー半島に暮らす先住民を指す。現在の人口は約20万人であるが、私が長期フィールドワークを実施した1990年代には、約10万人であった。この20年ほどで約2倍に人口は急激に増えたものの、現在でもマレーシアの全人口の1パーセントにも満たないマイノリティ民族である。オラン・アスリ（Orang Asli）は、「地の人」「元々の人」を意味し、英語では Aborigines、近年では、Indigenous Peoples と訳される。

1. 三つの民族カテゴリー

18 のグループに分かれているオラン・アスリの諸民族は、行政上、民族的・文化的基準に基づいて、三つの民族カテゴリー（ネグリト系、セノイ系、ムラユ・アスリ系）に分類されている。その分布は、図1に示す通りである。

ネグリト系の諸民族は、マレー半島北部の丘陵地帯に広がる低地熱帯雨林で暮らしている。かつては、半島の西側にいるネグリトはセマン（Semang）と呼ばれ、東側のネグリトはパンガン（Pangan）と呼ばれていた。これらはいずれも蔑称であり、現在は使用されていない。国境を接するタイ側にも、ンゴッ（Ngok）あるいはンゴッ・パ（Ngok Pa）と呼ばれるネグリト系民族が居住している。彼らは、移動性の高い生活をおくる狩猟採集民で、伝統的に、狩猟、交易用の森林産物（籐、樹脂、香木など）の採集、近隣マレー人の農作業の手伝いなどの生業活動に従事してきた。定住化が進む現在でも、狩猟採集を中心とした遊動的な生活を好む傾向がある。彼らには、ネグリトとしてのまとまった民族意識はないようであるが、彼らが用いる言語は、オーストロアジア語族モン・クメール語系北アスリ語派に属しているという点で共通している。

セノイ系の諸民族は、北部から中央部にかけての山岳地帯に暮らしているが、一部、マー・ムリのように、沿岸部の低地に暮らすグループもいる。半定住性の狩猟・焼畑農耕民で、伝統的に焼畑移動耕作に従事し、ネグリト系のグループのように狩猟採集活動にも従事していた。オラン・アスリのなかでも、もっとも規模の大きな民族であるセマイやトゥミアールは、このカテゴリーに含まれている。ただし、彼らもまた、セノイとしてのまとまった民族意識は持っていないようである。言語は、オーストロアジア語族モン・クメール語系南アスリ語派に属する。

ムラユ・アスリ系の諸民族は、マレー半島南部の内陸部の川ぞいから

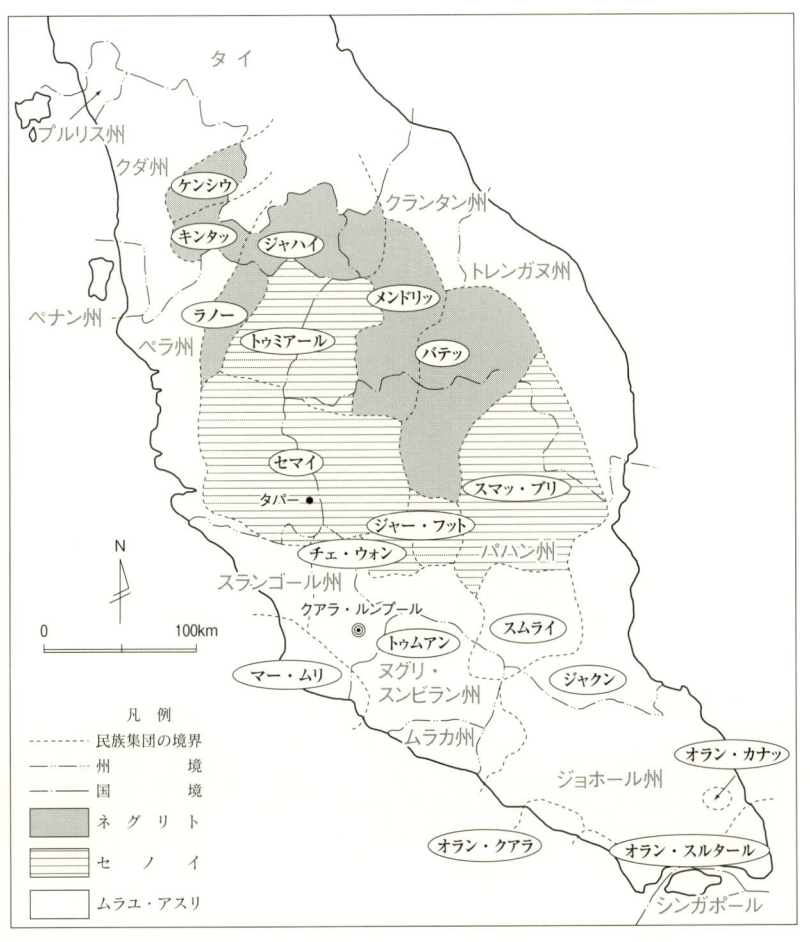

図1　オラン・アスリのサブ・グループ（信田 2004b：27 より作成）

海岸部にかけて暮らしている。イギリス植民地時代の文献では、かつて、これらの諸民族はジャクンと一括して呼ばれていた時期もあったが、現在、ジャクンと言えば、この諸民族の一つのグループの名称を指している。ムラユ・アスリ系の諸民族は、その起源や民族性などの観点から見て、マレー人との境界があいまいであり、マレー人との文化的連続性が顕著に見られる。ネグリト系やセノイ系の諸民族の多くが、オーストロアジア語族モン・クメール語系アスリ語派であるのに対して、ムラユ・アスリ系の諸民族の大半が、（マレー人が使用する）マレー語に近い言語（オーストロネシア語族マレー語方言）に属している。ただし、スムライはムラユ・アスリ系に属しているが、言語はオーストロアジア語族モン・クメール語系南アスリ語派である。

　ムラユ・アスリ系の諸民族のうち、オラン・クアラやオラン・スルタールなどの海岸部のグループは、かつて漂海民であり、現在は定着し漁撈活動に従事している。その一方で、内陸部のグループは、狩猟採集や焼畑移動耕作に加えて、歴史的にもマレーシア独立前から水田耕作などの定住型農耕に従事していた。調査地のドリアン・タワール村の人々は、この内陸部のグループのうち、トゥムアンと呼ばれるグループである。ムラユ・アスリ系のグループは、一見して、周囲のマレー系の民族とあまり変わらないが、それでもマレー人ではなくオラン・アスリなのは、彼らの多くがイスラム教徒ではないからである。ただし、インドネシアから移住してきたオラン・クアラのように、イスラム教徒であるが、貧困を理由にオラン・アスリになったグループもある。以上のように、ムラユ・アスリ系の諸民族は、マレー人ではないということ以外に共通性が少なく、必然的に、ムラユ・アスリとしてのまとまった民族意識も低い。

　ただし、ネグリト系やセノイ系の諸民族の社会が平等的な社会であるのに対して、ムラユ・アスリ系の諸民族の多くは、バティンを頂点とす

る称号体系を持っているなど、マレー人社会と同様の位階的な社会であると指摘されている。

　以上、オラン・アスリの諸民族は、多様性を内包する民族であり、オラン・アスリという一つの民族としての共通性を見出すのは難しいが、程度の差はあれ、伝統的に狩猟採集や焼畑移動耕作に従事してきた点では一致している。しかし、こんにちでは、ゴム採取、紅茶やアブラヤシのプランテーションでの労働、日雇い労働、工場労働、都市への出稼ぎ、公務員や会社員として働くなど、その生業形態も多様化している。また、開発による定住化や半強制的な移住の問題も起きている。それゆえ、主に生業に基づく民族アイデンティティすら揺らぎ始めていると言える。

　もう一つ付け加えておかなければならないのは、森林伐採や開発による自然環境の変化やそれに伴う生業の変化などを主な要因としたオラン・アスリの貧困問題である。データは少し古いが、1993 年のセンサスによれば、オラン・アスリの人口の 80.8％がマレーシアにおける「貧困層」に位置づけられ、そのうちの 49.9％が「最貧困層」に位置づけられている（Endicott & Dentan 2004: 24-26）。つまり、オラン・アスリの二人に一人は、マレーシアにおける最貧困の生活を強いられているのである。オラン・アスリはブミプトラのカテゴリーに入っていて、優遇政策の対象になっているにもかかわらず、マレー人との格差はかなり広がっている。彼らがこのような状況に置かれているのは、彼らがマレー人ではなく、オラン・アスリであるからだと言わざるをえない。

2．マジョリティ民族との関係

　マレーシアのマジョリティ民族はマレー人である。マレー人は、「イスラームを信仰し、マレー語を話し、マレーの慣習（アダット）に従う者」とマレーシアの憲法で規定されている。この「マレー人」のカテゴリーのなかには、マレーシア独立以前（イギリス植民地時代も含む）に、

現在のインドネシアから移住してきたジャワ人、ブギス人、ミナンカバウ人などのマレー系の諸民族も含まれており、マレーシア独立以前にイスラームへ改宗しマレー人となった人々（オラン・アスリの祖先も含む）も含まれる。マレー語やアダットという慣習はマレー人のアイデンティティの核になりうるかもしれないが、マレー語は後天的に獲得できるし、アダットに従うかどうかという基準もあいまいである。それゆえ、マレー人は、自らのアイデンティティの源泉をイスラームに求めている。イスラームはマレーシアの国家宗教である。こうした観点から言えば、「マレー人」は、イスラム教徒であるマレー系の諸民族ということになる。

華人やインド人以外に、憲法が規定する「マレー人」のカテゴリーのなかに入らない人々がマレーシアには存在している。つまり、イスラームを信仰せず、マレー語を話さず、マレーのアダットにも従っていないが、「マレー人」と同様にマレーシアに元々住んでいる土着の諸民族である。これらの土着の諸民族が、ボルネオ島側のサバ州・サラワク州の先住民と、マレー半島の先住民オラン・アスリである。

オラン・アスリの場合には、一部にイスラム教徒はいるが、イスラームを信仰していない人々がほとんどであり、ネグリト系・セノイ系の諸民族の言語はマレー語と異なる。こうしたなか、ムラユ・アスリ系の諸民族は、言語もマレー語に近く、アダットに従っており、外見上もマレー人との区別があいまいである。しかし、先に述べたように、彼らの多くはイスラム教徒ではなく、こんにちでは、イスラム教徒でないことが彼らとマレー人を区別する唯一の基準になっている。

留意すべきなのは、マレー人とオラン・アスリの間に差別・被差別の関係が存在するということである。都市に暮らすマレー人の多くはオラン・アスリに対して、森のなかで原始的な生活を送る野蛮人というイメージを抱いている。マレー人がこのようなイメージを持つに至ったの

には、歴史的な背景が大きく影響している。

　日本軍侵攻以降の動乱の時代とマレーシア独立後の開発や近代化によって、オラン・アスリの生活は大きく変貌した。強制的な移住や定住化政策により伝統的な生活や伝統文化の多くを失い、開発によって森林環境が悪化し、自然環境とのバランスのなかで培われてきた豊かな生活文化も失われていった。また、ゴム園などの開発プロジェクトの導入により、狩猟採集や焼畑耕作といった伝統的な生業も行なわれなくなっていった。

　開発や近代化といった新たな環境に適応できず、貧困状態に陥りアルコールにおぼれたり、麻薬に手を染めるオラン・アスリも少なくない。現在、オラン・アスリはマレーシアの最貧困層に属しており、薄汚れてみすぼらしい風貌や身なりをしたオラン・アスリの人々は、マレー人にとって近寄りがたい存在となっている。

　しかし、マレー人がオラン・アスリを差別するのには、もう一つ大きな要因がある。それは、マレー人が信仰するイスラームの戒律と関係している。マレー人はオラン・アスリがサルやリスなどの野生動物を吹き矢で殺して食べる行為を野蛮であると考えているが、そのなかでも、イスラームの戒律で禁止されているブタを平気で食べるオラン・アスリは、マレー人にとってけがらわしい存在と見なされている。また、オラン・アスリの村で放し飼いにしている犬はマレー人にとって不浄の存在であり、このこともマレー人がオラン・アスリを遠ざける一因となっている（写真9）。

　このように、オラン・アスリの伝統的な生業である狩猟採集や焼畑耕作は非効率で時代遅れであると考えられ、食文化や高床式家屋を中心とする生活環境や生活文化もまた汚れている、野蛮で未開であると捉えられている。オラン・アスリの暮らしは近代的な価値観やイスラームの価値観の下で否定され、蔑まれているといっても過言ではない。

写真 9　放し飼いにされている犬は村のあちこちで見かける（2017 年）

　マレー人はオラン・アスリを、宗教がなく、文化もなく、経済力もない人々と見ているのであろう。こうしたマレー人のオラン・アスリ観が、宗教を与えるためにオラン・アスリをイスラームへ改宗させようとするイスラーム化政策や、文化を与えるために推進される学校教育の奨励、さらには、貧困状態から脱し生計を維持させるための開発政策へとつながっていったと考えられる。

3．変容する民族アイデンティティ

　オラン・アスリは、文化的にも、民族的にも、そして言語的にも多様性に富んだ民族である。実際、オラン・アスリは自分たちが同じ民族であるという認識を持ち合わせていなかった。オラン・アスリの諸民族は、上述したように三つの民族カテゴリーに分類されているが、個々の民族同士は、それぞれが同じ民族カテゴリーに属しているという認識を持っていなかった。その上、18 に分かれている個々の民族のなかでも、自分たちが同じ民族であるとの認識もあまりないようで、親族ネットワー

クの緩やかなまとまりとしての同胞意識が認識されているにすぎなかったのである。

　オラン・アスリが一つの民族であるという認識は、オラン・アスリ法やオラン・アスリ局によるオラン・アスリ行政が開始されたのを契機に、徐々にオラン・アスリの間に広がっていった。オラン・アスリ自身は、自分たちがオラン・アスリであることを役人などから知らされ、セマイに分類されていることや、ネグリト系の民族に属していることなどを教えられたのである。このように、当初、「オラン・アスリ」という名称は政府などの外部から名づけられ、形作られていった民族カテゴリーであった。

　「オラン・アスリ」と名づけられた人々は、マレーシア社会のなかで周縁に位置づけられ、イスラーム化が進行するにつれ、マレー人からの差別も強まっていった。民族としての誇りを持てないようになり、都市に出かける人々のなかには自分が「オラン・アスリであること」をあえて隠す人も出てきた。しかし、こうした否定的な自己認識や民族アイデンティティは、近年、大きく変容してきている。

　政府からオラン・アスリと名づけられた彼らが、自ら積極的にオラン・アスリを名乗り、オラン・アスリであることを強く意識し始めたのは、1990 年代以降、先住民運動が盛んになってからである。マレーシア独立以降の開発政策や国民統合の結果、言語や生業といった民族ごとの特徴が薄れていき、逆に、先住者や非イスラーム性、さらには開発の犠牲者、マレー半島で唯一狩猟採集を行なう人々といったオラン・アスリとしての共通項が浮かび上がってきたことが、先住民運動を活発化させた背景にあったと言ってよい。また、学校教育の浸透で、マレー語を理解する人々が増え、マレー語を共通語としたコミュニケーションが可能になったことも、オラン・アスリ同士の一体感が強まる要因になっていったと考えられる。

第2章　オラン・アスリの歴史

1．マレーシア前史

2012 年、マレー半島北部のペラ州に位置するレンゴン渓谷の遺跡群が世界遺産に登録された。レンゴン渓谷では旧石器時代から鉄器時代までの 4 つの遺跡が発見されており、アフリカ大陸以外では最古の遺跡の一つと言われている。この遺跡群の発掘により、マレー半島には、約 180 万年前から人が住んでいたことが明らかになり、同遺跡から発見された約 1 万年前の人の全身骨格は、地名から「ペラ・マン」と名づけられた。

このように、マレー半島には太古から人が住んでいたと推測されるが、前 1 世紀頃からは、航海術が発達したこともあり、中国やインド、中東、ジャワなど、様々な民族的背景を持つ人々がたどり着くようになった[1]。

しかし、その土地の多くが熱帯雨林に覆われたマレー半島は、マラリアなどの伝染病が多くあり、人が住み着くのが困難な場所であった。とはいえ、マレー半島の歴史の初期に、そこに住み始めた人々が、こんにち、オラン・アスリと呼ばれる先住民の祖先であろうということは、遺伝学研究や考古学研究の観点から推察できる[2]。彼らは狩猟採集民で、吹き矢による狩猟活動や、森林産物の採集活動、海や河川での漁撈活動によって生活していたと推測されるのである。

7 世紀頃になると、タイ南部のチャイヤーを首都とし、スマトラ島の

---

[1] 以下、マレー半島の初期の歴史についての記述は、概説書等（綾部・石井編 1982; 池端編 1999; 鶴見 1981; ザイナル＝アビディン 1983; リード 1997; 2002）を参考にした。

[2] 例えば、DNA による遺伝学研究や考古学研究から、セマン（ネグリト）の祖先は、約 4 万〜 6 万 5 千年前に東南アジアに移住してきたことが分かっているし、民族の特定は難しいが、ある人々の集団がマレー半島に定着していたことも分かっている（Zafarina ed. 2012: 9 ; Hill et al. 2006: 15; Bellwood 1993; 1997: 15）。

ジャンビやマレー半島のクダなどに拠点をおくシュリーヴィジャヤ王国が交易帝国として栄え、マレー半島に暮らしていた人々も多かれ少なかれ、この王国の影響を受けるようになっていた。当時は帆船の時代であり、エジプト、ローマ、アラブ、アフリカ、トルコ、ペルシャ、インドなど、西方からの物資を運んでくる船は、マレー半島の西海岸のクダや後のマラッカなどのマラッカ海峡の港市に寄港した。6月から11月に吹くモンスーン（貿易風）に乗って西からの交易船がクダなどに着き、12月から3月に反対方向の風を利用して帰っていったのである。反対に、中国などの東方からは、12月から3月にマラッカ海峡を訪れ、6月から11月にモンスーンを利用して帰っていった。以上のように、シュリーヴィジャヤ王国時代、マラッカ海峡にある港市は、中国のシルクや陶磁器、茶、インドの綿花、東南アジアの香辛料、香木、金などの東西交易ルートの中継地となり、そこには、インドやアラブ、中国などから商人が訪れ、なかには定着する人々も現れ始めたのである。

　とはいえ、彼らもまた、マラリアなどの伝染病を恐れ、内陸の熱帯雨林地域に居住することは稀であり、多くの人口は、森の影響が少ない沿岸部の低地に集中していた。一方、それまで沿岸部の低地に住んでいた人々は、移住者に追いやられる形で、内陸部に逃れたと推察される。熱帯雨林の森に移り住んだ先住者たちは、多くの犠牲を払いながら、過酷な環境に適応していったのであろう。

　仏教の影響を強く受けたシュリーヴィジャヤ王国は、マレー半島に住む当時の人々に様々な影響を与えた。東南アジア全域に広がったインド化は、マレー半島においても、法律、統治、言語、文学、宗教などの様々な分野に及んだ。サンスクリット語の語彙がマレー語に多く入っている理由も、こうしたインド化の影響である。

イスラーム化

　長らく続いたシュリーヴィジャヤ王国が、クメール王朝（後のスコータイ王朝）の属国になり、パレンバンにいたシュリーヴィジャヤ王国の最後の王子パラメスワラがヒンドゥー教の王国マジャパヒトの内戦から逃れ、海民（オラン・ラウト）の協力を得てマラッカの地に王国を建設したのは、14世紀末のことであった。

　ヒンドゥー王国マジャパヒトと仏教国アユタヤ朝からの外圧、さらには、明との朝貢関係など、当時のこの地域をめぐる政治経済状況のなか、マラッカ王国は、15世紀初頭、国王のイスラーム改宗を契機にイスラーム王国としての道を選択した。当時エジプトから中東にはイスラーム王朝が広がり、紅海を経由する地中海とインド洋を結ぶルートではイスラーム商人が活躍していた。そうしたイスラーム化の大きな波がマレー半島にもおよび、イスラーム商人らとの交易関係の重視が、イスラーム改宗の直接的な動機になったのである。

　マラッカは約100年にわたり繁栄を極めたが、1511年、ポルトガルに占領され、陥落した。しかしその後も、マラッカ王国とつながりのあるジョホール王国やクダ王国などのマレー諸王国は存続し、スラウェシ島からブギス人、スマトラ島からミナンカバウ人といったように、現在ではインドネシア領となっている地域からの移民が流入し始めた。彼らは、マラッカ王国の国王の末裔から権力を奪い、それぞれ、ジョホール王国やヌグリ・スンビラン王国などの王国の宗主となる。こうした王国の時代を通じて、イスラーム化はマレー半島全域に徐々に広がっていったと考えられる。

　この間、口承文学や影絵芝居など、イスラームやインド文明などの外来文明の影響を受けたマレー文化が形成されていくが、その担い手である「マレー人」が民族として生成するのも、この時代である。彼らが用いる「マレー語」はこの地域の共通語として、民族を問わず用いられて

いた。マレー人の起源は不確かだが、彼らは元来、マレー半島だけでなくスマトラ島東海岸やボルネオ島の沿岸部に暮らしていた人々と考えられている。こうした地域は現在では「マレー世界」とも言われ、この「マレー世界」に暮らし、マレー語を話していた人々が、ある時期から「マレー人」を自称するようになった。その後、18世紀末あるいは19世紀初頭以降の「マレー世界」では、イスラム教徒になることが「マレー人」になることを意味するようになる（加藤 1990: 238）。

イスラーム化は、イスラム教徒と非イスラム教徒の間に線を引き、民族の境界を形作っていった。宗教と民族が結びつき、イスラム教徒になった土着の民は「マレー人」と見なされるようになったのである。その一方で、熱帯雨林の森に暮らし、しかも、イスラームに改宗せず、それまでの土着のアニミズム的な信仰を持つ者たちは、ビドゥアンダやサカイ、セマンなど、マレー人とは区別された名称（蔑称）で呼ばれるようになった。

交易、商業の時代とも言われる王国の時代には、マレー半島は中国とインド、さらにはアラブ、ヨーロッパ地域を結ぶ東西交易の中継地として栄えた。主にマレー半島の西側の沿岸部の低地では農業が発達し、そこで栽培される穀物や胡椒、果物は港に供給された。また、熱帯雨林の森からは、ラタンや竹、樹脂や香木などの森林産物が集められ、商品として海上交易を通じてインドや中国などに運ばれていったのである。マラッカがポルトガルに占領されて以降、海上交易は、ポルトガルやオランダ、イギリスによって支配されるようになったが、王国が支配する地域での農業生産、森林産物の交易やマレー王国そのものは、19世紀にイギリスの植民地化が本格化するまで従来のまま維持された。

王国の時代においても、マレー半島は熱帯雨林におおわれ、相変わらず人口が希薄であった。熱帯雨林の森は、狩猟採集民の独壇場であったと言える。5世紀頃からイギリスによる植民地化が本格化する19世紀

まで、上述したような様々な名称で呼ばれた森の民は森林産物の採集者として、マレー半島の経済に重要な役割を果たしてきたと言われている（Dunn 1975: 108-109）。森林産物を採集する能力を持つ彼らの存在は、沿岸部の低地に住む人々や権力者にとって非常に重要な存在であったのである。

　マレー半島がイスラーム化し、マレー半島の西側沿岸部の低地に住む人々の多くがイスラームへ改宗していった後も、森に住む狩猟採集民はイスラームへ改宗せず、森の奥深くや森の周辺部に暮らし続けた。森にはアニミズムを信仰する人々、沿岸部の低地にはイスラム教徒というすみ分けがなされていたのである。

　ちなみに、キリスト教の伝来については、16 世紀にマラッカがポルトガルに占領された時にカトリックが伝わった。フランシスコ・ザビエルもマラッカを拠点にアジアでの布教活動を行なっていた。その後、17 世紀にオランダがマラッカを占領すると、プロテスタントが伝わる。ただし、カトリックもプロテスタントもヨーロッパの植民者を対象としたものが主であり、地元の人々に対する宣教活動は、イギリスの植民地化が本格化する 19 世紀半ば以降まで待たねばならない。

森林産物の交易

　王国の時代、マレー半島の交易ネットワークは、主要な河川とその支流により形成されていたと考えられている。上流・源流の森林地域には森の民の集落、中流・下流には、この頃からマレー人と呼ばれ始めた人々の村落、そして下流あるいは河口には支配層（その頂点には国王）というすみ分けが、この交易ネットワークの大まかな配置である。通行税の徴収など、土地の占有よりも人の掌握が支配の根幹であったこの時代の支配形態は、上流から下流への朝貢関係ないし従属関係であり、それは「パトロン－クライアント関係の連鎖」として概念化される（関本

1987: 23)。

イギリス植民地時代のように華人が本格的に移住していない王国の時代は、マレー人をパトロン、森の民をクライアントとする森林産物の交易が行なわれていた。具体的には、次のような仕組みである。仲買人であるマレー人の要望によって森の民が採集した森林産物（ラタン、竹、沈香、象牙、樹脂、白檀、樟脳など）は、マレー人が持ち込む塩、米、鉄などと物々交換され（Gomes 2004: 2）、河川を利用して下流に運ばれ、河口を拠点とするマレー人支配層の元に集積された。そして、王国の首都（多くが港市）に集められ、そこから中国やインドなどに運ばれていったのである。

この河川交通を利用した交易ネットワークにおいて、森に住む土着の人々は「森林産物の採集者」としてのニッチェを確保していたが、その一方で、彼らは実質的にはパトロンであるマレー人に雇われたクライアントであり、森の民が塩、米、鉄などの品物を得るには、マレー人との取引が必要不可欠であった。ここで留意しなければならないのは、取引の主導権を握っていたのはマレー人であったということである。マレー人側の需要がなければ、取引は成立せず、森の民はマレー人を通してしか外部の品物を得られなかった。こうして、国王を頂点とするマレー人支配層は森林産物の採集者としての森の民に価値を見出し、彼らを直接的あるいは間接的に支配することにより、一方的かつ独占的な経済的利益を得ていたのである。

労働提供、奴隷

狩猟採集民は、自ら進んで農業をしないが、しばしば、近隣に住むマレー人に農作業などの労働を提供していた。この場合のマレー人との関係もまた、雇い主であるマレー人と雇われ人の森の民（様々な名称で呼ばれている）という、パトロン−クライアント的な関係であった。例えば、

ドイツの民族学者シェベスタは、王国時代から続いていたこうした関係について、マレー半島北部でセマンと呼ばれていた狩猟採集民を事例に、次のような報告を行なっている。

> 私がセマンのグループと出会った場所はどこでも、セマンはマレー人との間にある種の取り決めを交わしていた。マレー人にとってセマンは、森林産物をもたらしてくれる存在であった。森林産物は、米、ナイフ、衣服などと交換された。マレー人は、「森の小人たち」の保護者を自認していたが、いつも彼らを公正に扱っていたとは限らず、しばしばこの取り決めを利用して個人的な利益を得ていた。すなわち、マレー人がセマンの労働力を必要とする時には、彼らを森から呼び出し、不当な報酬で働かせていたのである（Schebesta 1973（1928）: 32）。

　マレー人を上位、森の民を下位とする関係性は、奴隷略奪という事象のなかにも如実に示される。イスラームを基盤としていたマレー王国では、イスラム教徒を奴隷にすることは禁止されていた。そのため、必然的にイスラム教徒ではない森の民がマレー人の奴隷となったのである。こうしたことから、当時の森の民は、「奴隷や隷属者」を意味する「サカイ」と呼ばれていた。

> マレー人の襲撃者たちは暗くなるまで身をひそめて待ち、サカイが就寝すると略奪を開始する。彼らはライフルを所持し、恐怖と混乱を引き起こすために撃ちまくる。サカイの家族たちは恐怖と混乱のなかで右往左往し、襲撃者たちの格好の餌食となってしまう。襲撃者たちは、女性や子供の金切り声が聞こえると現場に急行し、子供たちの頭を殴り、気絶させる。子供たちはさらわれ、奴隷として売られる（Skeat and Blagden 1966（1906）: 532-533）。

　このように、マレー人の奴隷略奪者たちは、たびたび、オラン・アス

リの集落を襲撃し、子供を略奪し、奴隷として売りさばいていた。大人たちはその場で殺され、子供が奴隷として連れ去られた理由として、以下のような説明がなされている。

　　大人のサカイやセマンは市場価値がない。彼ら大人は奴隷にならずに、必ずと言ってよいほど森や山に逃げ帰ってしまう。未熟な子供たちが一般的に所望される。子供たちは自分たちの部族の言葉や森の生活を知らずに成長する。したがって、子供たちには逃げる理由がほとんどないのである。ペラ、クダ、パタニの境界域で、マレー人の間で隷属状態にあるサカイやセマンの奴隷に出会った。時には子供の奴隷、時には大人の奴隷であったが、大人の奴隷は子供の時から奴隷であった（Maxwell 1880: 46; Endicott 1983: 222）。

　以上のように、セマンやサカイなどの森の民はマレー人に対して森林産物ばかりでなく、労働力や奴隷をも提供しており、マレー人と彼らの関係は必ずしも対等で友好的なものとは言えなかった。奴隷略奪が行なわれていた時代（奴隷略奪はイギリス植民地時代初期まで続いた）、マレー人との接触を恐れて、森の民は「沈黙交易」[3]的な物々交換を行なっていたとの報告もある（Skeat and Blagden 1966（1906）: 225-227, 229; Endicott 1983: 228）。

2．イギリス植民地時代

　18世紀から19世紀にかけて、マレー半島においてイギリスによる植民地化が始まり、英領マラヤが成立する。植民地化に伴いイギリスによる道路や鉄道網の整備が進むと、上述した河川交易ネットワークの重要性は相対的に弱まり、マレー人支配層はイギリス植民地政府によって独

---

[3] 外部との接触を避けるため、交互に品物をある決まった場所に置いて取引する方法。

占的権力を次第に奪われていった。イギリス植民地政府は、奴隷制を廃止するなど、マレー人による人（奴隷）や資源（森林産物）の支配から森の民を解放する一方で、森の民の生活の場である森を直接的に統治し始めたのである。

移民の流入

イギリス植民地時代、スズ鉱山やゴムのプランテーションの開発が本格化し、マレー半島には華人やインド人、さらにインドネシア各地から多くの労働者が移住してきた。その結果、森の民をめぐる民族間関係は複雑な様相を呈するようになっていった。とりわけ、華人が森林産物の交易に参入したり、森の民の女性と華人男性との通婚が増えたりするなど（Harper 1997: 9; Kathirithamby-Wells 2005: 131-133）、彼らと華人との関係が密接になっていった。

イギリスは植民地において、被支配者の集団を分割し、互いに反目させる分割統治政策を採用した。その結果、マレー半島では、農村には農業を営むマレー人が暮らし、都市や町には商業を営む華人が、ゴムや紅茶のプランテーション地域には労働者のインド人が生活しているというように、人々が分断され、生業も居住地も民族ごとに固定されていった。

以上のように、19 世紀半ば以降、マレー半島においてイギリス植民地政府による分割統治が開始されると、「華人」「インド人」などの移民が増えるなかで、「マレー人」はジャワ人やブギス人などのインドネシア移民を含んだ形で再定義されていった（加藤 1990: 217）。

土地の区画化

スズ鉱山やゴムのプランテーションは、低地だけでなく山間部の森林地域にも拡大していき、森林伐採により森の環境が悪化した。スズ鉱山では精錬のための燃料として、また、鉱山で働く労働者の生活燃料や家

屋の建材として、木材が必要とされた。さらに、労働者の食糧を確保するために耕作地も拡大した。また、インドネシアからの移民が移動型耕作を行なったことにより、森林は次々と切り拓かれた。このような状況に対応するため、イギリス植民地政府は19世紀末から20世紀初頭にかけて森の土地を区分けし、森林管理を本格化させていく。1913年には、マレー保留地法が制定され、土地の売買やリース契約、抵当化の権利がマレー人に与えられた（水島1994）。こうして、マレー半島の土地は、売買自由な「譲渡可能地」（私有地）、「州の土地」（公有地）、森林局（1901年に設置）の管理下にある「森林保留地」、「マレー保留地」などに区画化された。

　森の土地の区画化は、焼畑移動耕作を行なう森の民にも影響を与えた。従来、彼らの焼畑移動耕作は、ある程度広い面積のテリトリー内を一定の時間間隔を置きながら行なわれていたが、土地が区画化されることにより、耕作が可能な土地の面積が狭まった。そのため、焼畑のローテーションが短くなり、土壌が悪化し、収穫が減るなどの影響が出たと考えられる[4]。

サカイ保留地

　森林保留地やマレー保留地での狩猟採集や焼畑移動耕作は処罰の対象となるなど、それまで森を自由に動き回ることができた森の民は、次第にその行動範囲が制限され、彼らの生業も大きな影響を受けるようになった。こうした危機的状況に対して、イギリスの人類学者ヌーンは、森の民を保護するという観点から、ペラ州でサカイ保留地の設定を可能とする法律を1939年に制定させたが（Kathirithamby-Wells 2005: 179-180）、

---

[4] 実際、ドリアン・タワール村では、20世紀初頭、人々は移動耕作を止めて、水田耕作を開始して定住生活を送るようになったのだが、それは、周辺でのスズ鉱山開発に続き、ゴムのプランテーション開発がなされ、森林保留地やマレー保留地が設定されていき、彼らのテリトリーが次第に狭まっていったことと関係していたと推察される。

それは森の土地の区画化が終了しつつある時期であったため、ペラ州では限定的な効果しかもたらさなかった。

その後、サカイ保留地に関する法律を他の州でも制定しようとする動きがあったのだが、そうした動きは日本占領期（1941-1945 年）や非常事態宣言期（1948-1960 年）によって、中断を余儀なくされた。

キリスト教宣教活動

イギリス植民地時代、マレー人ではない、非イスラム教徒の土着の民に対して最初に宣教活動を実施したのは、英国国教会ではなく、マラッカ周辺で活動していたフランスのカトリック系のミッションであった（Shastri 1989: 68-69）。1815 年以来、マラッカにはロンドン宣教協会（LMS: The London Missionary Society）の支庁があったが、マレー人以外の土着の民に対する宣教活動はほとんど実施せず、もっぱら中国へ派遣する宣教師のトレーニングや聖書のマレー語訳を行なっていた。

1847 年にボリエ神父というフランス人が、マラッカ周辺のオラン・マントラ（Orang Mantra）という土着の民に対して最初の宣教活動を実施した。ボリエ神父と同じミッションに所属するファーブル司祭も宣教活動を実施し、同地域の土着の人々に関する記録を残している（Favre 1848）。ボリエ神父は、宣教の拠点として、マラカ近郊のアイル・サラッ（Ayer Salak）という場所に約 1,000 エーカーの土地を得たが、アイル・サラッでの宣教活動は、度重なるマラリアのため、1871 年には撤退を余儀なくされた（Shastri 1989: 68）。アイル・サラッに住んでいたオラン・マントラは、その後、ヌグリ・スンビラン州のラブ（Labu）やルクット（Lukut）に移住した（Hunt et al. eds. 1992: 13）。1900 年には、カテッソン神父がラブにある彼らの集落を訪れ、簡易な教会を建設した。1946 年には「学校」がつくられ、1954 年には正式に教会が建設された（Maureen 2000: 93-94）。マラッカ周辺（ヌグリ・スンビラン州も含む）のオ

ラン・アスリ集落のキリスト教徒がカトリック系であるのは、以上の理由による。

　一方、ペラ州のサカイ（現在ではセマイ）の人々を対象としたメソディスト派の宣教活動については、シャストゥリの論考（Shastri 1989: 70-82）を参照しながら、以下、紹介しておきたい。

　1884 年、メソディスト派は、インドを経由してシンガポール（当時はイギリスの海峡植民地）に入ってきた。そのなかでもドイツ系のミッションがマレー半島の土着の民に関心を抱いたようである。その後、1927 年にアメリカ人のミーンズ夫妻がスマトラ島のメダンを拠点にして、バタック人を対象とした宣教活動を実施した。このことがマレー半島のサカイに対する宣教活動の契機となった。

　当初、宣教師たちは、マレー半島においてはキリスト教宣教活動を積極的に行なわなかったようである。つまり、サカイは国王の保護下にあるので、むやみに介入してはいけないという方針があったのである。イギリス植民地政府がスルタンの保護下にある臣民の「宗教」と「慣習」に対して、不干渉の立場をとっていたことも関係している[5]。

　しかし、その後、サカイに対するキリスト教宣教活動が、スマトラ島からの移民にまぎれてやってきたバタック人の宣教師によって実施された。その結果、キリスト教改宗者が増えていった。1932 年、「サカイ・プログラム」と名づけられた宣教プログラムが、ペラ州のキャメロン・ハイランドで実施された。こうした宣教活動も日本軍の侵攻によって中断を余儀なくされた（Hunt et al. eds. 1992: 170）。

---

[5] イギリスの人類学者ヌーン（H. D. Noone）は、メソディスト派の宣教活動に対して批判的であった（Noone 1936: 58; Hasan 1994: 149）。なぜなら、キリスト教へ改宗することによって、サカイの伝統的な文化が喪失してしまうと考えていたからである。しかし、トラジャの人々が暮らすスラウェシ島を訪問して以降（トラジャの人々の多くはキリスト教に改宗していた）、批判を撤回した。トラジャの状況を見て、キリスト教に改宗したとしても伝統文化は喪失しないと判断したのである。

3．日本占領期・非常事態宣言期

マラヤ共産党

　日本占領期には、多数の華人が日本軍による迫害を恐れ、サカイやセマンなどの森の民が暮らす森林地域に移住した。彼らは森の民の協力を得ながら、マラヤ共産党が結成した「マラヤ人民抗日軍」を支援する活動を展開していたのである (Harper 1997: 12-14)。当時、森の民は、華人からアサル・グループと呼ばれていたという。アサルとは、マレー語で「土着の」「元々の」を意味する。

　マラヤ人民抗日軍と協力して日本軍と戦っていたイギリス植民地政府は、戦後、独立構想をめぐり抗日軍と対立し、抗日軍への弾圧を開始した。マラヤ共産党は「マラヤ民族解放軍」を結成し、イギリス植民地政府軍との戦闘が始まった。1948年、非常事態宣言が発令されると、マラヤ共産党の共産ゲリラは、ジャングルに潜伏し、アサルの人々の支援を受けながら植民地政府軍と戦った。共産ゲリラとともに植民地政府軍との戦闘に参加するアサルも多く、華人の共産ゲリラのなかには、アサルを母に持つ人たちも多くいたと伝えられている。

アボリジニ法

　一方、イギリス植民地政府は、アサル・グループを共産ゲリラから引き離し、彼らの支持を勝ち取るために、医療や食料配給などの社会的サービスを開始して、アサル・グループの共産主義化を防止することに力を注ぐようになった。イギリス植民地政府は、オーストラリアのアボリジニと同様に、彼らをアボリジニ（マラヤのアボリジニ）と呼んでいた。1953年、イギリス植民地政府は、アボリジニの統治を強化するため、アボリジニ行政に特化したアボリジニ局を設置し、翌1954年には、アボリジニの土地権や社会福祉などについて定めたアボリジニ法を制定し

た。これらは、共産ゲリラに対する軍事戦略上の措置として位置づけられていた。

アボリジニ法には、アボリジニの定義が書かれている。この定義は、独立後に制定されたマレーシア憲法における「マレー人」の定義（イスラームを信仰し、マレー語を話し、マレーの慣習に従う者）に先んじて書かれたものである。当時、アボリジニは、マレー人や華人と結婚したり、イスラームやキリスト教へ改宗したり、日本軍に殺害された華人家族の子供たちを養子として育てたりしていたが、この条文は当時のこうした複雑な状況を考慮した上で書かれている。

アボリジニの定義（アボリジニオ法第3条より）

（1）この法律におけるアボリジニとは、

（a）アボリジニの成員である者を父とし、日常的にアボリジニの言語を話し、アボリジニの生活様式ならびにアボリジニの慣習および信仰を遵守する者、ならびにその者の男系の子孫；

（b）幼児期にアボリジニの養子となったいずれかの人種の者で、アボリジニとして育てられ、日常的にアボリジニの言語を話し、アボリジニの生活様式ならびにアボリジニの慣習および信仰を遵守し、アボリジニのコミュニティの成員である者；

（c）アボリジニ女性と他の人種の男性の間の子で、日常的にアボリジニの言語を話し、アボリジニの生活様式ならびにアボリジニの慣習および信仰を遵守し、アボリジニのコミュニティの成員である者。

（2）他の宗教への改宗やその他の理由からアボリジニの信仰を遵守することを放棄したにもかかわらず、アボリジニの生活様式およびアボリジニの慣習を引き続き遵守し、アボリジニの言語を話すアボリジニは、その宗教を持つことのみを理由にして、アボリジニでなくなったと見なされるものではない。

（3）ある者がアボリジニであるか否かという問題は、所管大臣が決定する。

　この法律は、オラン・アスリ法として、独立後もマレーシア政府に引き継がれ、現在でも有効な法律となっている。この条文を見ると、アボリジニである、あるいはアボリジニになるための条件は、マレー人に比べてゆるいように思われる。いくつかの条件はあるにしても、親が誰であろうとアボリジニであるし、どのような宗教を信仰していようともアボリジニなのである。しかも最終的な判断は、所管大臣が決定するとまで書かれている。

　逆の読み方をすれば、アボリジニのコミュニティにとどまらない者や所管大臣がアボリジニでないと認めた者は、アボリジニではなくなるのである。例えば、イスラームへ改宗したアボリジニの場合、この条文ではアボリジニでいることを担保している一方で、アボリジニのコミュニティから出てしまえばアボリジニでなくてもよい（マレー人になってもよい）と認めている。実際、当時、マレー半島各地でイスラーム宣教活動が活発化し、マレーシア独立までに約9パーセントのアボリジニがイスラームへ改宗し、独立後にはマレー人になったと言われている（Harper 1997: 27-28)。

アボリジニとして生き残る

　先に述べたように、王国時代の彼らは、マレー人から「サカイ」「セマン」「ジャクン」など、様々な呼称で呼ばれており[6]、自分たちが一つのまとまった民族とは考えておらず、それぞれが小さなグループのようなものであった。彼らのなかには、イスラームへの改宗やマレー人との通婚によって「マレー人」になる者もいた。イギリス植民地時代以降

6　多くは蔑称的な意味合いがあり、オラン・アスリが蔑視されていたことが分かる。反対に、当時、オラン・アスリの側もマレー人を「マレー人」とは別の名称で呼んでいたことも明らかになっている。例えば、現在、ドリアン・タワール村では、マレー人に対してジョボという呼称を使うが、こうした名称には侮蔑的な意味合いがある。このように、オラン・アスリとマレー人は、時には協力する隣人であるものの、基本的には反目し合う両義的な関係にある。

になると、キリスト教へ改宗する人も現れ、華人やインド人との通婚も少ないながら見られた。すなわち、マイノリティであった彼らは、マジョリティ民族であるマレー人や、華人などの他の民族に吸収されてしまう運命にあったと言ってもよい。しかし、イギリス植民地政府がアボリジニの保護政策を実施したことにより、彼らはマレー人とは異なる独立した民族としてかろうじて生き残ったのである。

この動乱の時代、アサルやアボリジニと呼ばれるようになった人々は、華人中心のマラヤ共産党とマレー人が加担するイギリス植民地政府との綱引きに翻弄され、戦闘で死亡したり、収容施設での過酷な生活のために亡くなるなど、多くの犠牲者を出した（Harper 1997: 18-21; Kathirithamby-Wells 2005: 241-242）。

4．マレーシア独立以降

非常事態宣言期の動乱が終息し始めた 1957 年に、英領マラヤはマラヤ連邦として独立した。1963 年には、シンガポールとボルネオ島のサバ州・サラワク州が合流し、マレーシア連邦を結成するが、1965 年にはシンガポールがマレーシアから分離独立した。

1966 年、アボリジニは、そのマレー語訳である「オラン・アスリ」となり、初めて「オラン・アスリ」と呼ばれる民族が誕生した。オランは「人」を、アスリは「元々の、本来の」を意味する。アボリジニ局もオラン・アスリ局と改められ、アボリジニ法もオラン・アスリ法に変わった。

マレーシア独立後には、植民地時代の保護政策に代わり、オラン・アスリに対するマレー社会への統合・同化政策が、マレー人主流のマレーシア政府によって推進された。

1969 年、首都クアラ・ルンプールにおいて、マレー人と華人との間で総選挙の結果をめぐって大規模な民族衝突事件が勃発し、民族対立が

表面化した。事態を重く見た政府は、マレー人とオラン・アスリ、さらにはサバ州・サラワク州の先住民を含めたブミプトラ[7]（「土地の子」の意）という先住民概念を創出し、1971 年、貧困状態にあるブミプトラを優遇する新経済政策（通称：ブミプトラ政策）を開始した。その結果、公務員などの雇用、株式の保有比率、預金の金利、国立大学など高等教育機関への就学などにおいて、ブミプトラが優先・優遇されるようになった。

　このブミプトラ政策の枠組みのなかで、オラン・アスリに対する開発政策が実施されていくが、決して手厚い政策とは言えなかった。さらに、ブミプトラのなかでも、特にマレー人を優先する傾向の強い政策に対して、オラン・アスリは不満を抱くようになっていった。

開発政策

　イギリス植民地時代に開始された森の統治は、1957 年の独立以降も、より強力に推進されていった。ゴムやアブラヤシのプランテーション開発やダム建設、リゾート開発などの国家主導の開発プロジェクトによって、森の土地は次々に収奪されていったのである。なかでも、再集団化計画（Regroupment Scheme）は、再定住地への移動を伴う大規模開発プロジェクトであった。

　再集団化計画は、森のなかに点在している村に住むオラン・アスリを、ある地域（再集団化地域）に集住・再定住させ、そこで教育、医療、住宅、水道・電気を提供し、ゴムやアブラヤシなどのプランテーション労働に従事させるというものである。オラン・アスリに対する貧困対策を建前として計画された大規模開発プロジェクトであったが、実際の目的は共産ゲリラ対策であった。この計画が開始された 1977 年当時は、マ

---

[7] 「土地の子」を意味するブミプトラには、マレー人やオラン・アスリの他に、サバ州・サラワク州の先住民が含まれている。華人やインド人は、ブミプトラではない。

ラヤ共産党の共産ゲリラが、森のなかに潜伏して活動していると考えられており、その共産ゲリラに味方する恐れのあるオラン・アスリを、共産ゲリラ（華人）から物理的に引き離すことを目的として計画されたのである。したがって、計画当初は、共産ゲリラが潜伏していると考えられた地域のオラン・アスリが開発の対象となっていた。この計画は、共産主義の脅威が減少した後も、開発のため移住を余儀なくされた人々に再定住地を提供するプロジェクトとして実施が継続された。

　その一方で、それぞれのコミュニティに対して、ゴムやアブラヤシなどの換金作物栽培を奨励する農業開発も実施された。こうした開発プロジェクトは、結果的にオラン・アスリの生活環境を大きく変容させていった。

イスラーム化政策

　1979 年のイラン・イスラーム革命に象徴される世界的なイスラーム復興の影響で、1980 年代に入ると、マレーシア政府もイスラーム化政策をより積極的に推し進め、それがオラン・アスリ社会へも波及した。

　1983 年にオラン・アスリに対するイスラーム化政策が開始されると、一部のオラン・アスリは、イスラームへ改宗し始めた。イスラム教徒になると、イノシシの肉などを食べられなくなるので、従来のように森での生活を続けるのが困難となる。こうして、徐々にではあるが、オラン・アスリは「森の民」としてのアイデンティティを失っていった。

　イスラーム化政策によって、イスラームへ改宗するオラン・アスリが徐々に増える一方で、多くのオラン・アスリはイスラームへの改宗を拒否し続けていた。なかには、イスラーム化を強いるマレー人との関係を忌避し、非イスラム教徒である華人やサバ州・サラワク州の先住民と関係を築き、婚姻関係を結ぶオラン・アスリもいた。

　この時代は、上述したように、オラン・アスリが暮らす森の開発が活

発化していった時期とも重なり、オラン・アスリは開発とイスラーム化という大きな波にさらされ、彼らの民族アイデンティティが揺らぎ始めた時期であった。

独立後のキリスト教宣教活動

　イスラームへの改宗を拒否する人々のなかに、キリスト教へ改宗する人々が現れたのもオラン・アスリ社会の特徴である。以下では、マレーシアが独立してからのキリスト教宣教活動の動きについて述べる。

　マレーシア独立以降のキリスト教の宣教方針は、イスラームを国家宗教とするマレーシア政府に遠慮しながら実施するというものであった。外国人ではなく、マレーシア国内の宣教師による宣教活動が中心となり、結果的にキリスト教の土着化が進行した。1963年にマレーシア政府は、外国人のカトリック司祭、プロテスタント牧師、その他のキリスト教宣教関係者について、10年間の期限付きで活動を許可するという政策を採用した（寺田編 2002: 17）。以来、外国人によるキリスト教宣教は制限され、マレーシア国籍の教職者（華人、インド人、オラン・アスリなど）によって宣教活動が展開された。オラン・アスリに対するキリスト教宣教活動はマレーシア独立後も続行したが、次第に宣教活動に対する圧力が強まり、1982年、オラン・アスリ局はパハン州で活動していたセマイの宣教師たちを、「政府の許可なく宗教活動をした」という理由でパハン州から追放した（Dentan 1997: 125）。さらに、1990年には、スランゴール州政府が、オラン・アスリ集落に建設された「教会」を違法建築物として破壊し（Loh 1993: 61-63; Dentan 1997: 125-126）、この事件を報じた『アジアウィーク（Asiaweek）』誌は、マレーシアでは発行禁止となった（Loh 1993: 67）。これらの出来事が、オラン・アスリに対するイスラーム化が推進され始めた時期と重なっていたことは注目に値する。

　このように、様々な圧力のなかで、キリスト教の宣教活動は展開され

てきたが、その成果は出てきている。イスラームへの改宗を嫌がるオラン・アスリのなかには、キリスト教へ改宗する人々が徐々に増えているのである。近年では、プロテスタント系の福音派・ペンテコスタ派の宣教活動が（宣教師は韓国人の宣教師という情報もある）、オラン・アスリに対しても行なわれている。

5．グローバル化の時代

先住民運動

　1970 年代からの開発は、オラン・アスリに別の局面をもたらした。国家主導の大規模開発プロジェクトの実施に伴って、彼らの土地の権利が大きく侵害されたのである。大学建設、ダム建設、高速道路、そして、森林伐採など、彼らが住む地域周辺で実施される開発により、彼らの生活基盤は突然として危機に瀕する事態となった。そもそも彼らには十分な土地の所有権が与えられていなかったため、多くの場合、彼らの声は無視され続け、彼らが暮らしてきた土地や森は収奪されていった。当時、彼らの悲惨な状況は、マレーシア国内でも知られておらず、ましてや国外まで伝わるはずもなかった。

　ところが、1990 年代以降、こうした閉鎖的な状況に変化が生じ始めた。その頃世界はグローバリゼーションの時代に突入しており、国連などの国際社会では先住民の権利回復が叫ばれていた。情報のグローバル化により、それまで国内問題にとどまっていたオラン・アスリの開発問題やマレーシアの森林環境の問題が、国際社会に広く知られるようになったのである。

　こうした状況のなか、オラン・アスリはマレーシア政府による森の収奪に対して自ら立ち上がり始めた。彼らは、NGO の支援を受けながら、わずかに残された森や彼らのテリトリーを守るため、土地の慣習的所有権を主張したり、裁判闘争をするなどの先住民運動を展開するように

なったのである（信田 2010）。

　1990 年代以降の状況を見ると、必ずしもオラン・アスリがマレー人に吸収されていったわけではないことが分かる。イスラーム化政策や開発によりオラン・アスリの文化や伝統、ひいては民族そのものが消滅することに危機意識を感じたオラン・アスリのなかから、自ら民族意識を高めていこうとする動きが出てきたのである。これには、当時世界的な広がりを見せていた先住民運動が少なからず影響していた。

オラン・アサル

　21 世紀に入ると、マレー半島のオラン・アスリやサラワク州のプナンといった個々の民族の運動だけでは限界が生じ、マレーシア全体の先住民同士の連携が図られるようになった。具体的には、先住民支援 NGO を介して、オラン・アスリとボルネオ島側のサバ州・サラワク州の先住民が連携するようになったのである。このように先住民運動のネットワークが広がるにつれ、マレーシア全体の先住民を大きくまとめる必要性が出てきて、そこで採用されたのがオラン・アサルという名称であった。

　そもそも現在のマレーシアには、昔からオラン・アスリの諸民族をはじめ、サバ州のカザダンやムルット、サラワク州のイバンやプナンなどの土着の諸民族が暮らしていた。イギリス植民地時代には、英領マラヤ、北ボルネオ会社、サラワク王国など、別々の行政管轄下にあり、マレーシア独立後には、オラン・アスリやアナック・ヌグリ、ダヤクなど様々な民族カテゴリーに分類され、互いの交流があまりなく分断された状態にあった。しかし、ブミプトラ政策が実施されて以降は、彼らは同じブミプトラのカテゴリーに入り、同時に「開発の犠牲者」として同じ境遇に立たされるようになったのである。

　開発や森林伐採によって浮上してきた土地権や先住民としての権利を

めぐる先住民運動は、当初は個々の村、個々の民族での活動であったのだが、強大な国家や企業と交渉するため、互いに連携し、より大きな勢力で先住民運動を展開するようになっていった。彼らは、自分たちをマレー人と差異化し、自分たちこそが本来の意味での「先住民」であることを主張するため、オラン・アサルと名乗り始めたのである。今やオラン・アサルという名称は、マレー半島とボルネオ島の諸民族をつなぎ、互いの連帯を推進していくためのシンボルとなりつつある。

オラン・アサルという名称をめぐる動きは、新たな民族を生成する動きでもある。そして何よりも、民族の生成の主体が、国家ではなく当事者であることが、オラン・アサルという名称に特別な価値を持たせている。オラン・アスリをはじめとした先住民たちは、国家によって規定された民族の枠組みに満足せず、民族の枠組みを自分たちの手で作り直し、新たな民族を自ら名乗り始めていると言えよう[8]。

6. 小括——民族の生成、混交、創造

オラン・アスリだけでなく、マレー人や華人や他の民族にとってもマレー半島の森は昔から特別な場所であった。彼らは時に森に隠れ、時に森に逃げこみ、そこで暮らしを営んできた。一方、マレー王国、イギリス植民地政府、マレーシア政府にとっての森は資源の宝庫であり、共産ゲリラにとっての森は隠れるための格好の場所であった。マレー半島において、森は古来より、海外との交易のための森林産物の供給地、国家の資源、そして、戦場といったように、時代時代において色々な民族に様々な形で利用されてきたのである。それゆえに、そこに暮らし、そこから生活の糧を得ていたオラン・アスリは、これほどまでに世界の動き

---

[8] 民族の「名乗り」については内堀の論考（1989）を参照。基本的には、オラン・アサルの名乗りも内堀が想定する「名乗り」の範囲内にあるが、当事者が新たな枠組みで新たな民族名を考え出している点で、これまでにない新しい動きと言えよう。

や国家の目論見に巻き込まれ、翻弄され続けてきたのである。

　オラン・アスリの目線で歴史を振り返ってみる。

　元々、彼らは森の民ではなくマレー半島の沿岸部に住んでいた。人口希薄な半島部で、危険をおかして森のなかに住む必要はなかったからである。沿岸部には、時々、海の向こうから船が漂着し、岸に上がってきた乗組員からは食料などを要求されたこともあったであろう。女性を要求されることもあったのかもしれない。親しくなったり、時には、敵対したりしていただろうが、当初は住む場所を追われるほどの状況ではなかったと考えられる。しかし、海のシルクロードの通り道であったマレー半島沿岸部には徐々に往来する人が増え、沿岸部に住み着く商人が多くなると、オラン・アスリの祖先たちは沿岸部に住むのをあきらめ、内陸の方に移動していったと推察できる。森はマラリアなどの病気の温床であったが、彼らは呪術や薬草の知識を身につけ、それらの脅威から少しでも身を守ろうとした。そして、狩猟採集や焼畑をしながら生きる糧を得ていたのである。こうして「森の民」が誕生するのである。

　彼らが「森の民」として生きていた王国時代、商人がやってきた。塩や米、鉄製品などをちらつかせられたり、時には脅されたりして、沈香やラタンなどの森林産物を採ってくることを要求されたのである。サカイ、セマン、ジャクンなどと呼ばれていた「森の民」はそれぞれ小さな集団で暮らしていたため、外部からの圧力や要求に対し、受け入れるしかなかった。商人との関係がうまくいく場合もあれば、襲撃を受けて、集落の人たちが皆殺しの目にあうこともあった。マラッカ王国がイスラーム化した後は、イスラームに改宗するように誘われたり、女性は結婚を持ちかけられたりもした。

　そして、移民の人口増加にともない、森のなかの集落の近くまで、マレー人の農民が開拓民としてやってくるようになり、農作業の手伝いを持ちかけられるようになった。作業を手伝うかわりに、米や塩をもらっ

たりしたが、時々、奴隷狩りのため、集落が襲撃され、女子供が連れ去られるという辛い経験もした。集落が壊滅状態になり、さらに森の奥地へ命からがら逃げ込むこともあった。なぜなら、外の人間は森の奥深くまではやってこないからである。

　そんな時代が長く続いた後、イギリス植民地時代に入ると、聞き慣れない言葉を話す白い肌をした人間を見かけるようになり、中国語やタミール語など、これまた聞き慣れない言葉を話す男たちが、森が切り開かれたプランテーションやスズ鉱山の採掘場で働いているのを目にするようになった。「森の民」は移民たちにドリアンなどの森の果実を持って行き、時にはお金をもらい、そのお金を持って近くの町に行き、米などの食料品を買っていた。

　華人の集落やインド人の集落が近くにできると、新しい民族間交流が起こり、華人も森林産物を欲しがったので、彼らに売ったりした。なかには、華人と結婚する女性も出てきた。言葉は通じないけれど、華人はイスラームに改宗するよう勧誘しないので、気が楽だったのかもしれない。生まれた子供たちは、中国語を話し、華人として生きた。町へ出かける時にはマレー人集落を通るため、マレー人とのつきあいもできた。マレー人と結婚した人たちは森を出ていき、子供たちはマレー人として生きた。しばらくは親戚づきあいが続いたが、世代を経ると、誰と誰がどういう関係なのかほとんど分からなくなってしまうことが多かった。

　奴隷狩りなどの危険はなくなったが、集落の周りはますます森が切り開かれ、プランテーションや農地、スズ鉱山などに囲まれ、これまでのように森のなかを自由に動けなくなってきた。ちょうどその頃、突然、日本軍がマレー半島に侵攻してきた。日本軍が華人の家々を焼き払ったり、華人を虐殺しているという噂を聞きつけた「森の民」は身の危険を感じ、森の奥に逃げ込んでいった。森の奥にいても、時おり、空を戦闘機が飛んで行った。軍隊は森の奥深くまでやってこなかったが、森のな

かに戦闘機が墜落した時には、その場所まで見に行くことはあったようだ。森の奥での生活は、昔の狩猟採集生活に逆戻りだった。食べ物がない時には、毒気のあるイモを掘り、毒抜きして、飢えをしのいでいた。

　戦争が終わったと聞き、森から出ていくと、今度は、華人との戦争が始まったことを知る。森に潜伏していた華人の共産ゲリラは、しばしば集落を訪れ、食料を要求した。華人は彼らを「アサル」と名づけた。華人というが、なかには、アサルを母に持つ人もいた。共産ゲリラとともに戦うアサルの男たちも出てきた。華人を助けていると疑われた集落は、政府軍の爆撃を受けることもあった。また、共産ゲリラと政府軍の戦闘に巻き込まれ、死亡したり、流れ弾に当たり大怪我をする人も多くなっていった。生活の場であった森は危険な戦場に変わっていったのである。政府は彼らを収容施設に移動させることに決めた。政府は、それまで、「サカイ」や「セマン」など、地域ごとに違った名前で呼ばれていた彼らを一括して英語で「アボリジニ」として扱うようになった。彼ら自身は自分たちが「アボリジニ」と呼ばれていたことを知らなかったかもしれない。森から離れたところにある収容所は、確かに安全で最低限度の食料も準備されていたが、それだけでは足りなくて、現金を稼ぐため、近くのゴム園や日雇い労働をして働く人も多かった。「アボリジニ」となった彼らだが、周囲のマレー人などからは、依然として、「サカイ」や「セマン」と呼ばれていた。暑くて、劣悪な衛生環境であった収容所生活は辛いものであり、精神的なストレスも多く、感染症などの病気も蔓延したりして、亡くなる人も多かった。

　非常事態宣言期の戦闘が終息し始め、マレーシアが独立すると、自分たちがマレー語で「オラン・アスリ」と呼ばれるようになったことを知る。オラン・アスリ局の役人から知らされる場合が多かった。この時、初めて自分たちが、マレーシア国民のなかの「オラン・アスリ」という民族の一員であることを認識したのである。こうして、彼らは「オラ

ン・アスリ」となった。

　非常事態宣言が解除された後、「オラン・アスリ」は再び元の集落に戻ることができた。以前と同じ森の生活を送るオラン・アスリもいれば、収容所生活で身につけた習慣から、ゴムの木を植えたり、日雇いで現金を稼ぐような生活をする人たちも出てきた。長い収容所生活で、それまでの伝統的な儀礼のやり方や森の知識などを忘れてしまうこともあった。

　1969 年、クアラ・ルンプールで、華人とマレー人の間で大きな暴動が起きたが、その余波はマレー半島の各地に波及し、身の危険を感じたマレー人や華人の知り合いがオラン・アスリの元を訪れ、匿ってほしいと頼んでくることもあった。

　1970 年代、ブミプトラ政策が開始されると、ゴムの植樹プロジェクトや、家の建設プロジェクトなどを説明するために、オラン・アスリ局の役人がオラン・アスリの集落を頻繁に訪ねてきた。ゴムの苗木を無償でもらえたり、家を無償で建ててもらえたりしたので、感謝する人もいたが、その一方で、狩猟採集の仕事を好み、ゴムの仕事を嫌がる人たちや、トタン屋根の家に移るのを嫌がる人たちもいた。政府が作った家は風通しが悪く、暑かった。

　役人から、もっと良い場所に家や農地を用意すると言われ、村ごと他の場所に移住することもあった。移住先の多くは、さらに奥地の場所や、周囲には森がなく狩猟採集活動ができないような場所で、約束された水道や電気も通らず、不便な生活を強いられる人々も多くいた。それでも、生きるためには、現金を稼がねばならず、日雇い労働をしながら、ほそぼそと暮らすしかなかった。「森の民」としての生活がまったく失われてしまったのである。彼らが住んでいた集落の跡地は、いつのまにか、ゴムのプランテーションに変わり、どこからかやってきたマレー人開拓民の村ができた。

　1980 年代になると、イスラーム局の役人がオラン・アスリの村に

やってきた。彼らはオラン・アスリの村に家を建てて住み込み、イスラームの教えを説いて回った。役人はイスラームへ改宗すれば、お金をもらえるし、テレビやバイクももらえるとささやいた。お金欲しさにイスラームへ改宗する人も出てきたが、ほとんどの人たちにとって、豚肉を食べられなくなるイスラーム改宗は現実的ではなく、役人の話に耳を貸さない人の方が多かった。イスラーム局のマレー人役人のなかには、オラン・アスリをバカにするような態度を取る人もいて、結局、村びととの関係が悪化したり、村での不便な生活に嫌気がさしたりして、村を出て行ってしまった。村には今も空き家になった彼らの家が残っている。

　オラン・アスリにとっては、イスラーム局の役人と比べれば、キリスト教の宣教師はまだましだった。華人やインド人のキリスト教宣教師は、時おり村を訪れ、みんなで歌を歌ったり、子供たちにお菓子をくれたりした。お菓子や食料を目当てに、キリスト教の集会に参加する人たちもいた。

　1990年代になると、テレビや新聞で、開発の被害を受けたオラン・アスリの姿を目にするようになった。高速道路やゴルフ場、空港などの建設によって、村の土地が回収されたり、立ち退きを要求されて、困っているオラン・アスリがメディアに登場し始めたのである。森にも異変が起きていた。ダムの建設や木材の供給などで、森林伐採が進み、森の環境はさらに悪化していたのである。豪雨が降ると、保水力を失った森から土石流が発生し、川の上流部にあるオラン・アスリの村はたびたび被害を受けた。

　この頃、POASM[9]というオラン・アスリ自身が結成したNGOやCOAC[10]というオラン・アスリ支援のNGOの関係者が、オラン・アスリの村にやってきた。彼らは開発によって問題が起きているオラン・アス

9　Persatuan Orang Asli Semenanjung Malaysia: 半島マレーシア、オラン・アスリ協会
10　Center for Orang Asli Concerns: オラン・アスリ研究センター

リの村からの SOS を受けて、村を訪れ、事情を聞き、対応策を話し合った。その後、POASM の会員になるオラン・アスリの人数は年々増えていった。NGO 関係者の多くがオラン・アスリであったことが、会員数を伸ばす要因となっていたのであろう。NGO の支援を得ながら政府や開発企業と交渉をしたり、うまくいかない場合には裁判を起こした。政府と敵対するのを恐れ、裁判を嫌がる人々も多かったが、なかには NGO の意見に耳を傾け、裁判闘争に身を投じる人たちも出てきた。

NGO の集会に参加した人が、村に戻った後、集会での議論や聞き知った情報を村の人たちに伝えたので、村びとはこれまで知らなかった外の世界の情報を得るようになっていった。NGO の集会は、他地域の「オラン・アスリ」の人々が集い、それまで互いに知り合う機会がなかったオラン・アスリ同士の出会いの場でもあった。集会には、オラン・アスリだけでなく、ボルネオ島のサバ州やサラワク州に暮らすイバンやカダザンなどの先住民も参加しており、彼らは同じマレーシアの先住民としての連帯感を強めていった。

すでに国際 NGO との関係を構築していたサバ州・サラワク州の先住民との出会いは、オラン・アスリがより広い世界に目を向けるきっかけとなった。そして、同じブミプトラとして、国家に対して同様の不満を抱いていたオラン・アスリとサバ州・サラワク州の先住民は、先住民として連携するために、オラン・アサルという名称を創案した。そこには、自分たちこそが、本来の意味でのマレーシアの先住民であり、先住民としての権利回復のために、互いに力を合わせ連帯しようという思いが込められている。サバ州・サラワク州の先住民との交流は、現在、SNS を通じた友人関係だけにとどまらず、結婚を介した親族関係を構築するまでに深まっている。

　以上、オラン・アスリの視点から彼らの歴史を再考してきたが、ここ

から分かるように、オラン・アスリは、周囲の民族や時々の政府から蔑称を名づけられてきたものの、これまで自分たちで主体的に民族名を名乗ることはなかった民族である。一つの民族として団結する機会もなく、誰が同じ民族であるのかすら分からなかったのかもしれない。アボリジニにしても、オラン・アスリにしても、彼ら自身が名乗ったのではなく、国家が国家に都合の良いように名づけてきた名称である。しかし、オラン・アサルという名称は、歴史上初めて彼ら自身が創り出した名称なのである。この動きは、マレー人を含むブミプトラをマレーシアの先住民と位置づけるマレーシア政府の見解とは大きく異なる先住民自身による民族の再編成を意味している。つまり、彼らは、主流民族であるマレー人を除いた形で、マレー半島とサバ州・サラワク州の先住民をオラン・アサルとして一つにまとめようとしているのである。

　民族というのは、歴史のなかで、ある人間集団が偶然に立ち現れて生成されることを端緒とするが、その後は、同じような過程を経て立ち現れた周囲の集団と混じり合い、次第に、他の集団と峻別され、差異化されていく過程をたどりながら創られるものである。近代国民国家は、そうした民族という集団を近代法によって固定化しようとしてきたが、グローバル化の時代においては、民族もまた、国境を越えたり、民族の壁を越えたりするなど、流動化し始めている。オラン・アスリのケースは、まさに、そうした民族の生成・混交・創造の過程を如実に示すケースである。オラン・アサルに見られるような、新たな民族の再編成の現象は、民族という集団の行く末を考える上でも重要な示唆を与えるものと言えよう。

第3章　ドリアン・タワール村の概観

　前章までは、オラン・アスリ全体に関わるマクロな事象について主に述べてきたが、ここからは、村レベルのミクロな事象に焦点を当てながら、本書のテーマである家族、親族、そして家族・親族を超える関係性について論じていく。

　調査地であるドリアン・タワール村（仮名）は、マレー半島南西部のヌグリ・スンビラン州に位置している。村は周囲を森に囲まれた小高い丘にあり、丘の上と下に家屋が立ち並んでいる。かつては、現在よりも奥まった所で暮らし、ドリアンの季節などには森のなかを移動しながら生活を送っていたが、100年くらい前、一部の人々が森から出てきて定住生活をするようになり、水田耕作を始めた。1970年代の初めには、丘の上に政府提供の家屋が建てられ、定住生活をしていた人たちはその家屋に移り住んだ。その後、森のなかで移動生活をしていた他の人々（後述する「下の人びと」の祖先）も森から出てきて、丘の下に家を建てて住むようになった。こうして、なだらかな丘陵地に広がる現在のドリアン・タワール村の居住地が形成されたのである[1]。

　マレーシアでは、オラン・アスリと言えば、掘立小屋のような家に住み、吹き矢を使った狩猟やプタイ[2]の採集をしながら、昔ながらの原始的な生活を送っている人々という印象を持っている人が多い。さらに、貧しさゆえに薄汚い身なりをしていたり、酔っ払いがいたり、犬が放し飼いにされていたりすることなどが、オラン・アスリの村に対する怖いイメージにつながっているようである。なかには、オラン・アスリの強

---

　[1]　ドリアン・タワール村の概観については、拙著（信田 2004b; 2013a）も参照。
　[2]　和名では、ネジレフサマメと呼ばれる大きな豆。

力な呪術によって、呪いをかけられるのではないかと恐れている人もいるほどである。

　私がフィールドワークを始めた 1996 年頃も、そうしたイメージはまだ強く残っていて、オラン・アスリの村に行くことは、危険を伴う行為と思われていた。マレーシアの大学で、「よくそんなところに住んでいるね。大丈夫なの？　怖くないの？」とよく言われたものであった。

　周囲を森に囲まれ、人里離れたところにあるドリアン・タワール村もまた、貧しいオラン・アスリの人たちが暮らす村という暗い印象を持たれていたのである。

　しかし、実際にドリアン・タワール村で暮らしてみると、外から見る印象とは異なり、村びとの性格は明るく、おだやかで優しい人たちが多かった。みんな懸命に働き、ともに助け合い、前向きに生きていたし、自分たちがオラン・アスリであることにも誇りを持っていた。鳥の声がさえずり、色とりどりの花が植えられ、椰子の木が立ち並んでいる熱帯の村ならではの光景は、村びとがオラン・アスリであることを除けば、周囲のマレー人の村とあまり変わらなかったのである。

　ただ、丘の下に並んでいる家々を訪ねると、そうした印象は一変した。先に述べたような、オラン・アスリに対するマイナスのイメージさながらの風景が見られたのである。当時、丘の上には電線や水道が通っていたが、丘の下には電線が通っていたものの水道は通っておらず、人々は井戸や小川の水を生活用水として利用していた。電気代を払えず、電気が通っていない家も多かった。家屋は、トタン屋根やコンクリートむき出しの壁、あるいは板張りの壁でできており、家の中には家具と言えるものはなく、テレビや電話がない家がほとんどであった。酔っ払いの男性が多く、喧嘩沙汰は日常茶飯事で、女性が強姦されたとか、子供が栄養失調で亡くなったなど、荒れた日常をうかがわせるような噂話が飛び交っていた。

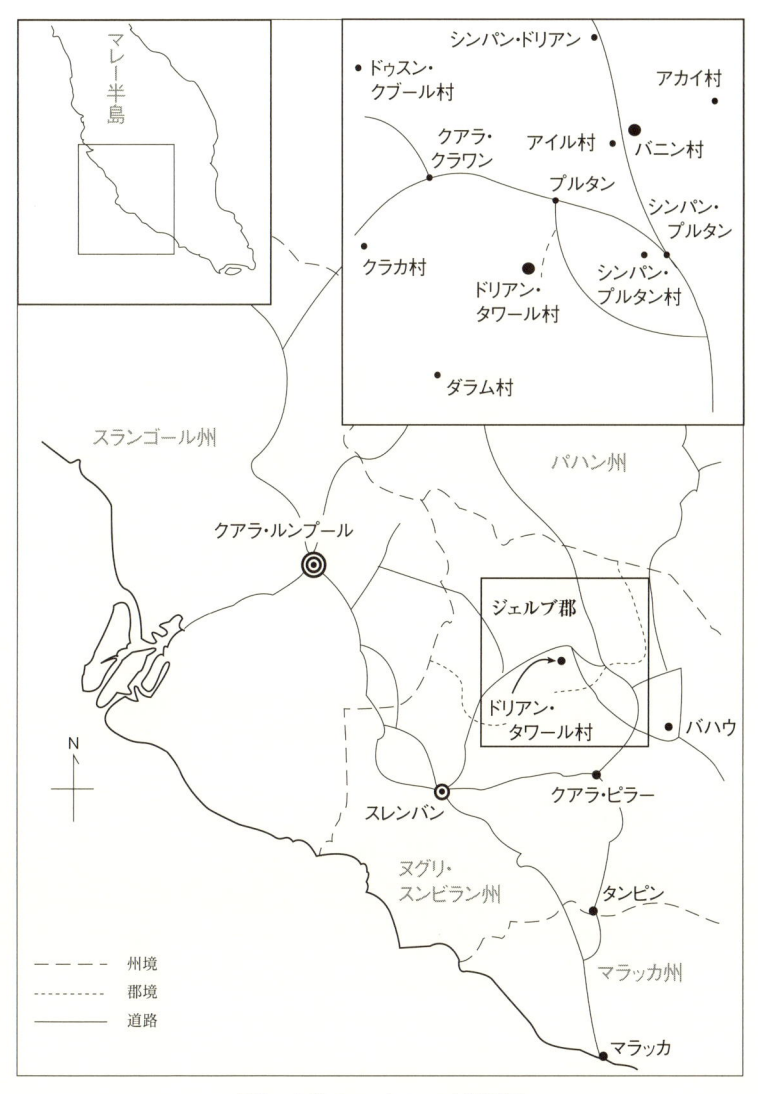

図 2　ドリアン・タワール村周辺図

同じ村であるにもかかわらず、丘の上の人たちと丘の下の人たちでは、なぜ何から何までこんなに違っているのだろうか？　これが、ドリアン・タワール村に入って、私が一番興味をひかれた謎であった。約2年にわたるフィールドワークで、村びとの生活状況や経済状況、さらには村びとの人間関係や村の歴史をつぶさに調べ、この謎の一端は解明できたが、すべてを明らかにするまでには至らなかった。

　しかし、その後、この村に20年通い続け、2年間のフィールドワークだけでは分からなかった、もしくは私自身が若くて気づかなかった、ドリアン・タワール村の本当の姿が少しずつ見えてくるようになった。とはいえ、当初の大きな謎は、今も私のなかで謎として残ってはいる。永遠に分かり得ないかもしれないこの謎への執着が、私がこの村にこだわり続ける原動力となっているのかもしれない。

　本章では、約20年前にフィールドワークを行なった当時の様子と現在との変化に目を向けながら、ドリアン・タワール村の今昔について概観してみたい。

1．ドリアン・タワール村の周辺環境

　ドリアン・タワール村の近隣には、オラン・アスリの村々が点在しており、シンパン・プルタン村、バニン村、アカイ村、アイル村、ドゥスン・クブール村、クラカ村、ダラム村などとは現在でも交流が続いている。いずれも、村びとの親族が暮らしており、結婚式や葬式などの儀礼、ハリ・ラヤなどのお祭りの際には、人々の行き来がある。他にも、オラン・アスリの村があるのだが、1996年当時は、村びとの多くがキリスト教に改宗しているという理由で、そうした村との交流は少なかった。宗教の問題に敏感になっていた時期は、親族のつきあいも途絶えがちであったが、現在は、関係が復活しているところもある。

民族のすみ分け

　ドリアン・タワール村のあるジェルブ郡は、ヌグリ・スンビラン州の他の郡と比較すれば人口は少ない方だが、オラン・アスリの人口の割合は比較的多く、クアラ・クラワン、プルタン、シンパン・プルタン、シンパン・ドリアンなどの町ではオラン・アスリの姿をよく見かける。彼らはマレー人に似ているが、マレー人よりも小柄で、肌の色が少し濃いのが特徴である。マレー人は華人が経営する食堂や喫茶店では食事をしないので、そうした店にいるマレー人に似た人たちはオラン・アスリと判断できるし、ベールをかぶっていない女性はすぐオラン・アスリだと分かる。

　町には華人が住み、プランテーションにはインド人が集住し、道路沿いの場所にはマレー人の村が点在し、オラン・アスリは森の近くの奥まったところに暮らしているというのが、この地域における民族のすみ分けの特徴である。こうした状況は、20 年前も今も変わらない。

交通網の発達

　10 年ひと昔という言葉があるが、20 年経つとだいぶ時間が経過した印象を受ける。その象徴が交通網の発達である。

　州都スレンバンから北東に位置するジェルブ郡は、周囲を山々に囲まれ、外部とはいささか隔絶された印象を受ける。1996 年当時、首都クアラ・ルンプールから向かうと、ジェルブ郡を通過する段階で、すでに奥深い山岳地帯を進んでいくというイメージがあった。

　かつて、マレーシアの首都クアラ・ルンプールからドリアン・タワール村に向かうには、高速道路でスレンバンまで行き、そこから山越えのつづら折りの道を通り、クアラ・クラワン経由か、クアラ・ピラー経由で行く 2 つのルートがあった。山道は狭く険しく、いずれのルートを辿って行くにしても、ドリアン・タワール村までは最短でも 3 時間以上

かかっていた。

　しかし、近年、高速道路が新たに開通し、クアラ・ルンプールからドリアン・タワール村まで、約2時間で行けるようになった。さらに、山越えのつづら折りの道が大幅に改修され、道幅の広い直線道路になったことは、時間短縮に大きく作用するだけでなく、安全性が高まり、安心感にもつながっている。

2．ドリアン・タワール村の今昔

　1996年にフィールドワークを開始した当時、私は27歳で、村びとから見れば若き青年であった。養子になり、ランタウという名前を与えられ、私は「ランタウ（Rantau）」や「ランタウお兄さん（Abang Rantau）」と呼ばれていた。その後、結婚して子供が生まれると、世代が一つ上がって「ランタウおじさん（Wak/ Mamak Rantau）」と呼ばれるようになった。そして、つい最近、村の子供たちから「ランタウおじいさん（Aki Rantau）」と呼ばれるようになってしまったのである。

　以下では、約20年前のドリアン・タワール村を振り返りながら、現在までの変化を紹介していく。

経済状況の変化

　1996年のフィールドワーク開始当時、すでに市場経済に飲み込まれていたドリアン・タワール村の人々は、かつての森での生活の痕跡を残しながらも、現金収入を目的とした生業によって生計を立てていた。当時の村びとの収入の大半を占めていたのはゴム採取で、次いでドリアン、ランブータン、バナナ、野菜などの商品作物であった。森に自生するプタイやラタンの売却益は、農地を持たない村びとの主な収入源となっていた。一方で、自家消費のための狩猟採集活動も行なわれており、獲ってきたサルやイノシシの肉を親族で分配したり、森に入って野草や野菜

を採集するなどの活動もしばしば見られた。

　農地を持たない人たちは、狩猟採集活動と平行して、華人が雇い主となっている日雇い労働に従事し、現金を得ることが多かった。都市へ出稼ぎに行く人や、工場で働いている人は当時まだ少数で、公務員や教師をしている人は数えるほどであった。生業に関して言えば、20年の間にそれほど劇的な変化はないものの、ゴム栽培に加えて、アブラヤシ栽培を始めたことや、村外で公務員や教師として働く人が増えてきていることは、村びとの経済状況に大きな影響を与えていると言える。

　20年の間、村を訪れるたびに感じるのは、車の所有やスマートフォンの利用など、村びとの生活が豊かになっていることである。20年前、開発プロジェクトに積極的に参加した「上の人びと」[3]の生活は上向き傾向で、その後ゴムの値が上昇したり、アブラヤシの栽培を始めたことなどによって、現金収入が以前より増えている。さらに、家族のなかに教師や公務員など、村の外で働く人たちが増え、世帯収入が安定してきていることも生活が豊かになった要因の一つと考えられる。「上の人びと」のなかには、新しい家を建てたり、従来の家屋の増改築をする人が多く見られ、村内の風景は少しずつではあるが変化している。

　私が継続調査の際に居候している調査助手アサットの実家は、彼の妹ノラズィアーが教師になったことで収入が増え、リビングルームを改築して立派なソファを置いたり、家の外にあったトイレを家のなかに設置するなど、経済的な余裕が感じられる（写真10）。

　テレビは衛星放送を受信できるようになり、彼の家族はよく CNN ニュースやサッカーなどを見て楽しんでいる。当初はバイクだけで、自動車は1台もなかったが、その数が増えていき、今では車を3台所有し

　3　ドリアン・タワール村では、開発を受け入れ丘の上に住んだ人々を「上の人びと」と呼んでいる。一方、開発に積極的ではなく、丘の下に住んでいる人々を「下の人びと」と呼んでいる。上層の「上の人びと」と下層の「下の人びと」の間には、経済格差がある。詳しくは、拙稿（信田 2000; 2004a; 2004b）を参照。

写真 10　アサットの実家のリビングルーム、マニョとウカル（2011 年）

ている。携帯電話を持ち始めたかと思えば、すぐにスマートフォンに変わり、コンピュータやインターネットを私以上に巧みに扱うなど、この家を訪れるたびに、新しい機器や技術が導入されていて、驚かされることが多い。しかし、どんなに暑くてもエアコンは設置していなかったり、屋根裏には大きなネズミがいたり、ヤモリや蚊、こうもりの襲来があるなど、必ずしも日本と同じ環境にあるわけではない。家のなかに設置したトイレはあいかわらず、左手を使って水で洗う方式であるし、水浴びも以前と変わらず冷たく、お湯が出るわけではない。経済的に豊かになっても、こうしたところは長い間の習慣や文化の影響があるということだろう。

　村一番のお金持ちであったマンク・ハシムの家族は、子供たちがそれぞれ大きな家を建て、その一帯はドリアン・タワール村の「高級住宅街」になっている。また、調査の拠点となっていた、村の入り口にあるゴムの仲買店も改装して一回り大きな建物に変わった。バティン・ジャ

ングットの子供たちはそれぞれ独立し、バティン・ジャングットが所有していた広い敷地のなかに、彼らが建てた新しい家々が軒を連ねている状況である。「上の人びと」の家族は、一家に1台車を所有しているのが当たり前となっているのである。

外の世界の広がり

　20年前、この村の人たちは、プルタンやシンパン・プルタンなどの近隣の町に外出するくらいで、村に閉じこもりがちであった。大半の村びとにとって、村の外の世界というのは、プルタンやシンパン・プルタンの町が全てだったと言っても過言ではない。

　村びとは、村の雑貨店には置いていない日用品や食材を求めて、プルタンの商店やシンパン・プルタンの市場にバイクに乗って出かけていた。買い物ついでに屋台や食堂でお茶を飲んだり、食事をすることも多かった（写真11）。週に1度開かれる定期市は村びとの楽しみであり、屋台で売られる野菜、古着、苗木などを買っていた。家具、電気製品、バイク、宝くじなどの購入だけでなく、床屋、クリニック、郵便局、銀行、警察署への用事に至るまで、プルタンやシンパン・プルタンは村びとの生活を支える町であった。

　色々な用事で町に出かける際には、マレー人や華人、インド人、時にはインドネシアからの出稼ぎ民などの他者と出会い、時には情報交換をしていた。商店や食堂に行くと、そこの店主（華人が多い）から、クアラ・ルンプールなどの都会の話、シンガポールや日本などの外国の話、さらには、マレーシアの政治の話からゴムの価格情報など、村びとは色々な話や情報を聞いていたのである。

　しかし、交通網やインターネットの発達によって、外の世界に対する村びとの意識は大きく変化した。特に若い世代の人々は、プルタンやシンパン・プルタンばかりでなく、より遠くの町へ頻繁に出かけるように

写真 11　プルタンの華人食堂で喫茶する村の若者たち（2003 年）

なった。20 年前、移動手段と言えばバイクであったが、今では、バイクは村内あるいは耕作地への行き来のみに利用され、村外に出るには、車を利用するのが普通である。彼らは、プルタンやシンパン・プルタンに寄らず、クアラ・クラワンやバハウ、クアラ・ピラーなどに出かけたり、スレンバンやクアラ・ルンプール、時にはマラッカまで日帰りで行くこともあるという[4]。

　そして、町の人たちからではなく、インターネットから様々な情報を得ていることも重要な変化である。かつては、日本からやって来た私は、村びとにとっては異星人のような扱いであった。乗って来た飛行機や町

---

[4] ドリアン・タワール村からプルタンへと向かう道は、かつては舗装されていなかったが、今では舗装され、車での行き来が以前よりも格段に良くなっている。村びとによれば、選挙が行なわれるたびに、道路は整備されていったという。役人にお願いしてもなかなか舗装されない道路であったが、選挙の際に、与党のマレー人議員にお願いしたら、たちまち整備されたのだという。マレー人議員と言えども、オラン・アスリの票は重要なのである。これは余談になるが、プルタンの町は活気が失われつつある。近年では、店じまいをする華人商店も多い。その大きな理由は、交通網の発達や車の所有率の増加により、人々が以前よりも遠出をするようになり、小さな町であるプルタンに寄らなくなったということであろう。

のホテルでの話などを、興味深く聞いてくれたものであった。同年代の若者たちをクアラ・ルンプールに連れて行った時には、初めての都会経験に彼らはとても興奮していた。ところが、今では、私がどこからどうやって来たのかといった話は、若者たちにとっては当たり前すぎて、特に興味を持つ話ではないようであり、逆に、彼らから町の新しい情報を教えてもらうことの方が多い。そのくらい、彼らは外の情報を知っているのである。

　経済的に余裕のある村びとのなかには、泊りがけの旅行をする人たちも出てきており、ランカウイ島やキャメロン・ハイランドなどの観光地や、ボルネオ島のサバ州まで飛行機で旅行する人たちもいる。また、最近では、Air Asia という格安航空を利用して、ベトナムやタイ、インドネシアなどへの海外旅行を楽しむ家族もいるほどである。

　「外の世界」が大きく広がったことによって、彼らは今までよりも多くの人と交流し、かつてとは比べものにならないほどの様々な情報を得ている。

新しい世代

　スマートフォンは若い世代を中心に普及し始め、今では大人たちはほぼ1人1台の割合で持っている。ほとんどの人が、プリペイド式のスマートフォンを利用していて、容量が少なくなると町に出かけて店で金を払って容量を加えている。

　政府のプロジェクトで Wifi の電波塔が建てられ、一時、無料で通信ができるようになったことも利用の増加につながった。これを契機に、あっという間に Facebook や WhatsApp、Instagram などの SNS が普及し、現在では村びと同士で情報交換を行なうだけでなく、学校や職場で知り合ったマレー人や華人などとも交流している（写真 12、13）。

　オラン・アスリの言語を使ってやり取りする村びとがほとんどである

写真12　スマートフォンを見ているピカと娘（2016 年）

写真13　村のマイクロバスで学校から帰ってきた子供たち（2008 年）

が、英語で情報発信する若者もいる。彼らの多くは大学に進学した若者たちで、なかにはイギリスの大学に留学した経験を持つ人もいる。彼らにとって、インターネット空間というのは、民族や宗教の壁を気にせずに、様々な人々と交流できる場であり、情報発信の場となっているのであろう。姿形や宗教、民族で人を判断するのではなく、発信されている内容やそこに付随する価値観でつながることができる SNS は、宗教や民族の壁を越えて若者たちを結びつけているように思える。

　交通の便が良くなり、インターネットや SNS で外部との交流も増え、若者たちの意識は確実に変化してきている。かつてオラン・アスリは、マレー人や華人などから学校でいじめにあったり、町で出会った時にバカにされるなどしたため、他の民族に対して警戒心を持ち、あまり良好な関係を築いていなかった。しかし、近年では、学校教育をはじめ、テレビやインターネット、新聞などのメディアに流れる民族共生といった価値観に影響を受け、マレー人や華人の間にオラン・アスリをいじめたり差別してはいけないという意識が少しずつ広がり、オラン・アスリの側にも警戒感が少なくなってきている。例えば、学校時代に仲良くなったマレー人や華人との交流が卒業後も続き、村の結婚式にマレー人や華人の友人が訪れる機会も増えている。職場でも、マレー人や華人の同僚との交流が増えるなど、彼らの間にあった垣根は低くなりつつあるようだ。なかにはマレー人や華人と結婚する人も出てきている。

　宗教への抵抗感も、世代を経るごとに変化している。20 年前、村びとはイスラームやキリスト教への改宗者に対し強い抵抗感を示していた。しかし、その後、若者たちの間にはそういった抵抗感が徐々に薄れ、今では家族がイスラーム教徒やキリスト教徒と結婚しても親族関係が断絶することはない。また、かつてはありえなかったが、最近では、村のイスラーム改宗者の女性がベールを被って、村びとの結婚式に出席している（写真 14）。

写真 14　結婚式の準備を手伝うイスラーム改宗者の女性たち（2017 年）

「下の人びと」とキリスト教

　とはいえ、以上のように、経済的に豊かになったり、若者たちの意識に変化が見られたりしているのは主に「上の人びと」のグループであって、開発に乗り遅れた「下の人びと」のグループの生活状況や意識には大きな変化はなく、経済的に豊かになっているとは言い難いものである。ほとんどの家屋は以前のままの状態であり、経済状態が良くなっているとは言えない。劣悪な衛生状態やアルコールの過剰摂取などで、働き盛りの大人たちがあいついで亡くなっている。不健康な生活習慣の影響なのか、40 歳代や 50 歳代で亡くなる人が多い（「世帯の記録」を参照）。過去には、農薬を飲んで自殺する人も数人いたし、栄養失調で子供が亡くなることもあった。車を所有している家族もほとんどなく、外の世界との交流は、以前とあまり変わりがない。

　そのような「下の人びと」の間で、2000 年を過ぎた頃から、キリスト教へ改宗する人たちが増えていった。経済的に貧困状態になっている「下の人びと」のほとんどは、イスラームかキリスト教に改宗している

が、イスラームへの改宗は、断食や食の制限など、ハードルが高い。キリスト教にはそうした食についての戒律があまりないため、キリスト教へ改宗する人たちが増えているのである。キリスト教徒になれば、イスラームへの改宗の誘いを受けなくて済むことも、キリスト教改宗者が増加した一因である。

「下の人びと」のグループに属する家族の家屋が村の「教会」となっており、そこに華人やインド人の宣教師が訪れて、説教や礼拝を行なっている。クリスマスなどの際には、共食やパーティも行なわれる。日々の暮らしを立てるのに精一杯の「下の人びと」にとって、救済宗教でもあるキリスト教が唯一の救いとなっているようである。とはいえ、彼らの現実はなかなか変わっていくものではない。次に紹介する痛ましい事件は、「下の人びと」が抱える現実の一端を物語るものである。

2003年8月、「下の人びと」に属するキリスト教徒が亡くなった。当時30歳代半ばの彼コタウは、軽い精神病を患っていた。病院に通うほどではなく、調子が悪いと「狂気（gila）」の状態になるが、普通の状態の時もあった。かつて、他村のオラン・アスリ女性と婚約をしたが、相手側に彼の「病気」が知られ、結婚が破談になったことがある。そんな彼は、ある時、キリスト教へ改宗した。改宗の理由は、少しでも精神の病が良くなるためであったという。私は、軽い「狂気」の状態に陥った彼が、農作業もせず、暗い家のなかで床にぼんやりと座っている姿を見かけたことがあった。ドリアンの季節を迎え、現金収入が増えると、コタウはたびたび行方不明になっていた。

しかし、この年のドリアンの季節での行方不明は、いつもと違った。ドリアンを売って現金を手に入れたコタウは、バイクに乗ってスレンバンまで出かけたが、ガソリンがなくなり、スレンバンの町を徘徊しているところを警察に保護された。警察から知らせを受けた親族に連れられて、村に帰ってきた彼は、何を思ったのか、ペットボトルに入っていた

農薬を一気に飲み干してしまったのである。彼は家族に「神さまが農薬を飲むように言うから、飲んだ」と話した。その時の彼はもちろん正気ではなかった。農薬を飲んだ後、彼は正気に戻り、自分がとんでもないことをしたことに気がついた。しかし、すでに手おくれであった。病院に行き、治療を受けたが、農薬の量が多すぎたため、しばらくして、苦しみながら死んでしまったのである。

コタウの死が他の村びとの死と異なっていたのは、彼がキリスト教徒であったことである。キリスト教改宗者の墓場をめぐっては、その前年の 2002 年 3 月に村で話し合いが持たれ、村の墓場とは別に新たに墓場を設けることと決められていた。よって、コタウの遺体は、村の墓場の近くのゴム園に埋葬され、今では、この場所がキリスト教改宗者の墓場となっている[5]。

健康状態

「下の人びと」の健康状態は、貧困のための低栄養状態やアルコール摂取などにより、良好な状態とは言えないものである。若くして亡くなる人もいれば、高齢になる前に亡くなる人も多い。

一方、経済状態が向上している「上の人びと」は、肥満などを要因とする糖尿病などの生活習慣病に罹患する人が多くなっている。以前に比べると、糖尿病や心筋梗塞、癌などによって亡くなったという話をよく耳にする。この 20 年の間に、外の世界との交流が進んだ一方でストレスが増え、さらには、20 年以上前から徐々に食生活が変化していたことが要因となっているのかもしれない。車やバイクの普及による運動不足も無関係ではないだろう。

私と同年代の女性の何人かは 30 歳代後半や 40 歳代半ばで、子供たち

---

[5] 一方、村のイスラーム改宗者の遺体は、村の墓場ではなく、近隣のマレー人の墓場に埋葬されることになっている。

を残し癌で亡くなったし、マンク・ハシムは食道癌、ムントゥリ・グムッは脳梗塞、ジェクラ・アサンは心筋梗塞で亡くなった。調査助手のアサットは、現在、糖尿病を患い、耳の聞こえが悪くなっている。また、バティン・ジャングットの息子ティカは、糖尿病のため足を切断せざるをえなくなり、その後、60 歳代後半で亡くなった。

　20 年前もそうであったが、全体的に 60 歳を越えて生き残っている人は少なく、豊かさと寿命は今のところ比例していないようである。特に成人女性のほとんどが肥満の問題を抱えており、それを気にしてか、エアロビクスのようなダンスが流行っている。夕方、アダット会館の前の広場で、女性や子供たちが集まってラテン音楽に合わせてダンスをして汗を流しているのである。本書の冒頭（20 ページ参照）でも紹介しているが、これは、ズンバといって、南米コロンビアで発祥したフィットネス・プログラムであった（写真 15）。現在、世界中で流行しているらしいが、地球の裏側にある先住民の小さな村で流行っていることに大変驚

写真 15　ズンバを踊る（2017 年）

かされた。また、女性たちが病気の話をしているのをよく耳にするようになり、無農薬野菜などに関心を持つ人も出てきて、健康志向の生活を心がけているように見える。しかし、そのわりには、甘いクッキーを食べたり、砂糖やコンデンスミルクがたくさん入ったコーヒーや紅茶を飲むなど、習慣というものはなかなか変えられないようである。

自然環境の変化

　村を訪れて気づくもう一つ大きな変化は、村から見渡す山々の風景である。ドリアン・タワール村とプルタンの町の間にあったゴムのプランテーションや森林地域が、すべてアブラヤシに植え替えられているのである。村から見えるプルタン側の小高い山は、すべての木々が根こそぎ伐採され、あらわになった山肌にはアブラヤシの苗木が植えられている。こうした光景は、プルタン地域に限ったことではなく、ヌグリ・スンビラン州のあちこちで見られる（写真 16）。

　プルタンとは反対の森の方を村から見渡すと、周囲を小高い山に囲まれ、ゴム園やドリアン果樹園などの耕作地が比較的なだらかな丘陵地に広がっているという村の風景に、今のところ大きな変化はない。しかし、最近、ゴム園をアブラヤシ園に転換する動きが出てきている。ゴムの値は、20 年前に比べれば上昇しているので、ゴム採取を続けても生活に大きな問題はないのだが、アブラヤシ・ブームに便乗してさらなる利益を求める人たちは、アブラヤシを栽培し始めている。

　小高い丘の上にある村の居住地からは、熱帯雨林に覆われた緑の山々を見渡すことができる。そうした熱帯雨林の山々にも、アブラヤシ開発が迫っており、彼らの周囲にある森は伐採が進み、次第に侵食されつつある。森の木々が伐採され、動物たちが居場所を失った結果、狩猟や採集がしづらくなっている。洪水などの水害も頻繁に起こっている。また、煙害[6]も年々ひどくなっていて、時々、学校が休校になる事態も起きて

写真16　山の上までアブラヤシが植えられている（2016年）

いる。

　いずれにしても、村びとたちから自然災害や森林破壊の話をよく耳にするようになった。森の危機、自然環境の危機はすぐそこまで迫っているのである。

バティン・ジャングットの死

　最後に、忘れてはならない一つの変化がある。それは、50年近くリーダーとして村を率いてきたバティン・ジャングットの死である。2012年5月、バティンは81才[7]でこの世を去った（写真17）。バティン・ジャングットは、統率力、指導力に優れ、狩猟採集や薬草の知識に

　6　マレーシアでは、ヘイズ（haze）と呼ばれている。インドネシアのスマトラ島などで起きる熱帯雨林の火災や泥炭火災の煙が、大規模な煙霧となって広がる大気汚染である。長期フィールドワーク中の1997年には、大規模な火災とエルニーニョ現象を伴う乾燥が原因で、最大規模の煙霧が発生した。煙の中には、PM2.5やPM10などの有害物質が含まれている。5月から10月にかけて発生することが多い。
　7　身分証明書の上では、77才で亡くなったことになるが、実年齢は81才であった。

たけた人物であった。彼に対して妬みや反発を抱く人たちもいないわけではなかったが、村びとはリーダーであるバティンを尊敬し、一目置いていた。特に、呪術師でもある彼の呪力には、誰しもが畏怖の念を抱いていた。約40年前、彼が政府の開発プロジェクトを受け入れたことにより、村には「上の人びと」と「下の人びと」といった階層化が生じたのだが、しかし、現在の村の状況をみると、彼が望んだ「村の発展」はある程度成功していると言えるであろう。開発を受け入れる一方で、彼は政府が推し進めるイスラーム化に対しては反対の姿勢を見せた。結果、政府と軋轢が生じ、さらには、開発の手法をめぐって息子ティカと絶縁状態になったことも重なり、晩年はストレスの多い日々であったのではないかと想像する。最晩年、ティカと和解した彼は穏やかな死を迎えたと聞いている。

新体制

　バティンの死に伴い、新バティンに、バティン・ジャングットの妹の息子（オイ）であるゲンレー（当時、51才）が就任した[8]（写真18）。彼は母系制の原理に従った正統な継承者である（母系制については次章を参照）。現在、小学校の教師（公務員）をしており、行政とのつながりも持っている。さらに、彼は、POASM（59ページ参照）というオラン・アスリのNGOに所属し、幹部の一人として活動している。

　新バティンや、その後のアダット・リーダーの死に伴う交代によって、現在、村には新たな体制ができあがっている。ゲンレーは村内のイスラーム問題やキリスト教問題にはあまり神経をとがらせず、それよりも村の発展のため、外の世界との交流をより積極的に進めていこうという考えを持っている。それは、イスラーム問題に強硬に立ち向かった先代

8　拙著『ドリアン王国探訪記』（信田 2013a）では、アヨフという名で紹介されている人物と同一人物である。

写真 17　亡くなる 2 カ月前のバティン・ジャングット（2012 年）

写真 18　左奥からバティン・ゲンレー、バティン・アワン（バニン村）、アサット。私の英
文著書『Living on the Periphery』の写真を見ている（2010 年、撮影：コリン・ニコラス）

のバティンとは大きく異なる点であろう。バティンの交代は、村の在り方や若者たちをはじめとする村びとの意識に少なからず影響を与えていると言えよう。

3．ドリアン・タワール村の文化

文化のない場所？

　22年前、初めてドリアン・タワール村を訪れた際に印象的だったのは、周囲のマレー人や華人などと比べて、オリジナルな「文化」と呼べるものが少ないことであった。例えば、男性はTシャツ、ジーパン、短パン姿、女性はTシャツにマレー風のサロンを巻いているだけという格好で、いわゆる民族衣装はなかった。家もトタン屋根や板張りの壁で作られた掘っ建て小屋か、セメントブロックで作られた簡素な家であり、写真に撮りたくなるような独特の家屋というわけではない。宗教はアニミズムと考えられたが、宗教儀礼などは特になく、神や精霊に向かってお祈りをするといったことも全くない。料理は、かろうじてサルやイノシシの料理が彼ら独自の文化と言えるものの、オラン・アスリ料理といったような料理はなく、普段も儀礼の時もマレー料理とあまり変わりがない料理が出てくる。人々は何かにこだわることなく、なんとなく日々の暮らしを営んでいるだけという印象が強かった。そのようななかで、唯一、彼らオラン・アスリのオリジナルな文化と見なすことができたのは、狩猟道具としての吹き矢をはじめ、パンダヌスの茣蓙やラタン（籐）の籠、呪術や薬草についての知識、森の精霊に対するアニミズム的な観念、そしてアダットに従った結婚式や葬式などの儀礼であった。

　歴史的に見れば、彼らの祖先たちは森のなかで狩猟採集生活をしていたと考えられているので、狩猟や採集に関連する文化があるのは当然といえば当然である。移動を繰り返す狩猟採集生活では、簡素な生活になりがちで、彼らの祖先たちは、元々年中行事や宗教的な儀礼というもの

をあまり持ち合わせていなかったのかもしれない。あるいは、移動生活のなかで、そうしたものを忘却してしまったのかもしれない。その後、村びとの祖先たちは定住して農耕を始め、周囲のマレー人などの影響によって、農耕に関連した年中行事や儀礼を行なっていた時期があったようである。そのことはバハロンの博士論文にも記録されている。しかし、40年以上前に水田耕作を止めてしまってからは、年中行事や儀礼は一切行なわれなくなり、今ではそのことを覚えている村びとも少なくなってきている。

こうしたことから、現在では狩猟採集生活時代の文化のみが、彼らにとって唯一オリジナルな文化と呼べるものになっている。農耕に関連した文化や、埋葬時に紙銭を燃やす習慣などを、自分たちの文化だと語る村びともいるが、それらは明らかにマレー人や華人の文化の模倣なのである。

しかし、彼らは、そうした模倣文化を、自分たちのオリジナルな文化だと思っている節がある。アダット（Adat）はその最たるものである。これは、彼らの文化認識を考える上で、重要なポイントであろう。

アダット

オラン・アスリの独自の文化というのは、吹き矢や罠による狩猟やラタンやプタイなどの森林産物の採集方法など、狩猟採集に関連したものがほとんどである（写真19）。それは確かに周囲のマレー人などには見られない、彼ら独自の文化だと考えられるが、残念ながら、近年では、開発や森林環境の悪化などにより、実践しづらくなっており、失われつつある文化となっている。彼ら自身も、このままだと周囲に誇れる文化が無くなってしまい、他の民族との違いを強調したり、民族のアイデンティティを主張することが難しくなるといった危機感を持っているようである。

写真 19 プルタンにプタイを売りに行くガット（2015 年）

　そこで彼らが拠り所としているのがアダットである[9]。アダットは元々マレー人の慣習法であるが、ドリアン・タワール村の人々は、定住化あるいは農耕民化の過程で、アダットを受容した。その後村びとは、アダットに少しずつアレンジを加え、アダットに基づいたオラン・アスリ独自の文化を創り上げようとしてきたのである。現在では、アダットに従って婚姻儀礼や葬送儀礼などの諸儀礼を行なうことは、伝統文化を実践することと同義となりつつあり、オラン・アスリ色を出せる貴重な場となっている。20 年前は、マレー人の店で買うより他に方法がな

---

[9] ここで本書において重要な概念であるアダットについて、詳しく述べておく。アダットは、一般的に慣習、習慣と訳されることが多いが、ドリアン・タワール村では、それ以上の意味を持っている（Baharon 1973: 6）。つまり、アダットは、儀礼の仕方をはじめ、村の社会や村びとの生活などを規定する「法令集」のようなものである。いわゆる「常識」と考えてもよい。ただし、それらは成文化されているわけではなく、格言や慣用句、ことわざ、教訓などで表現され、口承されてきたものである。アダットは、一般的には、母系のアダット（Adat Perpateh, Adat Mepatih）と父系のアダット（Adat Temenggong）とに分かれている。ドリアン・タワール村の人々は、自分たちの母系のアダットが「本物のアダット（Adat Benar)」であるという認識を持っている（Baharon 1973: 14-16）。彼らによれば、マレー人のアダットはイスラームの影響を受けたものであるのに対して、ドリアン・タワール村のアダットは昔から伝わる本物のアダットということになる。

かったため、結婚衣装や飾りなどは、マレー人のそれと同じものであった。しかし、現在では、他の地域で売られているオラン・アスリ風のものを購入して、結婚衣装や飾りにオラン・アスリ色を出せるようになったのである。

　20 年前、バティン・ジャングットは、我々は我々のアダットに従っていると主張していたが、当時はまだマレー人のアダットと変わらない部分も多かった。しかし、その後、アダットからマレー的な要素（イスラーム）を取り除き、オラン・アスリ的な要素を入れていくといったアレンジが行なわれた。そして今では、村のアダットは、まさにオラン・アスリのものとして存在しており、村びとの意識にも、自分たちの伝統を実践しているのだという自負が見られるようになっているのである。

第4章　制度としての母系制、理念としての母系制

　ドリアン・タワール村には、これまで家族や親族に関する様々な制度や理念が入ってきた。ドリアン・タワール村における親族システムの変容はどのような状況の下で、どのようなプロセスを経て起こったのだろうか。そして、親族システムの理念と実践の関係はいかなるものだったのか。本章では、主に母系制に焦点を当て、ドリアン・タワール村における親族システムの動態を分析していく。

1．東南アジアの親族システム

　東南アジアでは、父系や母系といった単系制から双系といった非単系制まで、あらゆるタイプの親族システムが存在する[1]。とはいえ、双系制（双方制ともいう）やそれに近い制度が優越しているというのが一般的な見解である。単系出自理論の観点からすれば、双系制は出自集団を形

---

[1] 本書では、親族関係についての専門用語を多用しているので、以下、本書で用いている専門用語をまとめて解説する。以下の用語については、R. M. キージング著『親族集団と社会構造』の用語解説（1982: 240-247）を参照した。
　　出自とは、文化的に承認された親子の連鎖を通して一人の祖先と結合することにより規定される関係を指す。父から息子、息子からその息子へという場合は、父系出自であり、母から娘、娘からその娘へという場合は、母系出自となる。
　　出自集団とは、出自の規則にもとづき成員権が得られる親族集団を指す。適当な出自上の地位が、人に集団のメンバーの資格を与えるが、出自上の地位は、社会によって、父系、母系、双系というように異なる。父系出自とは、男性の系統で代々の祖先との関係をたどる出自を意味しており、母系出自とは、娘、娘の娘など、女性の系統で女祖から出自をたどる原則を表している。一方、双系出自とは、男性であれ女性であれ、始祖のすべての子孫が含まれる出自のたどり方である。非単系出自とは、基本的には双系出自の別称である。また、二重出自という出自のあり方もあるが、それは、二組の社会集団またはカテゴリーが同一社会内に共存する体系を意味しており、一方は父系出自に基づき他方は母系出自に基づく場合が多い。そうした社会では、ある人は父の父系集団と母の母系集団に所属する。その他、父母双方を通してたどられる親族との関係を表す「双方的親族関係」という専門用語もある。
　　居住規則については、結婚した夫婦が妻の親族と一緒に居住することを「妻方居住」、夫の親族と一緒に居住することを「夫方居住」としている。
　　一夫多妻婚とは、一人の男性と二人以上の女性との結婚を指している。

成しない親族システムとされる（前田 1989: 41-44）。別の言い方をすれば、双系制は出自集団を形成しない親族システムを一括しているという意味で、いわゆる残余のカテゴリーと考えられていた。この点を強調すると、前田が指摘するように、ある社会を双系社会と規定するのは実は何も説明していないことになる。そこで、東南アジアの双系社会に注目した親族研究では、双系制における組織原理を説明するために、「屋敷地共住集団」「家族圏」「キンドレッド」などの概念が提示されたのである[2]。

このような特色を持つ東南アジアには、次のようなユニークな親族システムも見られる。それは、例えば、1930 年代の経済不況を境にして、それまでの父系制から母系制に変わったスマトラ島のルジャン社会や、同じ民族のなかでも父系出自に従う地域と母系出自に従う地域があるティモール島の東テトゥム社会などである（前田 1989: 42）。いずれも父系と母系が両方存在する重系制とは定義できず、出自理論では定義不能な社会と見なされている。さらに、フィリピンのハヌノオ・マンヤン社会や他の諸民族社会に関する社会人類学的研究のなかには、一見したところ純双系的に映る社会において、単系的・一系的な要素が萌芽・生成していることに注目した研究もある（村武 1973: 29-48; 宮本 1986: 61-117）。これは、双系制が優越する東南アジアにおいて単系的な親族システムへの指向性を示す事例であるが、はっきりと単系制とは言いきれない要素を含んでいる。

---

[2] 屋敷地共住集団とは、子供が結婚し、同一屋敷地内に家屋を建てて居住し、同一の耕地を共同で耕作、収穫を共同で貯蔵するが、煮炊きは別炊という世帯群を指す（土佐 2014: 175）。これは、家族サイクルの観点から必ずしも「核家族」と捉えきれない東南アジアの家族・親族の特徴を表現した概念であり、この考え方は家族圏の概念にも引き継がれている。家族圏とは、家族を固定した集団としてではなく、ネットワークの広がりのなかでの一つのまとまりとして、すなわち「圏」として捉える考え方である（立本 2000）。家族圏は集団というより、家族や親族に対する人々の見方、認知のあり方であり、次に示すキンドレッド（日本語で言えば、親類）の概念とも関連性がある。キンドレッド（kindred）は、個々人を取り巻く親族から成る社会集団またはカテゴリー、あるいは特定の文化的承認を与えられている範囲の親族を指す（キージング 1982: 244）。祖先を中心として一系的に組織化される出自の概念に対して、キンドレッドは、個人を中心として父方母方双方をたどる親族のカテゴリーを意味している。

2．ドリアン・タワール村の親族システム

　表 1 では、オラン・アスリの三つのサブ・カテゴリー（ネグリト、セノイ、ムラユ・アスリ）の概観と親族組織の特徴について示している。

　オラン・アスリ全体に通底しているのは、核家族を一つのユニットとして親族組織が構成されている点である。核家族をどのように結びつけて家族より範囲の広い親族集団を形成するのかということは、それぞれのグループの婚姻慣行によるところが大きい。とはいえ、定住化に伴い、それぞれのグループにおけるリーダーシップや社会組織は、隣接する民族集団（特に、マレー人）の影響を受け、それらに類似したものになっている。

　ドリアン・タワール村は、オラン・アスリのグループのなかでトゥムアン（Temuan）というグループの村である。表 1 の右列最下部の下線を引いた箇所がトゥムアン・グループの特徴である。この説明のように、一般的には、トゥムアン社会は伝統的に母系社会であると考えられている。この「伝統的」をどう捉えるかは議論が分かれるところだが、本章では、ドリアン・タワール村の村落史を手がかりに母系制の出現を歴史的に跡づけてみたい。

母系制、父系制、双系制

　ドリアン・タワール村が位置するヌグリ・スンビラン州は、母系制を採用するミナンカバウ系マレー人が、故地であるスマトラ島から移住した地域である。ドリアン・タワール村が母系制を導入した背景には、彼らの周囲にミナンカバウ系マレー人の母系社会が存在しているという地理的・歴史的・文化的要因がある（35 ページ参照）。

　ドリアン・タワール村の親族システムを説明する前に、ミナンカバウ社会など、東南アジアにおける母系制の採用の経緯に関して、少し詳し

表1　オラン・アスリのサブ・カテゴリーの概観と親族組織の特徴

	概　観	親族組織の特徴
ネグリト	・マレー半島北部の内陸部に居住 ・森での遊動生活 ・狩猟・採集・漁撈活動	・基本ユニットは核家族 ・5〜10の核家族がバンドを構成 ・バンドが狩猟・採集・漁猟活動を行なう社会経済的単位 ・定住化政策後、バンドの連合体としてのホルドが村落を構成
セノイ	・マレー半島中央部の内陸部に居住 ・かつては焼畑移動耕作に従事 ・狩猟・採集・漁撈活動 ・現在は定住生活	・伝統的にロングハウスに居住 ・核家族を単位として、親族関係や婚姻関係で結びついた6〜10の家族が1つのロングハウスに居住 ・ロングハウス型でない場合、同規模の家族が集住し集落を構成
ムラユ・アスリ	・マレー半島の中部・南部に居住 ・集落は外部からのアクセスが良く、マレー人や華人などの集落にも近い ・ジャクン（Jakun）・トゥムアン（Temuan）・スムライ（Semelai）は定住型農耕に従事 ・焼畑移動耕作は、現在は減少 ・オラン・クアラ（Orang Kuala）やオラン・スルタール（Orang Seletar）は漁民	・核家族が基本単位 ・核家族は独立した家屋に居住 ・村落は5〜20の家屋によって構成 ・村落構成員の結びつきは親族関係および婚姻関係 ・村落コミュニティは特定の地域を「所有」 ・各家族は特定の耕作地に責任を持つが、基本的には耕作地は共有地と見なされ、草刈や伐採などの耕作準備は共同で実施 ・トゥムアンやスムライの社会組織やリーダーシップは複雑。規模の大きいものでは、5〜6の村落を代表するバティン（Batin）がいて、村落集合の行政長を担当 ・リーダーシップの継承や家産の相続は、ほとんどのグループでは父系的だが、双系的なグループもある ・<u>ヌグリ・スンビラン州のトゥムアンやスムライのグループでは、出自や相続は伝統的に母系</u>

出典）Baharun（2006: 25）に基づき筆者作成。
注）Baharun は、Baharon と同一人物である。

く説明しておきたい。

　フランスの歴史人口学者・家族人類学者のエマニュエル・トッドによれば、東南アジアにおける一般的な家族・親族形態は、親族組織が未分化な状態で、核家族を中心としたものとされている（トッド 2016a: 331-390）。相続も、父系や母系のような一系的なものではなく、均分相続であり、両方どちらもたどる双方的な親族形態が起源的・基盤的なものであると考えられているのである。これは、本章でいう双系の家族・親族形態とほぼ同じものである。

　一方、東南アジアは中国やインドからの影響を受け、特に影響が強いところでは父系制の観念が伝播し定着していったという歴史的経緯がある。そうした地域では、父系制の親族組織を持つ人々が出てきた。例えば、中国の影響を受けているベトナムや大陸部のタイやラオスなどの山地民の社会では、父系制が採用されている。

　こうした状況において、なぜ母系制が出現したのかという問いに対して、トッドは、母系制を父系制への反動として出現した現象として捉えている（トッド 2016a: 58）。ミナンカバウ人の例で説明すれば次のようになる。ミナンカバウ人が住むスマトラ島は、インド文明やイスラームの影響を受けた王国の支配下にあったため、それらの王国の王族や貴族はインド文明やイスラームの影響を受けて父系制（例えば、男子に限る王の継承など）を採用した。王国は多様な民族を支配しており、ミナンカバウ人も支配された民族の一つであった。トッドの論理に従えば、彼らは支配層が父系制を採用したことに反動する形で母系制を採用したということになる（トッド 2016a: 378）。このミナンカバウの例に見られるように、東南アジアにおける母系制は、父系制に対する反動として出現した制度であると、トッドは捉えている。上から強制されたり、または伝播してきた父系制を採用せず、母系制を出現させたこと自体に、自他を分かつ民族アイデンティティの萌芽を見て取ることもできる。

このトッドの説は、賛否両論あるものの、東南アジアの家族・親族の特徴を知るうえで、有益な考え方の一つであろう。この説を採用するならば、あくまで私の仮説ではあるが、東南アジアの家族・親族は次のようにまとめられるのではないだろうか。

　東南アジアは、歴史的に、中国やインド、そしてイスラームの影響を受けており、特にベトナムは中国の影響が強く、親族組織も中国的である。また、大陸部東南アジアは、中国から南下してきた民族が多数暮らしているため、そうした民族の多くが、中国の影響を受け、父系的な親族組織を保持している。一方、島嶼部東南アジアでは、インドとイスラームの影響によって、父系的な要素が導入されているが、双系的な社会が多数派である。双系的な社会というのは、父方・母方のどちらもたどるような親族のネットワークがゆるやかに存在する状態の社会である。これが東南アジアにおける親族の原初的形態と推察される。双系的な社会は、王族や貴族以外の一般民衆（華人やインド人を除く）や周縁の山岳地帯や地理的な辺境地に多く見られるが、その理由は父系制が伝播せず、原初的な形態が残っているためと考えられるのである。

　原初的な形態が残っている場所とは別に、母系制も東南アジアには存在している。それは、外から伝来してきた父系制への反動として、母系的な制度が作られた結果であると考えられる。実際、父系制と接する地域に母系制を採用する社会がある。親族システムの違いが自分たちのグループと他者とを分かつ指標となっているのである。つまり、相互の違いを表現するのに、相手は父系制を採用しているが、自分たちは母系制なのだと主張できるのである。ドリアン・タワール村でも、「自分たちは母系のアダットだが、他のオラン・アスリの村はそうではない」あるいは「華人は父系なので、自分たちとは違う」といった語りはよく聞かれる。

　以上のような仮説は、ドリアン・タワール村に母系制が導入された遠因となっているが、村に母系制が導入されたメカニズムは、ヌグリ・スンビランという地域の事情とも関係している。以下では、村に母系制が導入されるまでのプロセスを説明する。

　かつてこの地域はマラッカ王国の勢力圏にあった。マラッカ王国では、この地域に住む土着の人たちをビドゥアンダと呼んでいた。15世紀にマラッカ王国がイスラーム化して以降も、イスラーム化の進行は遅く、ビドゥアンダの人たちのなかにはイスラム教徒になった人とそうでない人たちがいた（36ページ参照）。

　17世紀になると、この地にスマトラ島からミナンカバウ人が移住してきて、ヌグリ・スンビラン王国を建設した。ミナンカバウ人は母系制の社会を形成していたので、ミナンカバウ人の移住とともにヌグリ・スンビランに母系制が持ち込まれた。その後、19世紀初めにイギリスが植民地化するまで、ヌグリ・スンビランにはミナンカバウ人が多く移住し、次第に母系制が社会に深く浸透していった。

　イスラム教徒であるミナンカバウ人と、ビドゥアンダの人たちは通婚などで混じり合うようになった。そして、イスラームへ改宗したビドゥアンダは、マレーシア独立後はマレー人となり、一方、ミナンカバウ人とは交流せず、イスラム教徒にならなかったビドゥアンダの人たちは、オラン・アスリとなったのである。

　ビドゥアンダと呼ばれていた土着の人たちの社会は、元々は母系的ではなく双系的であった。ミナンカバウ人と混じり合い、マレー人となったビドゥアンダの人たちは、母系制を採用するようになっていったが、その一方で、イスラームへ改宗せず、ミナンカバウ人との交流を持たなかったビドゥアンダの人たち、つまり、オラン・アスリとなった人たちの社会は、当初は双系的であった。

　ところが、双系的な社会であったはずのオラン・アスリの社会もまた、

次第に周囲のミナンカバウ系マレー人の影響で、母系制を採用するように
なっていったのである。そのメカニズムについては本章で詳しく見て
いく。

1990 年代のドリアン・タワール村の親族システム

　ここでは 1996 年から 1998 年までの長期フィールドワークを実施した
時期のドリアン・タワール村に焦点をあて、その親族システムを概観す
る。1970 年代に人類学的調査を実施したバハロンの観察結果も盛り込
んでいるが、1970 年代から 1990 年代にかけてのドリアン・タワール村
の親族システムに大きな変化がないという前提で記述していることをあ
らかじめお断りしておきたい。さらに言えば、現在のドリアン・タワー
ル村の親族システムにも以下のような説明は当てはまる。

　生活の単位は、基本的に「夫と妻と未婚の子供」からなる核家族であ
り、こうした核家族が一つの家屋を占めている場合が多い。もちろん、
2 世帯同居などの例外もあるが、子供たちは結婚して子供ができると、
新しい家屋をつくって独立する傾向が強い。夫婦の組み合わせは、生産
や消費などの経済的な単位となっている。

　一般に村びとはおおむね第 3 イトコにあたる範囲までを「親族 (sau-
dara mara)」と認識している。ただし、村内にいる親族に対しては、人々
は具体的な親族関係を把握しているが、村外にいる親族に対しては、何
らかの血縁関係があることを認識している程度で、具体的な親族関係を
憶えていないことが多い。つまり、婚姻その他で村から出ていった人、
特にその子孫は次第に忘れ去られているのである。

　バハロンは、ドリアン・タワール村の親族名称について、「親族名称
は双方的 (bilateral) で類別的 (classificatory) である」と指摘していた
(Baharon 1973: 373)。実際、これは現在でも変わらず、村びとの親族関係
のたどり方を見てみると、必ずしも母系や父系などの単系に限定しては

いない。その意味で、彼らの社会は双系的な社会であるとする見方も可能である。

　一方で、彼らの社会を母系社会と見なすこともできる。バハロンも、ドリアン・タワール村は母系的な理念を有していると指摘していた（Baharon 1973: 13-17）。婚姻や相続、そして儀礼的な場面において明らかに母系的な理念が見られる。

　母系的な理念を表現しているのが、プルット（perut）という概念である。プルットは、字義通りには子宮ないし腹を意味し、同じプルット（子宮・腹）から生まれたという意味で、「母」を同じくする母系出自集団を指す。プルットはある一人の女祖から母系の血筋（keturunan）でつながっている人々を意味している[3]。また、イブババ（ibubapa）は一般に母方オジを意味する言葉であるが、それは同時に「母系出自集団の長」を意味する。同様に、エネックブアー（enekbuah）という姉妹の息子を意味する言葉は、「母系出自集団の成員」の意味もある。これらの言葉の存在も、ドリアン・タワール村で母系的な理念が優先されていることを示している。

　母系出自集団は、外婚の単位でもあり、同じ母系出自集団の成員間の結婚は特に厳しく禁止される。また、結婚式においては、父親ではなく母方オジが新婦や新郎の後見人として重要な役割を果たし、居住様式は妻方居住が理想とされる。居住様式は必ずしも母系制と関連するとは言えないものの、これらの事実のいずれもが、ドリアン・タワール村で母系的な理念が強く優先されていることを示しているのである。

---

[3] ドリアン・タワール村では、しばしば、プルットと同様の意味でワリス（waris）という言葉が使用されている。ワリスは「相続財（プサカ pusaka）の継承者」を意味し、血縁はそれほど重視されているとは言えない。なぜなら、プルットの成員の配偶者や養子などもワリスの成員になる場合があるからである。例えば、私はバティン・ジャングットの母系出自集団の養子になっているが、村びとは私のことを同じプルットであるという言い方ではなく、同じワリスという言い方をしている。つまり、ワリスは、プルットを基礎としながらもそれを含む、外延のやや不明確な少し範囲の広い集団なのである。

3. 母系制導入の背景——ドリアン・タワール村の歴史から

　1990 年代のドリアン・タワール村では、母系的な理念が優先されていたが、母系制は具体的にどのようにして村に導入されたのであろうか。ここでは、ドリアン・タワール村の歴史[4]を振り返りながら、母系制導入の背景を探ってみたい。

移住小史

　ドリアン・タワール村の人々の祖先は、1870 年代頃に現在の地域に移住してきた。移住前、彼らは南方のタンピン付近に住んでいたという。当時、イギリスによる植民地化が始まって、スズ鉱山やゴムのプランテーションでの労働者として華人やインド人、インドネシアからマレー系の人々が新天地を求めてマレー半島に移り住んできた（cf. Harper 1999; Kathirithamby-Wells 2005）。この移住により、元々低地に住んでいたオラン・アスリは次第に山間部の周縁へと押しやられていったのである。ドリアン・タワール村の祖先の人々が、1870 年代頃に南部から移住してきたのも、彼らの元の居住地が移民に占拠された結果であると推察できる（42 ページ参照）。

　移住してきた後、人々は周辺の地域をテリトリーとして、家族単位もしくは複数の家族単位であちこち移動しながら生活していた。テリトリー内には一時的に居住する場所がいくつか存在しており、こうした森のなかに散在する一時的な居住地は、のちにドリアンの果樹園となっていった。果樹園といっても、何本かのドリアンの果樹が集まって生えているだけの場所だが、現在では相続財（プサカ pusaka）（本章注 3 も参照）として、村内の母系出自集団の共有地となっている。

---

[4] ドリアン・タワール村の歴史は、バハロンの博士論文（Baharon 1973）や村びとから聞き取った情報等に基づいて再構成している。

母系アダットの導入

　移住後の最初のリーダーであったバティン・バニン（Batin Baning）は、現在のスランゴール州の森に狩りに出かけ、そこでマレー虎に襲われて死んでしまった。バティン[5]の称号継承に関する系譜図や、バティン・バニンのプルット（母系出自集団）の範囲については、図 3 を参照されたい。また、バティンなどの村のリーダーの称号やその役割については、表 2 を参照されたい。

　1890 年代頃、次にバティンを継承したのは、パハン出身でイスラム教徒のマレー人男性であるバティン・シウントゥン（Batin Siuntung）であった。その頃、パハンで紛争があり、彼はその紛争から逃れてきた人たちの一人であったと推察できる。

　バティン・シウントゥンはオラン・アスリの女性と結婚し、ドリアン・タワール村に移り住み、妻方居住を行なった。次のバティン・ボンスもまた、マレー人の血筋を持っていたと伝えられている。彼もドリアン・タワール村に移り住み、妻方居住を行なったのである。

　バティン・シウントゥンの時代には、近くのマレー人農村に住む人々と彼の間に親族関係があったこともあり、村びとたちは森から出てきて、現在のドリアン・タワール村の居住地のあたりで水田耕作を始めるようになった[6]。

　村びとたちが、焼畑移動耕作をやめて、水田耕作を開始して定住したのは、土地の区画化が進み、焼畑移動耕作を行なっていた土地がスズ鉱山やゴムのプランテーション、森林保留地やマレー保留地として占有されたことに起因する（41-42 ページ参照）。彼らが自由に利用できる耕作

5　バティンは、行政的には「村長」である。バティンの他にも、村には称号保有者がいるが、マレーシア政府の行政制度のなかに位置づけられているのはバティンだけである。

6　トゥムアンは、1890 年代に焼畑耕作（陸稲、キャッサバなど）から水田耕作に移行したと推定されている（Baharon 1973: 171-172）。ドリアン・タワール村の祖先の人々も、ほぼ同時期に水田耕作を開始した。

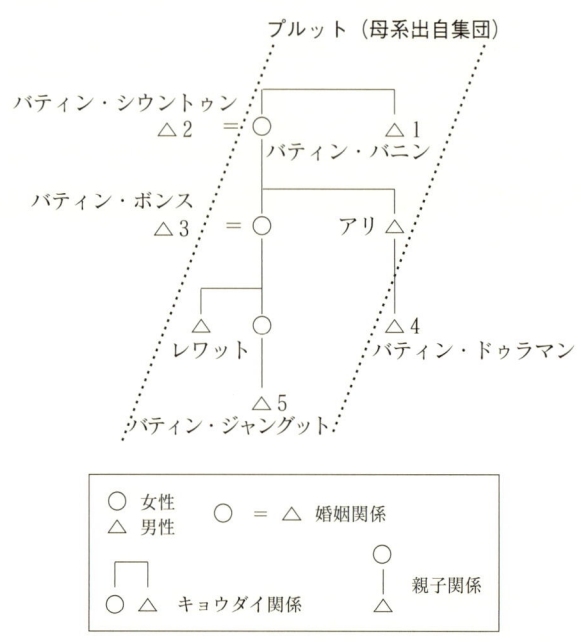

図3　称号継承の系譜図　　注）図中の数字は、バティンの称号の継承順位

表2　村の称号体系

称　　　号	主たる役割
バティン（Batin）	村の最高位のリーダー ＊オラン・アスリ局による承認。有給。村長役。
マンク（Mangku）	バティン不在時の代理 ＊バティンがいる場合には、役割なし。
ムントゥリ（Menteri）	バティンの補佐
ジェナン（Jenang）	アダットの執行・保護
ジェクラー（Jekerah）	村びと全体の保護
パンリマ（Panglima）	親族・家族の保護 ＊他村からの婚入者などに与えられることが多い。

地用の森林は、あまり残されていなかったのである。それゆえ、彼らは移動型の焼畑農耕をやめ、定住型の水田耕作を始めたと考えられる。彼らが他地域へ移住せずに現在の地にとどまったのは、次に移動できる適当な移住先が、その当時もはや残されていなかったからであろう[7]。当時、ドリアン・タワール村の北方にもパハンの低地から追いやられたオラン・アスリの人々が移住してきていた。

　移動から定住への生活様式の変化と水田耕作の開始は、村の親族システムが変容する重要な契機となった。ドリアン・タワール村の場合、移動を常態とする生活では土地の所有権は発生しなかったし、そもそも彼らには明確な土地所有の観念がなかった。家屋も恒常的に住むようなしっかりとした作りではなく、即席で作れる小屋のようなものであり、ある一定期間そこで暮らした後は放棄し、別の場所へと移っていくかりそめの家であった。

　しかし、定住化と同時に水田耕作を開始したことにより、水田の所有や相続の問題が発生した。一般的に土地や家屋を相続する際には、父系的ないし母系的方法、さらには双系的に相続する方法がある。ドリアン・タワール村でもそれらの選択肢があったわけであるが、当時のマレー人リーダーであるバティン・シウントゥンが、この地域のマレー人が採用していた母系的な土地所有観念を持ち込んだため、土地や家屋については、母系的に所有・相続されるようになった。つまり、ドリアン・タワール村では、母系的な土地所有・相続観念を持つマレー人のリーダーがいたがゆえに、水田や家屋の所有者は女性とされたのである。このように水田耕作の開始と同時に母系的なアダットが導入されたことは、その後のドリアン・タワール村における土地や家屋の所有およびそ

---

[7] イギリス植民地期の記録には、オラン・アスリとマレー人の間の土地紛争や、植民地政府に対するオラン・アスリの耕作地申請事例などが残されている（信田 2004b: 52-53）。これらは森林保留地での耕作が制限され、彼らのテリトリーが狭まっていったことを示している。

の相続の方法に大きな影響を与えた。

ここでの重要なポイントは、定住化や水田耕作の開始に加えて、バティン・シウントゥンというマレー人リーダーの存在が、その後の村の親族システムの方向性を決定したということであろう。

称号継承

1920 年頃、バティン・シウントゥンが亡くなり、娘婿のバティン・ボンス（Batin Bongsu）がバティンを継承した。バティン・シウントゥンの息子アリ（Ali）は、初代バティン・バニンのエネックブアー（姉妹の息子）であるので、バティンの地位の継承者の資格は持っていたが、まだ若くてその能力がないと考えられ、バティンの称号はバティン・ボンスが一時的に保有することになった。アリはその後、ジェクラー（Jekerah）の称号を保有したが、バティンの称号は継承しなかった。

1940 年にバティン・ボンスが亡くなると、その頃には村の長老格であったアリの意向により、アリの息子ドゥラマン（Deraman）がバティンの地位を引き継いだ。バティン・ボンスの息子でアリのエネックブアー、さらには初代バティン・バニンの継承者と見なすこともできるレワット（Lewat）は、ムントゥリ（Menteri）の称号を継承した。しかし、ムントゥリ以外の称号については、アリやドゥラマンに近い親族関係者が保有していた。その後、両者はアリ派とレワット派に分かれ、事実上分裂した。レワット派はドゥラマンへのバティンの地位継承が母系のアダットに違反するとして、快く思っていなかったと伝えられている。

しかし、彼らの生活は 1941 年の日本軍侵攻により一変した。日本占領期には、彼らは水田耕作をあきらめ、森のなかで避難生活を送った。日本軍に発見されるのを恐れて、自由に動き回ったり焼畑耕作をすることができず、狩猟採集民的な生活を長らく続けた（56-57 ページ参照）。日本軍が去った後、しばらく平穏な生活をしていたが、それも長くは続

かなかった。共産ゲリラの蜂起によって、1948 年にはマレー半島に非常事態が宣言されたのである。この非常事態宣言はマラヤ独立後の 1960 年まで継続した。この時期、ドリアン・タワール村の人々は、数年間ドリアン・タワール村から遠く離れた再居住地に移り住み、周囲のマレー人のゴム採取を手伝うなどしながら生活をしていた。

　1956 年頃までに状況が落ち着いたので、それぞれのグループはドリアン・タワール村に戻ってきた。帰村後、レワット派の人々は小規模なゴム栽培を始め、水田耕作も再開したが、その一方で、アリ派の人々はゴム栽培には関心を持たず、水田耕作と狩猟採集という従来の生活を続けたのである。

　以上、ドリアン・タワール村におけるバティンの称号継承を見てみると、2 代目のバティン・シウントゥンから 4 代目のバティン・ドゥラマンまで、初代であるバティン・バニンの母系出自集団の成員にはバティンの称号は継承されなかった。母系的アダットは導入されたものの、称号の継承については母系での継承は実践されなかったのである。

　とはいえ、初代バティン・バニンの母系出自集団が村の中核的な親族集団であるのは確かであり、アリやレワットなど、母系出自集団（プルット）内を中心に称号が継承されたことは、人々の語りや系譜から見て明らかである。バティンの称号継承が母系的になされなかったこの時期、ドリアン・タワール村は、村内が分裂したり、戦争が起きて避難生活をするなど、混乱の時代を迎えていた。人々は生きていくのに必死で、母系的な理念に固執していては生活が成り立たない面もあったと考えられる。それゆえ、母系理念に反するのは承知の上で、より強いリーダーシップを持つ者にバティンの称号を託し、混乱の時代を生きのびようとしたのではないだろうか。

　母系理念よりも実際の生活実践を優先させていたことは、バティン以外のリーダーの称号の継承にも見て取れる。この時期、村びとは再居住

地に移住していたため、外部との交流や通婚が活発で、マレー人や華人との通婚がよく行なわれていた。婚人者（マレー人や華人）にリーダーの称号が付与されていたのもこの時期の特徴である。

4．バティン・ジャングットの時代

1967年にバティン・ドゥラマンが亡くなり、アリの判断によって、ムントゥリ・レワットのエネックブアーであるバティン・ジャングットがバティンに就任した（写真20）。その頃には、村びとの生活は安定し、村びとの親族構成も次第に固定化していった。

1970年代以降、ドリアン・タワール村が開発の時代を迎えると、バティン・ジャングットの村での主導権はさらに強まっていった。バティン・ジャングットはマレーシア政府のオラン・アスリ局職員でもあったので、彼を経由して政府主導の様々な開発プロジェクトが村に導入されるようになったのである（写真21）。こうして、家屋建設プロジェクトを皮切りに、1970年代中頃から、政府主導のゴム園の開発プロジェクトが実施され、1980年代にかけて本格化していった。それと並行する形で、水田耕作は行なわれなくなっていった。

この局面でのポイントは、生活が落ち着いて、開発プロジェクトが次々と導入されると、それと軌を一にして、バティン・ジャングットが母系アダットの理念を強調するようになったという点である。政府提供の家屋やゴム園などの新しい不動産が出現し、その名義人が必要になったため、家屋は女性の所有とされ、ゴム園も女性の名義（所有）として記載することが多くなったのである。これらを積極的に推し進めていった人こそが、母系アダットの優位性を主張する当時のリーダー、バティン・ジャングットであった。

以下では、バティン・ジャングットによる母系理念の強調及び実践の背景には、どのような要因があるのかを探ってみたい。

写真 20　バティン・ジャングット（黒い服を身につけている）の就任式の写真。バティンの家に飾られている（2011 年）

写真 21　マハティール首相（左）と並んで写るバティン・ジャングット（右）の写真。バティンの家に飾られている（2011 年）

母系アダット原理主義

　バティン・ジャングットの時代には、バティン以外のリーダーの称号も、バティン・ジャングットが所属する初代バティン・バニンの母系出自集団の内部に集中した。このような母系ないし母系出自集団内の称号継承を正当化する根拠は、バティン・ジャングットによる以下の主張にあったと考えられる。つまり、母系のアダットに従えば、バティン・ジャングットは初代バティン・バニンの正当な継承者にあたり、他の称号の継承についても、母系原理に従って初代バティンの母系出自集団の成員に対してなされるべきであるという主張である。こうした主張は、「母系アダット原理主義」とも受け取れ、一見するときわめて教条主義的なものである。しかし、実際には、このような母系原理主義的主張は、母系アダット遵守を大義名分としたバティン・ジャングットによる政治的な戦略であった可能性が高い。

　では彼はなぜ母系に正当性を求めたのだろうか。その理由の一つは彼の父親が華人であったことにある。彼がオラン・アスリであり得たのは、オラン・アスリである母親の血筋をたどるときのみであった。彼はオラン・アスリ性を母親から引き継いでおり、母親を通してしかそれを主張できなかった。つまり、彼が自らのオラン・アスリ性やバティンの継承者としての正当性を主張するためには、母系原理を強調せざるを得なかったのである。

　ところで、バティン・ジャングットが母系原理を主張するに至ったのは、もう一つ個人的な要因が考えられる（「世帯の記録」を参照）。それは、バティン・ジャングットと息子たちとの確執である。特に、長男であるティカとの確執は村の人間関係や政治にも影響を与えていた。バティン・ジャングットは、次第に、息子よりもエネックブアーを頼るようになり、そのことを正当化するために、彼は母系アダットにその拠り所を求めたと考えられる。

リーダーシップ

　開発や村内政治ばかりでなく、村の冠婚葬祭といった儀礼的な場面においてもバティン・ジャングットの役割と権力は絶大であった。バティンは、村びとの結婚や葬式、相続についても、それらを取り仕切る権威や諸々の事柄を決定する権利を有している。村にはバティン以外に、ムントゥリやジェクラーなどのリーダーの称号を持つ男性たちがいたが、バティンはリーダーのなかのリーダーとして絶対的な発言力と権力を持っていた。

　次のような事例は、バティン・ジャングットの権力のあり方を示す好例となるであろう。1996 年 6 月、村で高齢の女性が亡くなり、葬儀の場において、村にいる彼女の娘 2 人と婚出した息子 2 人の間で、母親の家屋や彼女が所有していたゴム園とドリアン果樹園の相続をどうするのかという話になった。その際、彼らの相談に乗り、どのように相続されるべきなのかについて意見を述べ、それを最終的に決めたのは、当事者である兄弟姉妹ではなくバティンであった。そうした話し合いは、葬儀に参加した村びとが見守るなかで行なわれた。

　原則的には、村の土地はバティンの所有と見なされている[8]。それゆえ、その土地を誰が相続するかを決めるのはバティンであった。バティンは、婚出した兄弟たちに対して、ドリアン・タワール村は母系アダットに従っているので、家屋やゴム園、そしてドリアン果樹園を相続する権利は姉妹にあると通告した。ドリアン・タワール村出身の兄弟たちは、そのような裁定を予想しており、特に反論はせず、バティンの裁定を受け入れた。

---

8 オラン・アスリに関する現行のマレーシアの法律では、オラン・アスリ保留地内にある土地の私有権は認められていない。この法律に従えば、保留地内にあるドリアン・タワール村の土地はバティンの土地でもなく、村びとの土地でもないことになる。村びとは村の土地をバティンの管理の下で慣習的に利用しているのである。しかし、そうした国家の論理で本章での事例を分析すると、村の慣習的な土地権を否定することになりかねないので、本章では、土地に対する村びとの認識を基に事例を記述している。

結婚についても同様の事例が見られた。1998年1月、村の女性が他村の男性と結婚することになったのだが、男性の村は母系ではなく双系的なアダットに従っている村であったので、後見人や婚資など結婚の手続きや結婚後の居住については、両者は異なる考えを持っていた。その際、男性側の両親や親族と相談して、どのようにすべきかを決めたのは、女性の両親ではなく、バティンをはじめとした村のリーダーたちであった。交渉の結果、結婚式は母系アダットに基づいたドリアン・タワール村のやり方で行なうことに決まったのである。ちなみに、出身村で仕事を持っていたその男性は、結婚後はその仕事を辞めて、妻の家に移り住み、妻の所有するゴム園でゴム採取の仕事に従事するようになった。

5．ドリアン・タワール村における母系理念とその実践

　これまで述べてきたように、村の歴史のある時期（1890年代）から、マレー人バティン（バティン・シウントゥン）のリーダーシップの下で、母系のアダットが導入された。これをもって、彼らの社会を双系から母系へ移行した社会と見ることもできる。バハロンは、1970年代初頭のドリアン・タワール村の親族システムについて、「母系の理念が強調されている」（Baharon 1973: 13-17）と指摘した。バティン・ジャングットの時代になると、母系理念を実践する村びとが増え、相続や儀礼などの村社会の重要な局面において母系的な要素が目立つようになっていた。また、村びとは、母系による継承のあり方を村の伝統として語っていた。

母系と双系の混在

　以上見てきたように、ドリアン・タワール村では母系的理念と実践が強調され、バティン・ジャングットの時代には、さらに母系理念が強化されたのだが、それでも、その母系的な親族システムには、理想と現実にズレがあった。バティン・ジャングットの時代、特に1996年から

1998 年にかけて、村で長期フィールドワークを実施した私が、当時の村全体の親族システムは何かと問われた場合には、パハロンと同様に、「母系の理念は強いが、実際には双系的な側面も見られる」と言わざるを得ない状況があった。なぜなら、当時、村ではバティンが主張する母系アダットに従って母系的な親族システムを実践する人々もいれば、バティンに反発し、バティンの意向を無視して、双系的な親族システムを実践する人々もいたからである。その他に、バティンの意向を知りながらも、生活上の必要から双系的な親族システムを実践する人々もいた[9]。

　母系出自集団とは別の親族集団が村に存在する背景には、称号保有者ならびにその家族に許されている特権的な居住ルールもあった。このルールでは、称号保有者はよそ者や婚入者であってはならず、村の出身者に限定されているので、称号保有者は夫方居住でもかまわないとされていた。このルールを実践すると、称号保有者の妻は実家の母系出自集団から独立し、自らが女祖となる新たな母系出自集団を創設することになる。つまり、称号保有者は夫方居住をしてもよいというルールには、称号を継承する従来の母系出自集団以外に、新たに母系出自集団を創り出してしまうという構造的問題がつきまとっているのである（図 4 参照）。

　このことは、しばしば村の政治の不安定要素となっていた。称号保有者の子供たちは政治経済的に優位に立ち、リーダーとしての能力を持つ場合が多く、実際に、バティン・ドゥラマンのように、母系的継承の原則が破られ、称号保有者の息子であるという理由でバティンの称号を継承する場合もあった。バティン・ジャングットの時代には、バティン・

9　具体的には、アリの子孫のグループの人々が挙げられる。バティン・ジャングットの時代、称号の保有から排除された彼らは、必ずしも母系出自集団を形成しているとは言えず、男女を問わず、結婚後も村に留まっている人が多い。また、村の中核である母系出自集団以外の親族集団のなかには、双系的なつながりも許容し、母系的な結びつきを持たない人々がメンバーになっている場合がある。さらに、マレーシア独立後、親族を頼って、スランゴール州のブキット・ランジャン村からドリアン・タワール村に移住してきたアキ・マインの親族グループも、母系的な理念を持っていない。詳しくは、次章および「世帯の記録」を参照。

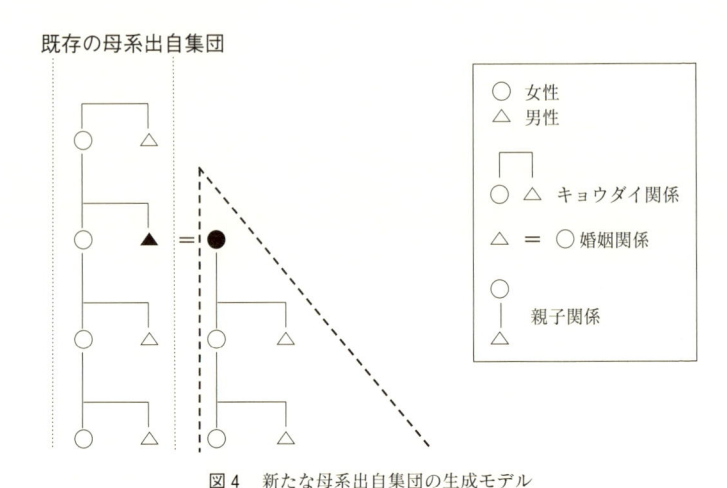

既存の母系出自集団

○ 女性
△ 男性

○┐
 ├ ○ △ キョウダイ関係
△ = ○ 婚姻関係

○
│ 親子関係
△

図4　新たな母系出自集団の生成モデル

注）図中の▲は、夫方居住をしている称号保有者、●は新たな母系出自集団の女祖

ジャングットの母系原理を貫徹するという主張により、称号保有者の息子は称号を継承できないことになっていた。しかし、バティン・ジャングットの息子ティカは開発などに関連した政治的な権益を握っており、バティン・ジャングットの死後、将来的にはバティン・ジャングットの主張が揺らぐ可能性も残されていたのである。

理念と実践のズレ

　理念の異なる複数の親族集団が同一の村に存在するという複雑な状況は、それぞれの集団に属する人々の日々の実践にも容易に見て取れた。バティン・ジャングットに近い親族集団に属する人々は、母系を理念として、居住様式や相続、儀礼などの場面において、母系的な実践を試みようとしていた。しかし、生活上の必要から、夫方居住になる場合もあり、実際、バティン・ジャングット自身が娘スハイダの夫方居住を認めていた（147ページ参照）。とはいえ、彼らにとって母系理念は、親族関

係を律していく上で重要な理念であったことは間違いない。

　一方、バティン・ジャングットからは遠い親族集団に属する人々や、バティン・ジャングットのリーダーシップに反感を持つ人々は、母系理念に固執してはいなかった。バティン・ジャングットに相談せずに、時々の状況に応じて、居住や相続の仕方を自分たちの行動原理に従って選択していたのである。例えば、長期フィールドワーク当時、婚姻儀礼において、双系的なアダットに従って後見人を立てる場合もあった。こうした人々をバティン派の人々は母系原理に反していると非難していたが、母系アダットに従わないからといって罰則規定があるわけではなかった（詳細は次章を参照）。

　このように、バティン・ジャングットの時代のドリアン・タワール村の状況を概観すると、母系理念の存在とその実践は必ずしも整合性が取れているわけではなかったことが分かる。しかし、村の歴史のある時点で導入された母系理念が、バティンのリーダーシップによって、緩やかではあるが、確実に制度として確立されつつあり、大多数の村びとが母系的実践の履行を目指そうとしていたと言えるであろう。

6. 小括——流動的な社会における親族システム

　島嶼部東南アジアの社会は、移住や移民に象徴されるような流動性を特徴として備えている社会であった。狩猟採集民や焼畑耕作民、漂海民は、居住地を定期的に移したり、集団だけでなく個人としても居住の地をひんぱんに変えていった。こうした社会の流動性は、今でも引き続き見られる。こんにちでは、インドネシアからの出稼ぎ民がマレーシアに多数流入しているし、マレーシア国内でもマレー系の開拓村の建設や開発プロジェクトの名の下に多数の移住が見られる。また、マレー人の農村から都市への移動もよく見聞きされる現象である。

　流動的な社会において、出自、とりわけ、父方か母方かという単系的

な出自のたどり方は、実際上も理論上もあまり意味をなさないように思われる。単系的なたどり方に固執したり、妻方居住などのルールを守ろうとしていては、人々の日々の生活が成り立たないからである。それゆえ、流動的な社会では、双系的な人間関係が卓越していると言えよう。臨機応変につながりをたどれるがゆえに、単系的な出自にあまりこだわらないとも考えられる。加えて、出自をたどろうにもその記憶を失っていたり、多くの血筋が交じりあっているため、正確に出自をたどるのがもはや困難となっている場合もあろう。

しかし、いかに流動的な社会といえども定住によって固定化され、土地の所有権などが発生すると、そこに何らかのルールや組織原理が必要となる。流動型の社会が定住型の社会へ移行する際、それまでの組織原理を保持するのか、それとも新たな組織原理を採用するのかという問題は、静態的な構造・機能研究から、動態的な過程・実践研究に主軸を移しているこんにちの親族研究にとってきわめて興味深いテーマである。

ドリアン・タワール村が位置するヌグリ・スンビラン州は、ミナンカバウ系マレー人が優勢だが、彼らの社会は、スマトラ島に故地を持つ移民社会である[10]。ミナンカバウ社会では、男性は商売あるいは出稼ぎで村を離れるのが一般的であるため、女性が水田や家屋などの所有者となっている。婚姻による結びつきは脆弱で、離婚も多く、そのため、キョウダイ（兄弟姉妹）関係が重視されている。すなわち、女性は、どこかに行ってしまう可能性がある夫よりも、自分の血縁である兄弟を頼りにするのである。ドリアン・タワール村は、移動から定住の過程で、このようなミナンカバウ系マレー人の母系アダットを採用したのではないかと推測する。

---

10 スマトラ島のミナンカバウ社会およびヌグリ・スンビラン州のミナンカバウ系マレー人社会については、数多くの研究蓄積がある。なかでも、加藤剛による論考（1980）や Pelez による論考（1988）は、本章に関連した移住やアダットの問題を考える際に必読の先行研究である。

　本章の前半で取り上げたトッドの説を加えるとすれば、父系制の反動として生まれた母系制（これはミナンカバウの人たちが作った母系制）が、次第にオラン・アスリの社会に伝播していったということになる。しかも、その伝播は、歴史的に浅いものなので、村には、元々あった双系的な原理が残っていると考えられる。さらに村の状況を複雑化させているのは、イスラーム的な原理である。つまり、男性優位の原理が一夫多妻という形で、村の社会に入り込んでいるのである。これについては次章で述べるが、これら異なる原理や制度が村のなかで併存し、彼らの家族のあり方に影響を与えているのではないかということも、別の観点から考えられる推論である。

　本章では、ドリアン・タワール村の移住と移民の歴史過程を詳細に分析してきたが、ドリアン・タワール村の人々が移動生活から定住生活への移行の局面で、双系制から母系制へと移行したと単純・単線的に捉えるべきではないと考える。むしろ、定義のはっきりしない、本来基盤的にあった「双系」的な社会のなかに、母系的なものが偶然に「出現」し、それが次第に制度として確立されながら、同時にその適用範囲が拡大していると考えた方が良い。こうした親族システムの変容が可能となったのは、水田やゴム園などの不動産や恒常的な家屋の存在であり、それらを女性が所有・相続するという母系理念の導入とその実践であった。

　バティン・ジャングットの時代になると、母系理念が強調され、母系理念が厳格に実践された。開発プロジェクトの導入とともに土地や家屋の所有権が生じ、それらを母系的に所有・相続させることにより、母系理念を支える経済的基盤が確立したのである。また、他の親族グループとの政治的な駆け引きのなかで、母系理念が正当化されるという偶然も重なった。その一方で、実際の日常生活では、双系的な実践も見られたり、母系理念を実践しない人々もいた。母系と双系の混在、理念と実践のズレ及びその調整など、親族システムのさらなる変容は、現在でも続

いている現象なのである。

7．バティン・ゲンレーの時代

2012 年 5 月、バティン・ジャングットが老衰のためヌグリ・スンビラン州の州都スレンバンの病院で亡くなった。81 歳であった（81-82ページ参照）。亡くなる少し前、病身の彼は長年確執のあった息子ティカと和解したという。和解はしたものの、バティンの称号を継承したのは息子ティカではなく、バティンのエネックブアーであるゲンレーであった。ゲンレーは、オラン・アスリ局の職員から小学校の教師に異動した経歴の持ち主で、長年にわたって小学校の教師をしていた。その関係から、政府や役人との関係もティカ以上に親密なものがあった。村でもパンリマ・トゥハ（Panglima Tuha）の称号を保有し、次のバティンの有力候補と見なされていたのである。

バティン・ジャングットの晩年、すでに村の権力はエネックブアーであるゲンレーに移り、たとえ息子ティカと和解したとしても、ティカがバティンを継承することはなかった。この権力の移行期には、ティカへの称号継承を阻止するため、ゲンレー側は様々な戦略を用いたようである。バティンの死の前後には、他の称号保有者も相次いで亡くなったが、それぞれの継承者は、ゲンレーの意向に沿って母系的な理念の下で決められた。

2017 年 9 月には、ティカも糖尿病のため亡くなった。バティン・ジャングット時代から続いていた村内政治の混乱にも一定の終止符が打たれ、本格的にバティン・ゲンレーの時代が到来したのである。

母系アダットの理念によってバティンを継承した新バティンのゲンレーは、バティン・ジャングットの路線を引き継いだ。母系のアダットは自らの称号継承を正当化する理念でもあり、バティン・ジャングット時代に進められていた改革の理念を担保するものでもある。現在、ドリ

アン・タワール村では、相続や婚姻、居住など、様々な面で母系のア
ダットに従う実践が押し進められている。

第5章　家族の諸相

　前章では、母系制に焦点を当て、制度的な側面から村の家族や親族について考えてきたが、本章では、母系以外の要素についても焦点を当てつつ、村の日常生活における家族・親族の実態に迫っていきたい。

1．母系制の家族

妻方居住

　ドリアン・タワール村において、家族を考える上で重要なのは妻方居住という居住様式である。妻方居住では、新婚の夫婦は、新婦の実家や近隣に家を建てて住む。新郎が他村の出身の場合には、新郎は新婦の村に移り住み、同じ村出身の場合には、新郎は新婦の実家や実家の近くに家を建てて移り住むことになる。いずれにしても、新郎はカバン一つ持って移り住んでくるが、結婚当初はとても居心地悪そうにしていることが多い。

　このように、結婚後、男性が妻側の実家や村に住む居住様式を「妻方居住」という。母系社会では、妻方居住を採用している社会が多いので、母系制と妻方居住には一定の相関性がある。

　ドリアン・タワール村の歴史をたどると、100年以上前に現在の場所に移り住んだ当初から妻方居住が行なわれていたことが分かる（99ページ参照）。女性は生まれた場所にとどまり、男性が動くというシステムがその当時から慣習として実践されていたようである。別言すれば、母系的理念が強調されていない時代でも、妻方居住は実践されていたのである。双系社会においても、妻方居住はよく見られるので、これは不思議ではない。

もちろん、後に紹介するように、村では妻方居住とともに夫方居住も実践されているので、女性が結婚後別の村へ移動する事例もある。ただし、結婚後、妻方居住で村を出て行く男性に比べて、夫方居住のために女性が出て行く事例は少ない。少なくとも、1970年代にゴムなどの農業開発が実施されて以降のドリアン・タワール村では、そうした傾向が強い。これは、ゴム開発に伴う収入の増加によって経済的に豊かになり、ゴム園を所有している人がわざわざ村を離れる必要がなくなったことが大いに関係している。しかも、母系の理念が強くなり、ゴム園を所有する女性が多くなったため、女性が婚出するよりも、男性が婚入する方が、その家族の生計が成り立ちやすいのである。妻方居住を採用するのは、母系のアダットに従うという理念的な理由だけでなく、生活のためという経済的な理由が作用している場合も多い。逆に言えば、生活のために夫方居住を採用することもあり得るのである。念のために、付け加えておくと、夫方居住を採用したからといって、その家族が父系制になるというわけではない。あくまで、母系の理念のなかで夫方居住は許容されているのである。

　妻方居住の例として、調査助手のアサットの事例を挙げてみる。アサットは20歳過ぎでヌグリ・スンビラン州の他村のオラン・アスリの女性と結婚した際に、母系のアダットに従って村を出て行き、その女性の出身村で暮らし始めた。しかし、その村は規模が小さく、農地も少なかった。そのため、アサットの妻は工場で働いて収入を得ていたが、アサット自身には特定の仕事がなく、子供の世話をすることぐらいしかなかったという。しばらくして、夫婦関係はうまくいかなくなり、結局、3歳になる息子を妻に預けたまま離婚して、一人で村に帰ってきた。ドリアン・タワール村にはアサットが所有する土地があったので、以来、彼は独身のまま実家で生活している。養うべき家族がいるわけではないので、村でゴム採取やドリアンの収穫などをしながら、実家で生活をし

写真 22　左からアサット、バティン・ジャングットの娘婿、ミロン（2015 年）

ているのである（写真 22）。

　ある時、大学生になった息子が会いに来たそうである。元妻の女性は、アサットと別れてから別の男性と再婚していて、アサットは息子に会う機会がなかった。アサットは離婚後、息子のために養育費を払っていなかったが、息子は父親に会いたくて、わざわざ訪ねてきたのである。息子との再会を果たしたアサットは、その後時々息子に仕送りをするようになった。郵便局で仕送りの手続きをするアサットは、とても嬉しそうであった。

　もう一つの事例として、アサットの姉ザイノンの例を挙げる。彼女は、スランゴール州の都市近郊に住むオラン・アスリの男性ビカと知人を介して知り合い、38 歳で結婚した。ビカの父親は華人で、母親はオラン・アスリであった。ザイノンの母親マニョは、バティン・ジャングットの妹であり、父親（ザイノンにとって祖父）が華人であった。華人の血筋を持つ者同士ということも結婚を決意した理由の一つになったとザイノンは語っていた。

ザイノンの結婚は、村では晩婚であった。アサットの家族は、村では経済的に豊かな層であり、ザイノンが村の男性から結婚相手を選ぶのは難しかったのかもしれない。実際、ザイノンの妹ハジターは現在でも独身であり、本人も結婚するつもりはないと言っている。彼女はゴム園などを所有しているので、一人でも生活には困らないし、親族に囲まれている暮らしは、老後の心配もなさそうである。

　話をザイノンに戻すと、結婚後、彼女はヌグリ・スンビラン州のオラン・アスリの村にある夫ビカの実家で暮らしていた。その村は、ポート・ディクソンという町の近くにあり、ビカは結婚当時、その町のガソリンスタンドで働いていたため、ドリアン・タワール村に住むわけにはいかなかったのである。2年ほどその村で暮らしていたが、妊娠を契機に、夫婦共々ドリアン・タワール村に移住し、村にあるザイノン名義のゴム園でゴム採取を始めたのである。町暮らしの長いビカにとっては、村の生活もゴム採取も初めての経験であったが、年月を重ねるにつれて次第に慣れていった。現在では、パンリマの称号を得て、村の行事を取り仕切っている。

　移り住んだ当初はザイノンの両親と同居していたが、息子と娘が生まれた後、新しい家を建て、現在は家族4人がその家で生活している。家族を養うには、ガソリンスタンドで働くより、ゴム採取などの村の仕事をした方が経済的に安定すると判断したことが、妻方居住になった理由であろう（写真23）。

　せっかく土地を所有しているにもかかわらず、あえて妻方居住を実践したのは、アサットなどごく少数である。妻方居住を選択するのは、母系のアダットに基づいてというよりも、妻に農地などの経済的な資源がある場合がほとんどだからである。ただし、妻、つまり女性が農地や家屋を所有しているのは、母系のアダットに基づくものであり、結果的には、母系的な理念が妻方居住を選好させることにつながっているとも言える。

写真 23　ザイノンと娘（2015 年）

家族生活

　以下では、母系制における日常の家族生活の実態について、簡単に述べてみたい。

　母系のアダットにおいて、家屋は原則、妻の所有と見なされている。村では、村の家屋や土地が正式に登記されているわけではないので、厳密に言えば、家屋や土地は政府のものである。すなわち、彼らが「所有」と見なしているものの多くは、法律的に言えば所有権（土地の私有権）は認められていないのだが、村の母系アダットの下では「所有」と見なされているというわけである。

　夫の財産について、アダットはある程度の規定を定めている。アダットでは、夫は「オラン・スムンダ」と呼ばれている。婚姻によって結びついた人という意味である。つまり、夫は婚入者であり、妻の母系出自集団から見れば、その成員ではない「よそ者」なのである。よそ者とはいえ、夫にも権利はある。アダットでは、夫が結婚後に築いた財産は夫のものである、と定められており、仮に離婚した場合は、夫には婚姻中

写真 24 料理の準備をするマニョ （2015 年）

に築いた財産を取り戻す権利が与えられている。

　家屋が妻の所有となっていることは夫婦関係にも影響を与えている。家は妻のものなので、家のことは妻が仕切っている。もちろん、父系社会であろうと、夫方居住であろうと、多くの社会では家のことは妻が仕切ることは多い。けれども、その仕切り方が少し異なるのである。

　例えば、料理を例に挙げよう。ドリアン・タワール村の妻方居住の家庭では、妻たちが料理をさせられているという感じはあまりない。それよりも、夫たちは家事について口出しできないといった方が正確である。夫や子供たちは、妻や母などがいつ料理を作ってくれるのか、とおなかをすかせながら待っている感じなのである。「料理を作れ」とは言えず、「料理を作ってくれるのかな、どうなのかな」と思いながら、何も言わずに待っているのである（写真 24）。

　後に紹介する夫方居住をしている家族の場合は、少し違う。夫が妻に「紅茶を出して」「クッキーを持ってこい」という命令調の発言がよく聞

写真 25 子供を前に妻を後ろに乗せるのが定番（2017 年）

かれる。

　食材や日用品は、ほとんどの場合、夫がバイクや車で町へ出かけて買い物をしてくる。しかし、よく見てみると、妻方居住の家族の場合、夫が勝手に買い物をするのではなく、どのような食材や日用品を買ってきてほしいかについて、妻が夫に細かく指示を出している。夫は自分が食べたいものを買ってくる場合もあるが、買ってきた食材を料理してくれるかどうかは、妻の気分次第なのである。例えば、「この魚を買ってきたから料理しろ」とはならず、「この魚がおいしそうだから買ってみたけれど、料理してくれるかな」という感じで買い物をしているのである。

　一方、夫方居住の場合は、必ずしもそうではなく、夫が食べたい食材を買ってきて、それらを妻が文句も言わずに料理していることが多い。

　妻が畑などの耕作地を所有している場合には、いつどのように農作業をするのか、何を植えるのかということも妻が決める。畑での農作業やゴム採取の作業も、妻が主導して行なう場合が多い。夕方涼しくなると、

写真 26　コンチョンと孫。村の男性は子
供の扱いに慣れている（2017 年）

写真 27　弟の面倒を見る兄（2015 年）

妻は夫にバイクで畑まで連れて行ってくれと指示を出す。バイクで 2 人乗りをして出かける夫婦は、一見すると、夫が妻を連れて出かけて行くように見えるが、実際には、男性は運転手に過ぎないのである。農作業は妻が主導して行ない、夫はそれを手伝うか、吹き矢で狩猟などをして過ごしている（写真 25）。

　子育ては女性だけでなく、男性もかなりの割合で参加している。夕方になると小さな子と散歩したり、バイクに乗せて村のなかをドライブする父親の姿をよく見かける。母親と子供だけで出歩いている姿はめったに見かけることはなく、誰かしら親族が子供に関わっている。少し大きくなれば、子供たち同士で遊ぶようになり、兄や姉が弟や妹の面倒をみている。子育てに参加しない夫は、酒飲みの男性が多く、極めて評判が悪い（写真 26、27）。

夫婦関係

　妻方居住の家族の夫婦関係について、全般的に言えるのは、女性優位のカカア天下ということである。逆に、男性優位の亭主関白な夫は、夫方居住をしている夫婦に見られるが、その数は極めて少ない。

　次の事例は、そうした関係を象徴するものである。それは村を訪問する際にいつも寝泊まりするアサットの家での出来事であった（写真 10（70 ページ）、写真 24）。アサットの母マニョが夜に洗濯物をたたんでいた時のこと。洗濯物をたたみ終わったマニョは、夫のウカルに「自分のところに片付けておきなさい」という感じで衣服を渡したのだが、なんと手で渡すのではなく、足で洗濯物を蹴って渡したのである。ウカルは何も言わずに受け取ったが、さすがに少々不満がありそうな顔つきであった。私も見てはいけないものを見てしまったようで、ばつの悪さを感じた。この夫婦の関係はだいたいそういう力関係であろうとうすうす気づいてはいたものの、この出来事以来、それがよく分かるようになった。

ウカルはマニョにまったく頭が上がらなかったのである。

2017年8月に、村を訪問した際のことである。ウカルはこの年に3回も喘息のため入退院を繰り返していて身体が弱っていた。介護が必要というほどではなかったが、少し気にしてあげなければならない状態であった。そんなある日、ウカルのオイが家族でおじさんの見舞いに訪れたのである。

その時家にいたのは、ウカルとマニョと私であった。村では、来客があると紅茶やコーヒー、お菓子などを出す習慣があるが、マニョはいっこうに給仕に動く気配がないのである。いったいどうなるのかと思って様子を見ていると、しびれを切らしたウカルが台所に行って紅茶の用意をし始めた。いくつかのカップに紅茶を入れたものの、一人では運べないと思ったウカルは、マニョではなく私を呼んで、「ちょっと手伝ってくれ」と頼んできた。マニョはというと、寝そべったまま客と会話をし、こちらを手伝う気配もなかった。私はまあ仕方ないと思い、結局二人で給仕をしたのであった。

この夫婦の関係は特殊ではなく、村の夫婦関係は多かれ少なかれこのようなものである。数年前に亡くなったカルもまた、他村からこの村に婚入してきた男性であった。ドリアン・タワール村出身の妻のブチェーは気の強い女性であり、この夫婦は何かと言えば口げんかをしていた。子供は10人。多くが成人して、孫も数人いた。狩猟の名人でパンリマの称号を持っていたカルは、村びとからの信頼も厚く、みんなに好かれていた。しかし、口げんかの結末はいつもカルの負けであった。妻には頭が上がらなかったのである（写真28、29）。

このように、妻方居住では、夫は他の村からやってくる新参者が多い。当然、新入りは発言権が弱くなり、昔から村に住んでいる妻の方が強くなるのである。妻は少し肥満気味なのに対して、夫は常に動くことや働くことを要求されるためか、やせ型という夫婦も多い。また、そういっ

写真 28　在りし日のカル。安価な
　　　巻きタバコが好きだった
　　　（2012 年）

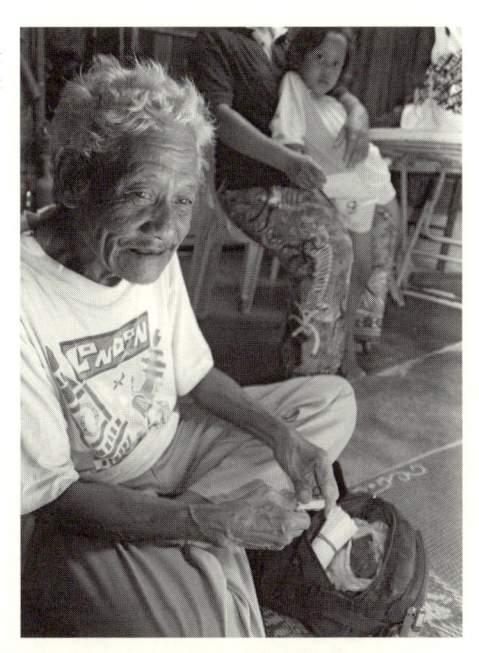

写真 29　ブチェーと孫娘たち。口が悪いが気は優しかった（2008 年）

た男性たちの多くが、人の良さそうな、心優しい人であることも事実である。弱い立場にあるからかもしれないが、そうした男性を女性が選ぶことも、カカア天下の傾向を助長しているように思える。ウカルもカルも人柄の良さで、家族ばかりでなく、村びとに慕われている男性たちである。

家族・親族の関係性

　子供にとっての父親は、厳格な父親とか怖いオヤジではなく、優しいお父さんという印象が強い。父親が厳しくしつけなければならないのは、自分の子供たちではなく、実は、その男性の姉妹の子供たちなのである。なぜなら、彼の姉妹の子供たちは、自分にとって母系の親族の一員、つまり同じ母系出自集団のメンバーであるからである。息子や娘は別の母系出自集団のメンバーになるので、彼にとっては身内とは必ずしも言えないのである。

　父系社会の家長である父親が息子たちに厳しいのと同じような意味合いで、母系社会の男性は、彼の姉妹の息子（オイ）や娘（メイ）に対しては厳しいオジになるわけである。

　父系社会での父と息子は、どちらかと言えば緊張関係にあるが、母系社会においては、父と息子は相続関係がないので、友達のような関係なのである。では、父から息子に継承されるものが何もないかというとそうでもない。例えば、狩猟の技術は、主に父から手取り足取り教えてもらうことが多い。公的には父と息子の関係はないに等しいが、私的な場面では、父と息子は親密な関係にあるのである。

　男性にとっては、妻も大事だが、それ以外に、あるいはそれ以上に姉妹が大事である場合も多い。特に、村出身のアダット・リーダーたちは、妻よりも姉妹を大事にする傾向がある。バティン・ジャングットは、自ら手に入れた土地を彼の妹マニョに与えていた。つまり、彼らにとって

の親族の枠組みというのは、父系や婚姻でつながった親族ではなく、母系でつながった親族なのである。

　男性の側だけでなく、女性の側から見ても同じことが言える。女性にとって、夫も頼りになるが、それ以上に兄弟が頼りになる存在なのである。バティンなどのアダット・リーダーになる称号保有者が選出される際には、男性の親族の意見ではなく、母系出自集団の女性の意見が最も重視される。自分が属する母系出自集団の女性に信頼されていない男性は、リーダーになれない仕組みになっているのである。

　ちなみに彼らは母系出自集団をプルットという言葉で表す（97ページ参照）。同じ母系出自集団に属する人たちの結束力は強い。母系出自集団は外婚の単位でもあり、同じ母系出自集団のメンバー同士の結婚は禁止されている。

相続

　母系のアダットに従えば、原則、耕作地や家屋などの財産は母から娘へ相続される決まりとなっている。そのおこぼれを母から息子に相続する場合もあるが、息子は優先順位が低い。離婚した場合、夫が結婚後に開拓して得た畑や財産については、現金に換えて持って出て行くことができる。とはいえ、離婚しない限り、男性が結婚後に築いた財産は娘たちに相続される。ある村びとがこんなことを言っていた。「男はどこへ行っても自分で稼げるし、生活できる。それに対して、女性は難しい。だから、我々は息子たちではなく娘たちに財産を残すのである」。

　妻方居住のため、息子たちは結婚すれば家から出て行き、なかには他の村に行ってしまう場合もある。そのことが、娘に財産を相続させる要因にもなっていると考えられる。

死別・離婚・再婚

　夫婦が離婚や死別で配偶者を失った場合の住み方にも、母系制や妻方居住の考え方が影響を与えている。父系社会であれば女性が出戻るように、ここでは、男性が実家に出戻るのである。また、残された方が再婚する場合にも、母系制や妻方居住の理念が影響する。

　プルチャは、2015 年に腎臓病を患い 55 歳で亡くなった。彼女は、私の養姉にあたる女性であった。彼女の死後、夫のアバイは彼の出身村であるアカイ村に戻って、兄弟の親族と暮らし始めた（写真 30）。プルチャ夫婦には、5 人の子供たち（男子 4 名、女子 1 名）がいたが、男の子たちはそれぞれ成人後結婚した。いずれも、妻方居住によって家を出て、2 人は村外で、2 人はドリアン・タワール村内で生活している。家には、役所勤めをしている娘ズザニが住んでいるだけである。プルチャの遺産は、主に娘ズザニが相続し、アバイは自分の農地があるアカイ村のゴム園でゴム採取の仕事をしている。時々、ドリアン・タワール村の家で過ごすこともあるが、基本はアカイ村で過ごしている。一見すると、プルチャという一家の大黒柱を失ったため、この家族はバラバラになってしまったかのように見える。しかし、Facebook には、時々アバイを囲んで家族が集まっている様子が投稿されている。アバイが、妻の死後、家を出てアカイ村に戻ったのは、この村の母系のアダットに従っているためで、家族の絆は失われてはいないのである。

　プルチャの弟ミロンの事例も、妻方居住や母系的な理念が影響を与えているケースである。ミロン夫婦には女の子とその弟の二人の子供がいたが、妻のナーが病気のため亡くなってしまった。妻の死後、ミロンはドリアン・タワール村にあるナーの実家で、ナーの母や妹夫婦とともに、残された子供たちの面倒を見ていた。その後、ミロンはスランゴール州の村のオラン・アスリ女性と再婚した。その女性は夫に先立たれた寡婦であり、子供と孫がいた。ミロンは、再婚に際して、まだ子供たちが成

人していないので、新しい妻のいる村へは移住せず、村に残って子供の面倒を見ていた。しかし、母系のアダットに従えば、再婚後に元妻ナーの実家に住み続けるのは好ましくないと考えたミロンは、その家を出て、村に住む独身の姉ソラーの家に居候という形で住むことにしたのである。子供たちは、亡くなった母親の実家に残ったが、しばしばミロンが暮らすソラーの家を訪れ、時々寝泊まりしているそうである。

写真30　プルチャとアバイ。どこに出かけるのも一緒で、おしどり夫婦だった。私の家族の写真を見ている（2011年）

　「世帯の記録」を読んでみると、かつて、村びとは頻繁に離婚や再婚を繰り返してきたことが分かる。極端な例では、1週間一緒に暮らしていただけで「結婚」していたことになっている例もある。村では、結婚しても役所に届け出るわけではなく、離婚に際しての慰謝料の請求や財産分与はほとんど行なわれないので、離婚が容易になっているとも考えられる。

　経済的な要因も関係しているのかもしれない。酒飲みで、稼ぎを酒に使ってしまうような夫は頼りにならないし、むしろ、いないほうがいいと考えている節もある。夫がいなくても、周りにいる親族が子供たちの世話をしてくれるといった環境も、離婚を選択する大きな要因であろう。両親が亡くなった子供たちを祖父母が引き取って育てている例もあった。

実際、ミロンの子供たちも、祖母が引き取って育てている。

　ミロンの場合は、母系制や妻方居住という制度に従って、死別後の生活や再婚後の生活を送っているが、ほとんどの場合はそうしたことを意識していないようであった。

　かつての村びとの離婚・再婚の繰り返しは、どちらかといえば、子供のいる女性たちは実家に頼る傾向があり、男性たちは実家に戻ったり、また再婚相手を見つけて新たな生活を始めたりすることが多かった。一方、実家に頼って暮らしていた女性たちも、相手を見つけて再婚し、場合によっては、相手の家に身を寄せることもあったようである。

　結婚や離婚、そして再婚に伴う男女の移動は、必ずしも男性だけ、女性だけというものではなかった。しかし、どちらかといえば、子供がいる場合などは女性は身動きが取れないので、男性が移動する場合が多かったと考えられる。つまり、母系制の理念や妻方居住だけでは対応できない複雑な家族の状況が現在でも続いているということが、ドリアン・タワール村の家族の特徴なのである。

2．母系制以外の家族

　母系制や妻方居住以外に、村の家族を語る上で考慮しなければならないものに、夫方居住や双系的、もしくは父系的な要素、そして、一夫多妻というイスラーム的な価値観などがある。以下では、母系以外の要素について、事例を挙げながら紹介する。

夫方居住の家族

　母系制と妻方居住に相関性があるとの説明をしたが、その意味で、夫方居住は本来母系制とは相容れない居住様式である。ここでいう夫方居住とは、男性が他村の女性や村の女性と結婚した後も、出身村や実家で生活をするような住み方を指している。村では、称号保有者を中心に、

夫方居住を採用している家族がいるが、それぞれの家庭によって事情は異なる。以下、いくつかの事例を紹介する。

　夫方居住を実践しているのは、称号保有者の家族に多い。称号保有者は村に住む必要があるので、他村に住んでいる場合でも、称号を保有することになった時点で、家族とともにドリアン・タワール村に移ってくる。例えば、アサンの場合は、ジェクラーへの就任が予想されたので、称号の継承前に妻の出身村からドリアン・タワール村に引っ越してきた。バティン・ジャングットも、その兄のジェナン・ミサイも、妻は他村の出身であったが、称号保有以降はドリアン・タワール村に居を構えている。

　マンク・ハシムの息子たちもまた、妻方居住をせず、結婚後は村に留まり夫方居住で住んでいる。これは、ハシムの妻アチの意向が大きいのかもしれない。彼女は、第二次世界大戦中にオラン・アスリに引き取られ育てられた華人の女性だからである。ハシム一家は、息子たちの力を借りて、多くの農地を開拓し、今でも村一番の裕福な家族である。

　長男のダラップは、イトコにあたる村の女性（先述したカルの娘）と結婚し、村内に暮らしている。次男のアマンはゴム仲買店の店主で、結婚後村に新居を建て、そこに他村出身の妻と子供たちと暮らすようになった。三男のアニュは、バティン・ジャングットの娘と結婚し、バティン・ジャングットの家の敷地内に家を建てて住んでいる。

　ちなみに、アニュの妹ザイナブは、他村出身のアテーと結婚し、ハシムの家で同居していた。子供がたくさん生まれ、手狭になってくると、ハシム夫婦は自分たちが建てた家をザイナブ夫婦に譲り、元々住んでいた粗末な家に隠居した。大きな家に比べると不便な生活であったと思うが、子供たちのことを第一に考えるハシムらしい選択だった。その後、ハシムが病気で亡くなると、アチはザイナブ夫婦の家に同居した（写真31）。

写真 31　在りし日のマンク・ハシム。寡黙で、威張らず、欲のない人だった
（2008 年）

　末っ子のシボは、ダラム村出身の女性と結婚した後、しばらくはダラ
ム村で暮らしていたが、子供が 3 人生まれたところで、ダラム村からド
リアン・タワール村に引っ越してきた。ダラム村よりも、ドリアン・タ
ワール村で生活する方が町にも近く、子供たちの将来のためにも良いと
考えたようである。シボの子供の一人は、大学まで進学し、現在はイギ
リスに留学中である。

　結果的に、マンク・ハシムの家族は、子供たちがすべて村内で生活し
ている。もちろん、称号保有者であるハシムは、村外の女性と結婚した
息子たちが村に残ることについては、母系的なアダットに照らして、好
ましくないとは思っていたが、経済的な理由や孫の将来を考えると、そ
れが合理的な選択となったようである。

　このように、称号保有者は夫方居住を行なってもかまわないという
ルールによって、母系の理念は少し揺らぐことになる。ただし、最近で

は、称号保有者による夫方居住のルールも破られつつあるようだ。たとえ称号を保有したとしても、仕事の関係でドリアン・タワール村に移り住まないケースが出てきたのである。この場合には、儀礼のたびに村を訪れて儀礼に立ち会う方法を取っている。最近は車を所有していることが多く、以前に比べて交通の便が良くなったので、近くの村に住んでいれば、こうした方法も可能なようだ。

　近年では、男性が公務員などの職に就き、簡単には引っ越しができない、あるいは引っ越しせざるを得ないケースも出てきている。

　現在のバティンであるゲンレーは、称号保有者になる前から夫方居住であった。彼の妻ザリハは、トゥムアンではなく、セマイの女性である。ゲンレーは、オラン・アスリ局の職員としてパハン州に赴任していた時、ザリハと知り合い、結婚した。1980 年代後半の頃である。その後、1990 年代初頭、彼がバニン村に小学校教師として異動することになった際に、家族共々ドリアン・タワール村に引っ越してきたのである。以来、ドリアン・タワール村で生活している。長男のエピーは、現在、ボルネオ島のサバ州で政府職員として働いているが、赴任地で出会ったカダザン人の女性と結婚した。妻の出身地で暮らしているので、妻方居住であるが、仮に、マレー半島に戻って来る場合は、父親と同様に夫方居住となるかもしれない。いずれにしても、公務員などの場合は、勤務先の状況次第で夫方居住になったりするのである。ゲンレーは、その後、パンリマの称号を保有し、現在ではバティンとなっているので、たとえ夫方居住をしていたとしても、村のアダットでは問題ない状態といえる。

　その他、村の母系のアダットの理念に反して、結婚後も村に残る男性たちが少なからず存在している。その理由は、村を出て行くと耕作地がなくなり、生計に苦労することが予想されたからである。妻の出身村にそうした財産がなかったことも要因の一つであっただろう。このような家族は夫方居住となり、夫婦関係は男性の発言力が強い傾向があった。

例えば、スラッ夫婦の場合がそうである。1997 年当時、70 代半ばの夫のスラッと私が話していた時、妻のスダンが口を挟もうとした。その時、スラッは「お前は黙っていろ！」とスダンを強い口調で叱りつけ、スダンが黙ってしまった場面があった。スラッだけでなく、先に述べたアサンも同様であった。妻のカマは、アサンと私が話している時に、私たちの話の輪に入ることなく、黙って台所の方で家事をしていた。妻方居住の家族では、夫より妻の方がおしゃべりで、こちらから声をかけるまでもなく、話の輪に入ってくるのが常であるが、それとは対照的であった。

妻方居住を採用せず、結婚した後も村に残った男性のなかには、耕作地を所有している人がいる。夫が耕作地を所有している場合は、畑に何を植えるかを決めるのは夫である。ゲンレーの場合がこれに当たる。ゲンレーは、自分が所有する畑にサトウキビを植えて、その世話をしていた。自分の土地なので、自分で決めたというわけである。反対にゲンレーの妻は、夫の農作業を積極的に手伝わず、自分の土地ではないので、あまり興味がなさそうであった。

そのほか、日雇いであっても、村に残った方が仕事がしやすいといった理由で、夫方居住を採用する家族がいる。母系のアダットを意識して、本来はそのような住み方をするべきではないと考えている人もいれば、母系のアダットについては考慮する余裕もなく、仕事のためや生活のために夫方居住となる場合もある。

また、「世帯の記録」を読むと、いったん婚出した人が、家族を伴って戻ってくる例が多いことに気づく。それは、男女を問わず生活のためという経済的な理由が多い。女性が戻ってくる場合は、夫方居住から妻方居住になったと言えるが、男性が戻ってくる場合は、結果的に夫方居住になる。

ドリアン・タワール村のように、比較的農地や仕事がある場合には、人が集まりやすく、逆に、農地が少なく、近隣での仕事も少ない村では、

人が出て行ってしまう傾向にある。

　次に紹介するのは、そもそも妻方居住や夫方居住というルールそのものを意識していない家族・親族の例である。

双系的な家族・親族

　村には、その時々の状況に応じて、住み方や相続などを決めている人々がいる。そこに何らかのルールがあるかどうかを彼らに尋ねても、明確な答えは返ってこない。彼らは自分たちがどのような原理に従って生活をしているのか、特に意識していないのである。あるいは、生活が厳しく、何らかの原理に従う余裕もなく、その場その場で決めてきた結果なのかもしれない。こうした人々の親族形成の仕方や居住様式は、双方的な親族のたどり方をする双系的な原理と言うこともできる。双系的な原理という言い方そのものが、実は明確な原理があるわけではないので論理矛盾ではある (90 ページ参照)。実際、バニン村のリーダー、バティン・アワン (写真 18、83 ページ) は、「我々のアダットは母系のアダットでもなく、父系のアダットでもない」という言い方をしていた。つまり、そこに明確な原理があるわけではないが、双系的な原理というのは、母系や父系と対照される際に表現されるような原理なのである。

　双系的な原理で生活している人たちの多くは、母系のアダットについて知ってはいるが、貧困などの様々な事情によって、従えない状況にある人々である。一方で、母系のアダットについて知ってはいるが、それに従う必要がないと思っている人たちがいる。この典型が、アキ・マインの親族である。

　アキ・マインの親族は、クアラ・ルンプール近郊のブキット・ランジャン村から 1970 年代に村に移り住んできた。具体的には、アキ・マイン夫婦と彼の妻の姉妹が移り住んで、その子孫たちが一つの親族グループを形成している。アキ・マイン自身は、この地域の出身であった

が、セノイ・プラッというオラン・アスリの軍隊に入り、その後は、ブキット・ランジャン村で暮らし、退役と同時に、妻の親族を連れて故郷に帰ってきたのである。

この親族グループは、ドリアン・タワール村に住んではいるものの、村では異質な存在である。彼らは、ブキット・ランジャン村の慣習に従った生活をしていて、ドリアン・タワール村の母系のアダットには従わなかった。そのため、村で行なわれる葬式や結婚式にも参加しなかったのである。同じトゥムアンに属するのだが、酒を飲みすぎてたびたびトラブルを引き起こすなど、都市近郊の村での生活習慣が身についている人たちが多く、村では、嫌われ者といった存在であった。

この親族グループの家族には、夫方居住とか妻方居住といったような居住規則はなく、アダットに従って結婚後はこうするべきという意識もなかった。結婚式をしない場合も多く、いつの間にか一緒に暮らして子供ができたといった感じの家族が多かった。また、母方の第1イトコと結婚するなど、ドリアン・タワール村の母系のアダットでは近親婚として禁止されている結婚をしているケースもあった。

イスラーム改宗者やキリスト教改宗者もいた。また、セウウェル（sewel）といって、軽い精神病を病んでいる男性や女性もいたし、身体に障がいを持つ女性もいた。移住者であるため、村に農地をあまり所有していないので、この親族グループの人たちの生計は、日雇い労働に依存しているケースが多かった。全体として貧困世帯が多く、貧しいがゆえに夫が酒におぼれ、家族の生活が荒れる傾向にあった。学校に通っていない子供も多くいた。

この親族グループの家族に対して、何らかの規則やルールを見出すのは難しい。村のリーダーたちも、村の母系のアダットに従う生活を彼らに奨励することは、あきらめていた。同じ村に住んでいるのだが、まるで違う村の人間であるかのように扱われていたのである。

まさに、彼らは、ドリアン・タワール村のダークサイドを象徴する存在であった。

ドリアン・タワール村にはもう一つ経済的に貧しい親族グループがあるのだが、彼らの場合は、アキ・マインの親族グループと違って、村びととの間に近しい親族関係があった。婚姻関係が結ばれており、村の行事に参加するなど、社会的なつながりも持っていた。その意味でも、アキ・マインの親族の事例は特殊である。

3. 一夫多妻婚

一夫多妻婚は、イスラームでは普通に行なわれているもので、イスラム教徒の男性は4人まで妻を持つことができる。イスラームにおける一夫多妻の許容という中東アラブ発祥の婚姻システムが、イスラームの影響があるマレーシアにまで広がっているのである。

イスラームを国教としているマレーシアでは、イスラム教徒であるマレー人の一夫多妻婚は法律で禁止されていない。ドリアン・タワール村はイスラム教徒の村ではないのだが、隣人であるマレー人の婚姻システムの影響を受け、一夫多妻婚は禁止されていなかった。そのうえ、村びとのほとんどは、結婚に際して婚姻登録をしていないので、たとえ重婚を禁止する法律があったとしても、その法律に抵触することもなかった。こうした事情から、村では一夫多妻婚の家族の例がいくつか見られた。

なかでも、バティン・ジャングットの家族は、バティンが一夫多妻婚であったため、きわめて特異な家族構成となっていた。

バティン・ジャングットは生涯で7人の妻をもち、合わせて33人の子供がいた。私が調査をした1990年代後半の頃は、3人の妻を同時に持っていた。そのうちの2人は姉妹で、もう一人の女性は、息子の妻の妹であった。バティン・ジャングットからすれば、自分の義理の娘の妹と結婚したことになる。この結婚は物議をかもし、ティカをはじめとし

139

た子供たちとの確執をもたらす原因となった。

　こうした複雑な家族関係のため、子供たち同士の関係も複雑であった。特に、前妻との間にできた子供たちと父親であるバティンとの関係は良好とは言えなかった。父親が別の女性と結婚をくり返すので、父親との仲が悪くなり、なかには絶縁している子供たちもいた。反対に、まあ仕方がないかと父親の行為を認めている子供たち（30代、40代になっている人たち）とはおおむね良好な関係を保っていた。

　妻方居住なので、バティン・ジャングットは、妻たちの家族の家を順番に訪問する形を取っていた。とはいえ、晩年になると、一人の妻の家族と一緒に過ごすようになり、他の妻たちの家を訪問することは少なくなっていき、彼女たちはそれぞれ大きくなった子供たちと過ごす状態になっていった。

　生活費については、当初、稼ぎの多いバティン・ジャングットが支払っており、自ら開拓した土地を妻たちに分け与えていた。その後は、妻とその子供たちが、バティンから受け継いだ畑やゴム園で働いて、生計を維持する形になっていった。

　一夫多妻婚とは言っても、一人の妻を除いて別居もしくは離婚状態になっているのが現実の姿である。このバティンのケースでは、離婚という方法をとらなかったので、複数の妻を持っている状態が続いていたと考えられる。

　バティンの家族も、バティンの結婚の結果として、家族をめぐる様々な事件を引き起こした。拙稿（信田 2003）では、その紛争を扱っているので、そちらを参照してほしい。ここでは、他の事例についても少し見ていきたい。それは、悲惨な結果になった一夫多妻婚の家族の例である。

アルの一夫多妻婚

　1997年当時、31歳であったアルは、バティン・ジャングットの兄

ジェナン・ミサイの息子である。アルには、妻のノルマーとの間に 4 人の男子がいたが、夫や子供のいる 20 代の女性スラニといわゆる不倫の関係になっていた。しかも二人の間には子供が 3 人生まれていた。

結局、アルは 1997 年にスラニと結婚し、その結婚式には、妻のノルマーや子供たちも出席した。不倫相手の女性スラニは同時に複数の夫を持つことができないので、アルと結婚する前に、前夫とは離婚していた。こうして、アルは 2 人の妻を同時に持つという一夫多妻状態になったのである。

しかし、事態は思わぬ方向に進んでいった。

アルは妻方居住を採用し、スランゴール州にある第二夫人スラニの出身村で生活するようになった。しばらくすると、アルはノルマーの家族のところに帰ってこなくなり、ノルマー家族の生活はだんだんと経済的にも精神的にも不安定になっていった。アルは、ノルマーや彼女の子供たちを返り見なくなり、家にお金を入れなくなっていったようである。

そんなある日、ノルマーは子供たちを残して村から出て行った。キリスト教、あるいはイスラームへ改宗したのではないか、という噂が流れたが、その真意のほどは分からないまま、行方不明になってしまったのである。

残された子供たちはアルが引き取ったが、その後、アルの父ジェナン・ミサイ夫婦が育てることになった。しばらくすると、子供たちは学校に行かなくなり、髪の毛を茶色に染めたり、たばこを吸ったり、酒を飲んだりするなど、ぐれてしまった。家族の崩壊に心を痛め、そのうちの一人の子供が農薬を飲んで自殺をはかったこともあった。

この夫婦の家は、空き家のまま廃墟のようにドリアン・タワール村に残されている。

ノラズィアーの結婚と離婚

　一夫多妻婚について、もう一つ極めて稀なケースを紹介しよう。ただし、都市化・近代化が進むマレーシアでは起こりうる話であり、一夫多妻婚が許されているイスラム教徒のマレー人の間ではよく聞かれる例である。

　アサットの妹ノラズィアーは大学に進学し、現在、ヌグリ・スンビラン州にある高校の教師をしている。コンピュータの使い方や情報技術を教える教師であり、時代の先端をいく女性である。

　彼女が知り合ったのは、同じオラン・アスリでもペラ州出身のセマイの男性で、警察官であった。インターネットを介して知り合い、結婚を決めるまで会ったことがなかったというから、その出会いや交際の仕方まで現代風である。

　二人の結婚式は、ドリアン・タワール村で盛大に行なわれた。男性もヌグリ・スンビラン州の警察署に勤めていたので、二人の新居は彼女の勤務先の学校近くに建てたのである。

　週末になると、二人は村に帰ってきて、私が会った時には仲睦まじい感じであった。彼女が夫に気を使って、あれこれと世話をしている様子は微笑ましかった。

　ところが、ある時、アサットからノラズィアーの離婚の知らせが届いた。理由を聞いてみると、男性には彼女と結婚する前から妻がいたのだという。その上、すでに2人も子供がいたらしい。そのことが発覚したのち、色々と揉めた挙句、離婚に至ったという。もちろん、ノラズィアー本人も、アサットの家族も、そのことは知らなかったので、当初はすごく驚いたそうである。

　男性にしてみれば、ペラ州に家族を残して単身赴任をしていたところ、たまたまインターネットで出会った女性と成り行きで結婚することになったのであろう。しかし、女性の側からすれば、騙されたという意識

の方が強かっただろう。我慢して第二夫人の地位で婚姻関係を継続するという選択肢もあったが、子供が生まれていなかったこともあり、離婚したのである。

4．小括——ドリアン・タワール村の家族の実態

　以上、村の家族の実態について、母系制や妻方居住の他に、母系以外の要素が見られる家族（夫方居住、双系的な家族、一夫多妻）などを述べてきた。これまでの事例をまとめると、およそ次のようになる。

　母系制と妻方居住は相関性があり、相続や精神面から見て女性にとって優しい制度であり、同時に女性の発言権が強くなる要因にもなっている。その一方で、夫方居住や一夫多妻婚は、女性にとってみればあまり優しくない制度である。この制度にある家族は、母系の家族とは家族や親族の人間関係が異なっている。また、双系的な要素も、家族や親族の関係性に影響を与えているが、母系に比べると、人々の行動を規定するほどのものではない。双系制は、臨機応変や融通無碍と相関するような「制度」であろう。母系と対照させて考えると、むしろ、それは制度とは言えず、ある種の考え方、価値観と言ってもよいものである。双系制が、東南アジアを特徴づける親族観念と言われる所以がここにある。

　一夫多妻婚の制度は、明らかにイスラームの影響である。イスラームの発祥の地であるアラブ地域は父系社会であり、父系制を採用している。しかも、男性優位の社会として知られている。従って、一夫多妻婚も男性優位の原理に基づく婚姻制度と言える。その意味で、女性優位の傾向が強い母系制とは明らかに相反する制度であると言える。ドリアン・タワール村は妻方居住で女性が強いはずなのに、一夫多妻婚の家族の妻たちは、夫の愛情を独占した妻とその子供たち以外はみな弱い立場に置かれている。この男女関係や女性の立場の違いは何なのか、とても気になるところである。おそらく、それは起源の異なる複数の制度がこの村で

採用されているからだと推察できる。

　起源の異なる複数の制度とは、母系のアダット、双系的な親族関係、父系的な要素を持つイスラームを基盤にした一夫多妻制などである。これらの制度が複雑に絡み合って、このオラン・アスリの村の家族のあり方に影響を与えているのである。

　前章での母系制に関する結論との関係について言及しておくと、母系の理念は、以前にも増して強まってきているが、実態を見ると、必ずしも村びと全員が母系のアダットのルールに従って、彼らが住む場所や相続を決めているわけではないことが分かる。つまり、一部の人たちを除けば、彼らは必ずしも母系のルールにこだわっているわけではないのである。男性が農地を所有しているなどの理由で、母系のルールにこだわっていては、生活が成り立たないという経済的な事情もあるし、息子に頼りたいという個人的な事情ももちろんあるだろう。結局のところ、見方や解釈によっては、決まったルールなどないという側面もある。この部分を強調して捉えると、彼らの社会は双系的な社会とすることもできる。しかし、彼らには、理念として、もしくは建前としてと言ってもよいが、母系制がある。この母系制と照らし合わせながら、彼らは生活を営んでいる。つまり、結婚や相続など、生活上のあらゆる事柄について、それが母系のアダットに従ったものであるかどうかという基準で判断しているのである。母系制（母系的な理念）が判断基準となっていることに、この村の特徴があると言ってもよい。それに加えて、母系のアダットという判断基準を持ちながらも、その判断基準を無視して、双系的または父系的なやり方を採用し、許容されているという実情もまた、ドリアン・タワール村の社会特有の状況であると言える。それは彼らの社会が有する臨機応変さ・融通無碍さの一端である。

5．他の民族との通婚

　最後に、ドリアン・タワール村の家族を考える際に、忘れてはならないことについて述べる。それは、他の民族との結婚、他の宗教を信仰している者との結婚である。こういった結婚は、村びとにとっては異なる他者との結婚となるので、村びと同士やオラン・アスリ同士の結婚とは性質を異にする。以下では、バティン・ジャングットの事例から紹介しよう。

　バティン・ジャングットは、父親が華人で母親がオラン・アスリであった。幼少時、家族は町の華人コミュニティで生活し、彼の兄ジェナン・ミサイも妹たちも、そして彼自身も華人名を持っており、言葉も華語を使っていた。つまり、彼らは華人として育てられていたのである。しかし、日本軍がマレー半島に侵攻してくると、家族で母親が生まれ育った村（ドリアン・タワール村）に避難することになった。その後、父親が町に出かけたまま帰ってこなくなり（日本軍に殺されたと言われている）、戦争が終わってからも家族はこの村にとどまった。「非常事態宣言」が発令された後の1950年代の初めの頃には、村の人々のほとんどが収容地に移動させられた。1957年にマラヤ連邦が独立すると、彼ら兄弟姉妹は、それまでの華人名からオラン・アスリ名に変更して国民登録をし、身分証明書を発行してもらった。

　バティン・ジャングットの系譜をたどると、事情はさらに複雑になる。彼の母親はオラン・アスリだが、彼の曾祖父（母の祖父）はマレー人のバティン・シウントゥンである（99ページ参照）。第二次世界大戦前のイギリス植民地時代、このマレー人男性は、オラン・アスリの女性と結婚し、オラン・アスリの村に住み、そこでバティンの称号を継承した。イスラームの礼拝を欠かさない敬虔なイスラム教徒であったと伝えられているが、家族や親族にまで改宗を強いることはなかったという。現在の

マレーシアでは、イスラム教徒と異教徒との結婚は認められていないので、配偶者はイスラームへ改宗する必要があるが、当時はそのようなことはなかったのである。

1967年、マレー人や華人の血筋を持つバティン・ジャングットは、村のリーダーであるバティンの称号を継承し、オラン・アスリとして生きていくことになった。しかし、幼少時に華人として育てられた彼にとって、華人の文化は身体化されたものであった。華語を話せるのはもちろんのこと、家で食事をする時には、箸を使ってお椀に入ったご飯を食べていた。一方、儀礼などで村びとと一緒に食事をする際には、村びとと同様に、彼は右手を使って皿の上にのったご飯を食べていた。父方の親族が近くの町に住んでいたので、華人との経済的な結びつきも強く、それは村の経済にも影響を与えた。村のアダットや森の薬草の知識などを古老たちから学び、呪術師として評判を得るなど、オラン・アスリとしての彼は、その華人性とともに地域社会のなかでは有名な存在であった。

オラン・アスリ社会、特に、町に近いムラユ・アスリ系のグループの村では、バティン・ジャングットのような系譜を持つ人は珍しくはない。イギリス植民地時代には、華人男性とオラン・アスリ女性との通婚はよく見られたことであった。日本占領期やその後の非常事態宣言期には、それに加えて、家族を失った華人の子供をオラン・アスリが養子として育てる例も見られた。現在も、父親は華人だが、オラン・アスリとして生きている村びとが数人いる。

他の民族との結婚の事例は、ドリアン・タワール村以外のオラン・アスリの村でも見聞きされた。バティン・ジャングットと同じように華人の父を持つ男性が、マレー人女性と結婚し、イスラム教徒であるにもかかわらず、村で生活している例もあった。彼らの子供たちはオラン・アスリだが、イスラム教徒である。また、華人を父に持つ子供たちが、華

人名であるにもかかわらず、村に住んでオラン・アスリとして暮らしている例もあった。この場合、彼らがオラン・アスリであることをオラン・アスリ局が証明していた。さらに、インドネシアから出稼ぎにやって来て不法滞在中の男性がオラン・アスリ女性と結婚している例もあった。

　近年では、本書の冒頭（17-20ページ参照）でも一例を紹介したが、サバ州の先住民カダザン人の男性が村の女性と結婚している例や、インド人男性とオラン・アスリ女性との結婚の例もあり、いずれも子供たちはオラン・アスリとして生きている。

　逆に、結婚を機に村外に出て行く例も見られた。バティン・ジャングットの娘スハイダは、裕福な華人男性と結婚し、町で暮らしている。彼女の5人の子供たちはいずれも華人名を名乗り、華人として生きている。自分たちはオラン・アスリであるという意識は保持しているようだが、それは内面のことであって、実質的には「華人」である。その姿は、バティン・ジャングットの母親を彷彿とさせる。華人として生きていたバティン・ジャングットは日本占領期を機に、オラン・アスリとして生きていくことになったが、スハイダの子供たちは、そのようなことが今後起こらない限り、華人として生きていくであろう（写真32）。以上は、いずれもオラン・アスリ女性と他の民族の男性との結婚であり、オラン・アスリと他の民族との通婚はほとんどがこうした組み合わせである。

　ただし、マレー人女性と結婚し、町のマレー人社会で暮らしている男性もいる。プルチャの息子ウィラである。彼はイスラームへ改宗し、改名もしているが、村の家族や親族との交流は続いている。とはいえ、彼の子供たちはオラン・アスリではなく、マレー人として生きていくことになる。

　近年では、イスラームへ改宗したオラン・アスリとイスラム教徒ではないオラン・アスリとの結婚も増えている。その場合、夫婦ともにイス

写真 32　スハイダ（右端）と子供たち（2017 年）

ラム教徒となり、子供たちもイスラム教徒となる。オラン・アスリの村にとどまる限り、彼らはオラン・アスリである。結婚とは関係なくイスラームへ改宗する人たちも増えているが、彼らもまた、村にとどまる限りはオラン・アスリである。しかし、彼らイスラーム改宗者たちは、マレー人的な名前に改名し、イスラーム局に登録することになっている。つまり、それまでの自分を捨てて、イスラム教徒として生きていくのである。

　イスラーム改宗者やその子供たちは、法的にはオラン・アスリであるが、豚肉を食べなかったり、村の集まりや親族の集まりでは食器を分けたり、毎日 5 回の礼拝、断食月に断食を行なうなど、日常生活の上でもイスラム教徒でない村びととは異なる生活を送っている。亡くなった後の埋葬場所も、村の墓地ではなく、近隣のマレー人の村の墓地に埋葬される。このように、イスラーム改宗者やその子供たちは、オラン・アスリのようでオラン・アスリではなく、村のなかにいる「マレー人」のような存在になっている。

　以上のように、実は、ドリアン・タワール村では、複雑な民族性を持つ人々が大半を占めている。ただし、マレー人や華人、インド人などの血筋が入った複雑な民族性であっても、さらにはイスラム教徒やキリスト教徒であっても、周囲からどのように思われていたとしても、彼らは、自身がオラン・アスリであると主張すれば、オラン・アスリでいることができる。なぜなら、彼らには、オラン・アスリの家族とのつながり、オラン・アスリの親族とのつながり、オラン・アスリの村びととのつながりがあるからである。配偶者との関係性のなかでマレー人や華人として振舞うかもしれないが、その同じ人が、親やキョウダイ、子供との関係性のなかではオラン・アスリとして振舞うこともある。公的にはマレー人であったり、華人であったりする人々でも、本人のアイデンティティはオラン・アスリという場合もありうるのである。

6．複雑化する親族関係

　以上、他の民族との結婚が増えているというドリアン・タワール村の婚姻状況を述べてきたが、その一方で、村内での婚姻もあり、なかには親族関係にある者同士の婚姻も見られる。しかしながら、かつて見られたインセスト（近親相姦）と見なされる結婚や近親婚、同じ母系出自集団内での結婚は、ほとんど見られなくなった。それは母系の理念が村びとの間に浸透し、結婚相手を選ぶ際にも、その点に注意が払われているからではないかと推察している。

　村の外部に結婚相手を求める若者たちと、そうではなく、小さい頃からよく知っている身近な異性を配偶者として選択する若者たちがいる。後者の選択をした人たちは、必ずしも意図的に選んでいるわけではないのだが、結果として、両親族間の関係を強化している側面がある。特に、称号保有者の親族間の関係は、そのメンバー同士の婚姻によって、さらに結びつきが強まっている印象を受ける。ちなみに、称号保有者の親族

写真 33　ザラフェラの赤ん坊と女性親族たち。マニョ（中央奥）にとっては
ひ孫（2016 年）

　間での婚姻のほとんどが、母系のアダットに従い、妻方居住を採用している。

　例えば、現在のバティンであるバティン・ゲンレーの娘ザラフェラは、マンク・ハシムの息子シボの長男コサムと結婚している（写真 33）。彼らは幼馴染ではあるが、実は、親族関係は遠い。また、プルチャの息子アズルルは、ジェナン・ミサイの孫であるハピサーと結婚した。親族関係的には近いが、彼らは同じ母系出自集団には属していないので、結婚は可能であった。さらに、その弟デニも、マンク・ハシムの孫にあたるロサラワティと結婚した。この場合、親族関係は近くないので、結婚は可能であった。彼らはいずれも、妻の実家に住んでおり、夫側の実家には住んでいない。

　これらは、かつての称号保有者であるバティン、ジェナン、マンクの親族間での婚姻である。そのほかにも、称号保有者の親族同士での婚姻の例はいくつか見られる。親同士の関係が良好であることも最近の傾向である。かつては、親同士が対立しているため、結婚を反対されるカップルもいて、それが村内のトラブルに発展していったが、最近ではその

ような事例も見聞きされなくなった。

　このように、経済的に上層にいる村びとたち（「上の人びと」）の間で
の婚姻関係は結ばれているが、一方で、経済的に上層にいる村びとが、
経済的に下層にいる村びと（「下の人びと」）と結婚する事例は見られな
くなってきている。つまり、階層間を超えるような婚姻がなくなったの
である。こうした現象は、村の社会構造が安定化してきたことを示して
いると同時に、村の経済格差が固定化しつつあることも意味している。
いずれにしても、そうした村の社会構造が子供たちの婚姻関係に影響を
与えているのである。

　ここで言う階層とは、村のなかでの階層であって、マレーシアの文脈
で言えば、貧困層のなかの細かな階層ということになる。村内において
は、相手の家族を互いによく知っているので、恋愛感情を抱いたとして
も、家族の事情によっては結婚に至らないのかもしれない。

　村では、どういう相手と結婚し、どこでどのような生活を送るのかと
いうことは、個人の問題ではなく、家族や親族に大きく影響する問題と
なる。なぜなら、結婚相手は家族の一員となるだけでなく、親族の一員
となり、ひいては村のなかでその存在が位置づけられていくからである。
また、結婚によって起こる良いことも悪いことも、それらはすべて親族
や村びととのつながりのなかで分かち合い、解決されていく。そのため、
結婚事情を細かく見ると、村の経済事情、宗教事情、教育事情、さらに
は、村びとの階層化や母系アダットの浸透状況など、様々な状況をうか
がい知ることができるのである。そういった意味で、今後も結婚状況を
注視していく必要を改めて感じている。

第6章　NGO活動によって築かれる新たな関係性

　ここまでは、ドリアン・タワール村における家族・親族の関係性について論じてきた。ドリアン・タワール村の人々は、家族や親族という濃密な関係性のなかで生きており、それを抜きにして彼らの人間関係を語ることはできない。ただし、そうした彼らも周囲から孤立して生きているわけではない。また、ドリアン、プタイ、ラタン（籐）、ガハル（沈香）などの森林産物の採集活動や日雇い労働などでは、マレー人や華人との間にパトロン－クライアント関係が存在している。また、ゴムの開発プロジェクトなどを通じて、行政当局であるオラン・アスリ局の役人との間にも一定の関係を築いている。しかし、以上のような外部世界との接触は、あくまで村びとが村に留まる状態での接触であり、しかも、その関係性が垂直的であることは留意すべきである。

　このような従来維持されてきた村びとの人間関係に新たなアクターが加わったのは1990年代頃からである。本章では、1990年代半ば以降に顕著になったNGO活動を中心に、家族・親族を超える新たな関係性について述べていく。

1．NGOの世界的な動き

　NGOは、第二次世界大戦後の国連発足時から、例えば経済社会理事会で国際NGOに「協議的地位」が与えられていたように、国連憲章第71条によって国連の協議の場への参加が認められていたが、米ソ対立や国家の利害のなかで、NGOの権限は大幅に制限されていた（目加田2003: 8-9）。ところが、1990年代初頭、東西冷戦が終結し、国家の枠組みだけでは解決が難しい人権、環境、開発などのグローバルな問題に焦

点が当てられるようになると、NGOをめぐる状況に大きな変化が生じた。1992年にリオデジャネイロで開催された地球サミット（国連環境開発会議）以降、国際NGOだけでなく小規模なローカルNGOにも参加の門戸が開かれ（目加田 2003: 9）、さらに、1999年のシアトルでのデモや2001年からの世界社会フォーラムの開催など、国際社会におけるNGOの台頭が目立ってきたのである。

こうしたなか、NGOは、時には単独で、時には国家や国連などの公式の支援のアクターと協力しながら、地域や国、民族やジェンダーなどの境界にとらわれない新しい支援活動を世界各地で展開し始めた。

2. マレーシアにおける先住民支援NGO

私がフィールドワークを開始した1990年代後半は、まさに、NGOの活動が世界的に活発化していく時期と重なっていた。NGOの世界的な動きは、マレーシアの先住民にも影響を与え始め、次第に、先住民を支援するNGOの活動が活発化していった。それは、オラン・アスリが開発の犠牲者となり、悲惨な状態に陥っていた時期でもあった。

森林伐採や強制移住、開発や土地権の問題は、オラン・アスリにとって国家と対峙しなければならない大きな脅威であり、それまでの村や親族のつながりだけでは解決ができない問題であった。国家の側に立つオラン・アスリ局は助けにはならず、対応する手立てが分からないまま、開発の犠牲者となっていた彼らに手を差し伸べたのがNGOだったのである。彼らは、国家という巨大な力に対峙するため、同じような問題を抱えるオラン・アスリやサバ州・サラワク州の先住民と協力・連携し、村や民族を超えたネットワークを形成し、より大きな勢力を構成していった。NGOは、人々の連帯を支える仲介者の役割を果たしており、人々の関係を取り結ぶ結節点となっているのである。こうして、オラン・アスリはNGOの支援を得て、行政当局に直訴するデモを行なった

り、土地の権利回復を求めて裁判を起こしたりするなど、先住民運動を
展開するようになった。1990 年代半ば以降に始まったこうした動きは、
初めはごく少数の人々が関わる程度だったが、21 世紀に入ると次第に
若い世代を中心に人数が増えている。従来、親族や村内での狭い人間関
係のなかで生活を営んできた彼らが、先住民運動を通じてネットワーク
を構築し、村や地域、さらには民族の境界を超えて助け合いや支援の輪
を広げつつある。

3．オラン・アスリ局、POASM、COAC、JOAS

　ここでは、政府当局であるオラン・アスリ局をはじめ、オラン・アス
リに関係する NGO について簡単に触れておきたい。

　オラン・アスリ局の前身である「アボリジニ局」は、イギリス植民地
時代の 1953 年にアボリジニ保護を目的に正式に設立された（45 ページ
参照）。その後、マレーシア独立以降、こんにちまでマレーシア連邦政
府のいくつかの省庁間を移動しながらも、連邦政府内の一部局として存
続している[1]。オラン・アスリ局は自らがオラン・アスリに対して十分
な支援を行なっていると主張し、オラン・アスリを支援しようとする外
国の NGO の活動を著しく制限している。オラン・アスリ局は、オラ
ン・アスリを支援する唯一の政府組織であるが、土地権をめぐる裁判な
どでは、しばしばオラン・アスリ側ではなく政府側に立つ。オラン・ア
スリ局の上級職のほとんどがマレー人であることがその一因でもある
（Endicott 2003: 155）。また、通常のオラン・アスリ支援に関しても、行政
当局としての動きが鈍いと指摘されている（Nicholas 2002: 125-126）。オ
ラン・アスリのなかには、オラン・アスリ局に対して不満を感じている

---

[1] 2011 年 1 月、オラン・アスリ局は名称を変更し、オラン・アスリ発展局（Jabatan Kemajuan
Orang Asli: JAKOA）となったが、本書では、従来のオラン・アスリ局（Jabatan Hal Ehwal
Orang Asli: JHEOA）で表記を統一している。

人も多く、オラン・アスリ局の廃止を主張する者や、オラン・アスリ局の改革を求める者も多い（Nicholas 2002: 126; Endicott 2003: 155）[2]。

POASM（Persatuan Orang Asli Semenanjung Malaysia: 半島マレーシア、オラン・アスリ協会）は 1977 年に、オラン・アスリが直面する様々な問題の解決やオラン・アスリ社会の自律を目的として、オラン・アスリ自らが立ち上げた NGO である（Dentan et al. 1997; Endicott 2003）。会員はオラン・アスリに限られ、設立当初は政府当局であるオラン・アスリ局の職員を中心に 277 名であった。2000 年には、会員は半島全土のオラン・アスリに及び、会員数は約 1 万 7000 人にまで増えている（Nicholas 2002）。幹部メンバーはオラン・アスリ局職員や教師、大卒の会社員などオラン・アスリ社会のエリートが多く、近年は開発をめぐる諸問題や土地所有権に関する問題などについて政府と交渉するなど、その活動が活発化している。

COAC（Center for Orang Asli Concerns: オラン・アスリ研究センター）は、1989 年にコリン・ニコラスによって立ち上げられた組織である（写真 34、35）。コリン・ニコラスは、大学時代にオラン・アスリの村でフィールドワークを行なった経験を持ち、オラン・アスリ研究者としても知られている社会活動家である。森林伐採やダム建設、高速道路建設や開発などの問題が起きているオラン・アスリの村があると聞けば、その村に駆けつけ、状況の把握や情報収集につとめるなど、現場主義に徹した支援を行なっている。また、開発に伴う強制移住や土地問題など、オラン・アスリが置かれている悲惨な状況を、テレビや新聞などのメディア、シンポジウムやワークショップ、本の出版などを通じて、国内世論や国際世論に訴える活動も展開している。さらに、国内の NGO や

---

[2] マレーシアの政権交代の影響もあり、2019 年 4 月、マラヤ大学教授ジュリ・エド博士（セマイ出身）がオラン・アスリ出身としては初めてオラン・アスリ局長官に就任した。彼の長官就任は、オラン・アスリの人たちにとって長年の悲願であった。

写真 34　コリン・ニコラスとセマイの人たち（2010 年）

写真 35　土地権をめぐって裁判を起こしたブキット・タンポイ村にて。中央は私（2010 年、撮影：コリン・ニコラス）

国際的な NGO との関係も深く、ボルネオ島側のサバ州・サラワク州の先住民が中心になって立ち上げた JOAS（Jaringan Orang Asal SeMalaysia：The Indigenous Peoples Network of Malaysia マレーシア先住民ネットワーク）などの先住民系 NGO と連携して、先住民の権利に関するワークショップを開いたり、政府との交渉や裁判闘争について実務的なアドバイスをしたりするなど、オラン・アスリやサバ州・サラワク州の先住民をエンパワーする活動にも関わっている。COAC は、特に会員制度を設けておらず、活動への参加は自由で、オラン・アスリ以外の人々の参加も妨げていない。この点は、会員をオラン・アスリに限定する POASM と大きく異なっている。

　JOAS は、約 51 のマレーシア先住民支援 NGO を束ねるマレーシア先住民ネットワークである（1993 年に設立。正式に登録されたのは 2008 年）。JOAS は、サバ州・サラワク州の先住民とマレー半島部の先住民を「オラン・アサル（Orang Asal）」という新しい民族概念で一括りにし、それぞれの先住民社会に存在する NGO の連携関係を強化しようとしている。「アサル」は、「アスリ」と同様に「元々の」という意味であり、「オラン・アサル」は先住民を意味する[3]。JOAS は、2010 年には、サバ州のカダザン人活動家エイドリアン・ラシンバンが代表を務めている[4]。先住民支援や政府との交渉、国際社会への発信などのアドボカシー活動の他に、マレーシア全体の先住民が参加するワークショップ等も企画・運営している。本章で紹介するワークショップは、そのなかの一つである。

4．ドリアン・タワール村と NGO

　ドリアン・タワール村の人々が主に関係を持っている NGO は

---

[3]「アサル」という言葉は、非常事態宣言期（1948-1960 年）に共産ゲリラ側がオラン・アスリに対して名づけた「Asal Group」を想起させる（45 ページ参照）。
[4] 2018 年 5 月のマレーシアにおける政権交代後、彼は先住民の代表として上院議員になった。

POASM であり、COAC および JOAS には、一部の村びとのみが関係している。

　以下では、ドリアン・タワール村の人々が NGO と関わるきっかけとなった一つの出来事、「ラノ・プロジェクト」を紹介する。正確に発音すれば、ラノは lanok（森の果実の名前）なのでラノッとなるが、記述的な簡便さからラノとする。

ハリ・ラヤの夜

　1996 年 10 月 1 日、年に一度の大祭「ハリ・ラヤ」の夜[5]、アサットは、広場にいる村びとにマイクで呼びかけた。「みなさん、アダット会館に集まってください。これから村に伝わる伝統的な歌と踊りを披露します」。大勢の村びとが、何が始まるのかと思ってアダット会館に集まってくると、アサットはおもむろに歌を歌い始めた。「鳥の歌」というタイトルで、ゆったりしたテンポの歌だった。一緒に歌っている年配の村びとも何人かいた。

　すると、その歌に合わせて 10 代後半から 20 代前半の若者 10 名ほどが男女交互に出て来て、盆踊りのように円形を作り、ぐるぐる回りながら両手を羽ばたかせるように踊り始めた。みなばらばらの普段着で、踊りを間違ったり、照れ笑いをしたり、ぎこちない様子だった。

　「鳥の歌」が終わるとまばらに拍手が起こり、2 曲目の「ラノ」が始まった。これも似たような雰囲気の曲だが、踊りは少し違っていて、何かを拾うような振り付けをしていた。練習不足のせいか、なんとなくまとまりのない踊りに観客からは笑いやヤジが飛んでいた。

　いささか頼りないスタートではあったが、この「ハリ・ラヤ」の夜に

---

[5] このハリ・ラヤは、元々マレー人の断食明けの大祭ハリ・ラヤ・プアサを模倣したものであった。イスラーム色はなく、ドリアン・タワール村では独自性を示すため、10 月に実施するようになった。ドリアンの収穫祭という意味合いもあったようである。詳細については、拙文（信田 2008; 2017d）を参照。

披露された歌と踊りをきっかけに、現在でも続いている「ラノ・プロジェクト」は始まったのである。

　この半年前、アサットは以前からの知り合いである POASM の代表者マジットから、「翌年 4 月に開催される POASM の年次集会で、村の伝統的な歌と踊りを披露してくれないか」と依頼されていたという。

　そこでアサットは、バティン・ジャングットやアダット・リーダーたちに昔の歌や踊りを教えてもらい、村の若者たちでグループを作って練習することにした[6]。このハリ・ラヤの夜の舞台は、いわば POASM 年次集会の予行演習のようなものだったのである。

　ちなみに、「鳥の歌」は、森の鳥たちが空を飛んでいる様子を歌ったものであり、「ラノ」は、ラノと呼ばれる森の果実を採集している様子を歌ったものである。若者たちにはあまり親しみがなかったようだが、大人たちには懐かしい曲で好評だった。特にラノの歌は「ラーノ、ラーノ」というフレーズが耳に残りやすく、人気の曲であったため、ラノ・プロジェクトのリーダーとなったアサットは、その後、村びとから「ラノお兄さん」と呼ばれるようになった。

職位 30 周年の儀礼

　1997 年 3 月、バティン・ジャングットの職位 30 周年の儀礼が行なわる場で、再び、ラノ・プロジェクトによる歌と踊りが披露されることになった。30 周年の儀礼には、村びとばかりでなく、周辺のオラン・アスリの村からも客人が訪れていたので、こんどは前とちがって、少し大

6　練習には、前章で紹介したバティン・ジャングットの娘スハイダをはじめ、彼女の兄弟姉妹、プルチャの息子ウィラ、ハニップ、サンカム、ジェニタなどが参加していた（147 ページ参照）。この時に参加していた若者は、当時、次世代のオラン・アスリを代表する存在と目されていたが、実際には、スハイダは華人と結婚し、ウィラやハニップ、サンカムはイスラームへ改宗するなど、従来の村びととは異なった生活をしている。それでも、彼らの Facebook への投稿などを見れば、今でもオラン・アスリや NGO 活動に関心を持っていることが分かる。一方、当時高校生であったジェニタは、この活動への参加をきっかけに、NGO 活動に関心を持つようになっていった。

きな舞台での披露となる。

　そのため、アサットの呼びかけで、儀礼の日の 2 週間ほど前から毎晩若者たちがアダット会館に集まり、歌と踊りの練習をするようになった。長老たちから直接歌と踊りを学び、それらのニュアンスやイメージをつかんでいたアサットが指導者となり、若者たちは練習を積んでいった。また、メンバーの一体感とオラン・アスリとしての民族性・伝統性を表現するため、ばらばらだった衣装は黒のTシャツに統一し（黒は儀礼時にアダット・リーダーが着る服の色である）、バナナの葉でつくった頭飾りや腰巻も着用するようになった。

　儀礼の当日、おおぜいの人々が見守るなか、歌と踊りは披露された。恥ずかしさは残るものの、練習の甲斐あって、若者たちが村の伝統芸能をしっかりと継承している姿を、多くの人々に印象づけることができた。

　この披露の後にも、翌月の POASM の年次集会でのステージに向けて、練習の日々が続いた。練習には、竹製の横笛と口琴ゲンゴン、コンコンと呼ばれる搗奏竹筒楽器の演奏者たちが加わった。横笛と口琴の演奏者はカル（127 ページ参照）、竹筒楽器の演奏者はプルチャ（131 ページ参照）とゲンレーの妻ザリハであった。

POASM 年次集会

　1997 年 4 月、クアラ・ルンプール近郊のゴンバックにあるオラン・アスリ局の講堂において POASM の年次集会が開催された。マレー半島各地から 18 のサブ・グループほとんどすべてのオラン・アスリが一堂に会しており、誰もがそのネットワークの広がりに圧倒されていた。

　ドリアン・タワール村もバスを 1 台借り切って、バティン・ジャングットをはじめとする村びとの多くが参加した。彼らにとって、POASM がどのような組織であるのかを知ることが目的の一つであったようだ。

写真 36　POASM の年次集会。ラノの踊り手たち（1997 年）

　いよいよ本番の時が来た。大きな舞台の上に立って歌うアサットの歌
に、横笛、ゲンゴンという口琴、コンコンという竹筒楽器が加わり、若
者たちの歌や踊りもみんなの息がぴったりと合っていた。黒色の衣装に
頭飾り、腰巻、それに首飾りも付けられ、円形に回っていた踊りは、8
の字を描くように変更され、歌も踊りもこれまで以上に完成度が高く
なっていたのである。初めて見た人なら、昔から村に伝わって来た歌と
踊りのように見えたであろう（写真 36）。

　ラノ・プロジェクトはこれで終わりとはならなかった。1997 年 10 月
1 日、ハリ・ラヤの夜、アサット率いる若者たちの歌と踊りがラジオで
流されることになったのである。POASM の年次集会で披露された歌と
踊りを見たラジオ局のスタッフが、公開放送の企画を持ち込んだのであ
る。この話を聞いた若者たちはまたもや踊りに変化を加え、練習に励ん
だ。マレー人歌手も出演するラジオの公開放送の話が広がり、この夜に
は、マレー人議員や周辺のオラン・アスリ、マレー人、華人、インド人
など多くの人々が村の広場を訪れた。

　大観衆のなか披露された踊りは、1年前とは比べものにならないほど洗練され、観客はみな歌い踊る若者たちを賞賛していた。録音された歌は、後日何度もオラン・アスリ専門のラジオ番組で流され、一時期、このラジオ番組を聴くことが村で大流行となった。

POASMとの関係強化

　1997年当時、ドリアン・タワール村は「イスラーム化」に大きく揺れていた。イスラームへ改宗した少数の村びとと改宗しない村びとの多数派の間には、一触即発の緊張関係があり、時にそれは警察沙汰や政府を巻き込む事態に発展した。そのような状況のなかで、村のアダット・リーダーたちは、イスラーム化を推進する政府やオラン・アスリ局に不信感を抱き、活動が活発化していたPOASMへの接近をはかったのである[7]。アサットや彼の兄のゲンレー（後にバティンに就任する）は、バティン・ジャングットの意を受けて、マジットと連絡をとり、POASMとバティン・ジャングットの間を取りもった。その後、ゲンレーはPOASMの幹部の一員になり、数年後にはアサットもPOASMの幹部になった。

　1997年12月、POASMの主だった幹部5名がドリアン・タワール村を訪問し、開発やイスラーム化をめぐる政府との交渉、子供の教育問題、そして生活上の諸問題などについて村びとと話し合いの機会を持った。村側からは、バティン・ジャングットをはじめとして20数名ほどが参加した。さらなる協力関係を強化するため、バティン・ジャングットがPOASMのヌグリ・スンビラン支部の「名誉顧問」になった。

　1998年4月には、前年と同様に、POASMの年次集会に村びとが参加

した。すでにゲンレーが POASM 幹部、バティン・ジャングットがヌグリ・スンビラン支部の「名誉顧問」になっていたこともあり、村びととPOASM との関わりは、前年と比べて一段と深くなっていた。

この時の年次集会では、バティン・ジャングットが村の問題、とりわけ「イスラーム化」をめぐる問題を取り上げ、村のコミュニティを分裂させるようなイスラームの宣教活動を行わないよう政府に要求してもらうために、POASM の協力を求めて積極的に発言していた。

ラノ・プロジェクトのその後

その後、ラノ・プロジェクトは、選挙活動中の国会議員に披露したり、学校行事で披露したり、毎年 8 月に JOAS などが主催し開催される「世界の先住民の日」のイベントで披露したりするなど、様々な展開を見せた。

現在では、学校や各地のイベントで披露することが慣例化しており、村の子供たちにとっては、自らのオラン・アスリ性を意識し、それを外に向けて表明するためのある種の通過儀礼のようなものになっている。小さな子供たちは、大きくなったらこの歌と踊りのグループに参加するのを楽しみにしており、実際にグループに入った子供たちはメンバーになったことを誇らしく感じているようだ。グループは世代交代を繰り返し、現在では 5、6 代目のメンバーとなっている。指導にあたっているのは、まだ結婚していない若者たちで、彼らが結婚して子供を持つ年齢になると、指導者も次の世代へと受け継がれていく。初代リーダーのアサットはすでに引退しているが、今でも彼はみんなから「ラノおじさん」と呼ばれ慕われている。

ラノ・プロジェクトが始まった当初は、村びとは「ラノの歌」などの伝統歌を少し軽蔑していたのだが、周囲のマレー人や華人などが事あるごとに彼らの伝統芸能を褒めてくれるので、ラノ・プロジェクトこそ自分たちが胸を張って誇れる文化の一つなのだと考えるようになっていっ

た。イベントの折には、伝統歌の由来や内容を、観客であるマレー人や華人に誇らしげに説明する村びとも出てくるようになった。

　現在も、イベントが近づくと、子供たちは年長の指導者とともにアダット会館で歌や踊り、楽器の演奏などの練習を行なっている。歌のレパートリーも増え、踊りもその時々でアレンジが加わっている。夕方練習が始まると、村びとはテレビやラジオを消して、村中に響き渡る素朴な歌声と、どこか懐かしい楽器の音色に耳を傾けている。20 年前に始まったラノ・プロジェクトは、今では村びとの多くが口ずさめる伝統的な歌として定着し、子供たちの踊りは村びとだけでなく、多くの人々を魅了する伝統芸能となっているのである。

　このラノ・プロジェクトをきっかけに、ラタンの篭やパンダヌスの茣蓙、そして、吹き矢などの「伝統工芸品」が注目され、華人などから注文がくるようになったことを付け加えておきたい。ラノ・プロジェクトは、POASM とのつながりばかりでなく、他の民族とのつながりを構築し、伝統文化を見直す契機ともなったのである。

　村では、POASM が行なっている活動やオラン・アスリ全体が抱えている問題についての話題が、村びとの会話や Facebook に日常的に出てくるようになった。このように、村びとたちが NGO 活動に関わり、NGO を介して友人・知人のネットワークを広げ、オラン・アスリ全体の問題についても関心を持つという状況は、私が村でフィールドワークを始めた頃には予想もしなかったことである。

　アサットはその後、兄のゲンレーとともに POASM の幹部となり、ますます積極的に POASM の活動に関与している。開発や土地権の問題が起きている村に、他の POASM のメンバーとともに訪問し、村びとの相談に乗っているのである。

　ただし、POASM の年次集会は、財政上の理由などもあり、今では開かれなくなっている。POASM の幹部として会計を担当するアサットは、

年次集会を開くためのスポンサー探しが難しいと語っていた。オラン・アスリだけが会員である POASM の活動は、限界が生じてきていると言えるのかもしれない。

　その一方で、COAC や JOAS は、オラン・アスリばかりではなく、サバ州・サラワク州の先住民も参加できる団体であり、国際 NGO とも連携している。POASM の活動に関与している人たちのなかにも、活動の中心を JOAS などのより大きなネットワークへと移している人たちが多い。

　そこで、次に、COAC で働いたことを契機に、JOAS などのネットワークで活動している村の女性、ジェニタについて紹介しよう。ラノ・プロジェクトに参加していた当時は高校生だったジェニタは、メンバーのなかでは最年少で目立たない存在であった。

5．ジェニタの活躍

　ジェニタは、POASM の年次集会やラノ・プロジェクト関係のイベントなどで、COAC のコリン・ニコラスと知り合いになり、2004 年からCOAC で働き始めた。彼女は、COAC の活動の一環として、ドイツやフィリピンなどの海外での会合に出かけたり、マレー半島に散在するオラン・アスリの村々を訪問したりした。そうした活動のなかで、オラン・アスリばかりでなく、サバ州・サラワク州の先住民との友人関係も広がっていったようである（写真 37）。

　2008 年 9 月にクアラ・ルンプールで開催された JOAS のワークショップで、若き NGO 活動家として活躍する彼女を目にした。彼女は、いつのまにか英語も流暢に話すようになっていた。ちなみに、このワークショップは、前年にマレーシア政府が批准した国連の先住民権利宣言の内容を、当事者である先住民の人たちに周知することや、マレーシア政府に先住民の権利を法的に保障してくれるように求めることなどを目的とするものであった（写真 38）。

写真 37　JOAS のワークショップで報告するジェニタ（2008 年）

写真 38　JOAS のワークショップでデモ行進する先住民。警察やマスコミも入り乱れ、大混
　　乱となった（2008 年）

写真 39　ワークショップに参加した村の若者たち（2008 年）

　ワークショップで、ジェニタはサバ州・サラワク州の先住民リーダーたちに交じり、オラン・アスリ側の代表の一人として中心的な役割を果たしていた。参加者に対してオラン・アスリ社会の現状報告を行なったり、COAC の一員としてワークショップの運営にも深く関わっていたのである。

　彼女はドリアン・タワール村の若者たちに声をかけ、ワークショップに参加させた（写真 39）。彼女が誘った若者たちはラノ・プロジェクトの中心メンバーだったのである。ワークショップの最終日、各地の先住民に伝わる歌や踊りが披露されるなか、ジェニタが歌い手となり、ドリアン・タワール村の「ラノ」の歌と若者たちの踊りが披露された。

　COAC や JOAS の活動に参加し、ワークショップなどで様々な人々と交流し、経験をつんだジェニタは、この後、自ら支援活動を立ち上げたいとの思いから、大学で教育や福祉について学び直すことにした。ドリアン・タワール村の子供たちや、COAC の活動で訪問したオラン・アスリの村の子供たちが、学校に通えなくて後々苦労しているのを見聞きしていたことから、彼女は、そうした子供たちを助けたいと思い、教育支援に関心を抱くようになったのである。現在、彼女は、パハン州のオ

ラン・アスリの村で村びととともに手作りの校舎を建てて、その学校を中心とした教育支援活動を展開している。

6．新たなつながりの回路としてのNGO

本章で紹介したラノ・プロジェクトのように、NGO活動は現在村びとに良い影響を与えている。少なくともNGOとの関わりに関して村内で対立や問題は起こってはいない。では、NGOという新たなアクターは村びとにどのようなプラスの影響をもたらしているのだろうか。

一つは、NGO活動を介して、村びとの人間関係が広がっていることである。ラノ・プロジェクトを通して参加したPOASMの活動によって、村びとは他地域に暮らすオラン・アスリの人たちと交流するようになっているのである。また、ジェニタを介して、COACやJOASなどのNGOとのつながりができたことで、そのネットワークは、オラン・アスリばかりでなく、サバ州・サラワク州の先住民にも広がっている。ドリアン・タワール村では、サバ州出身者と結婚した人たちが複数いるが、それはこうしたことも関係しているのである。さらに、マレー人や華人などのNGO関係者との交流も出てきており、それまでは、他民族との交流に二の足を踏みがちだった村びとの意識にも、若い世代を中心に変化が生じている。

NGO活動を介した関係は、オラン・アスリ同士、先住民同士の横のつながりが中心であり、関係の性質もオラン・アスリ局をはじめとする行政との垂直的な関係というより水平的なものである。同じ立場にいる者同士、つまり、差別や偏見を受けたり、開発によって被害を受けた経験のある者同士のつながりなのである。同じようなつらい経験を共有し、社会的弱者として互いに共感することにより、より強固な仲間意識も生まれている。また最近では、NGOで活躍している先住民の「エリート」たちに憧れる村の子供たちが増えてきている。子供たちの目には、集会

で先住民の権利などについて説明したり、政府の役人と交渉したりする大人たちの姿が、どこか頼もしく、かっこよく映るのであろう。その意味でも、NGO は、それまでの外部世界との回路とは異なる、新たな回路を村びと、特に、10 代や 20 代の若い世代の人たちに提供していると言える。

　村びとにとって有益なことの二つ目は、NGO 活動に関与しているゲンレーやアサットなどを介して、他村の状況や世界の先住民に関する情報が得やすくなったことである。NGO からの情報は、草の根レベルでの情報共有という意味合いが強く、それまで政府によって隠蔽されていた情報も村に入ってくるようになった。例えば、マレーシアが国連の先住民権利宣言を批准したことなどは、JOAS のワークショップが開催されるまで、政府から村の人たちに伝えられなかったばかりか、それ以後も伝えられてはいない。しかし、JOAS のワークショップに参加した村の若者たちからそうした情報を得ることにより、村びとは自らの先住民としての権利や土地権の問題を考えるようになっている。このような情報が村に入ってくることが、村びとの NGO 活動への関心や参加頻度を高めていると言えるであろう。実際に、他村に暮らす親族が起こした訴訟（土地権をめぐる訴訟）を支援したり、開発や土地権で問題を抱えているオラン・アスリの村に出向いて、アドバイスなどの支援を行なう村びとも増えてきている。

　それとは別に、NGO 活動で知り合った人々は、土地権などの先住民の権利や、開発に関する情報だけでなく、ラタンなどの商品作物栽培のアグリ・ビジネスや、行政の補助金を使ったビジネスなどの経済関係の情報交換や、大学進学などの教育関係の情報交換なども行なっている。アサットは、POASM 関係者からのアドバイスを受け、一時期、ラノ・エンタープライズという「会社」を作り、商品作物の販売や、道路清掃の下請けなどのビジネスをしていたこともあった。アサットの妹のノラ

ズィアーは、大学進学や就職に際して、大学に進学した経験のある
POASM 関係者からアドバイスを受けたり、教師となった今でも、オラ
ン・アスリが社会に出て、他民族と交流する際の心構えなどの情報交
換・意見交換を行なっている。一方、アサットやゲンレーが POASM の
幹部になったことにより、POASM とのつながりが強化され、村の若者
は大学進学などの教育問題について、アドバイスや助言を受けるように
なった。そのおかげもあり、村では、大学進学者や教師など公務員とし
て働く者が増えてきている。これは、NGO が村びとのエンパワーメン
トに貢献している例の一つと言える。

　そして、三つ目は NGO との関係を継続することにより、今後起こり
うる大きな問題に対して助言や支援を得やすくなるということである。
現在のところ、ドリアン・タワール村では、開発や土地権の問題などで、
POASM や COAC の支援を仰ぐような問題は起きてはいないが、こうし
た NGO とのつながりを維持していくことは、リスクマネジメントとし
て必要である。その意味で、NGO との関係は彼らにとって不可欠なも
のとなっている。開発や土地権の問題を支援するばかりではなく、活動
に参加する人々を結びつけ、互いに助け合う関係を築くための交流の場
を提供することも、NGO の重要な役割である。情報や人間関係から孤
立しないことが、グローバル化の時代を生きる術なのかもしれない。ラ
ノ・プロジェクトの事例で紹介したように、村びとはラノ・プロジェク
トを契機に、村の家族・親族以外の多くの人々と世代を超えて交流する
ようになっていったが、そのようにして構築された関係性は、将来的な
リスクを考えた場合、村びとにとってプラスに作用するであろう。

　村びとは、POASM だけでなく、オラン・アスリ局などの行政当局と
も関係を維持するなど、以前よりも、政府への対応が器用になっている。
POASM から様々な情報や対応の仕方などを入手できていることが、政
府への対応にプラスの影響が出ているようである。

村びとがこうした NGO 活動に参加する要因は、以下で述べるように、NGO 組織そのものの性質と NGO と村びととの関係性、その両方の特性が関係していると考えられる。

　まず、NGO は、行政機関と異なり、個人と個人のつながりによってネットワークが形成されているという特徴がある。行政機関のような上意下達の位階的な組織化が行なわれているわけではなく、一人ひとりのつながりが細かな網の目のように形成されたネットワークによって、組織が維持されているのである。つまり、行政機関を垂直的な組織と考えるならば、NGO は水平的な関係によって構築されたネットワークであると言える。こうしたネットワークは、その性質上、自由な広がりと情報伝達や支援体制の構築の迅速さを兼ね備えているのである。

　また、オラン・アスリ行政を担うオラン・アスリ局は、オラン・アスリの統治を目的としており、オラン・アスリにとっては時に敵対的な関係になる組織である。その上、組織の上層部がマレー人によって占められているため、多くのオラン・アスリ職員は行政側に立たざるを得ないという状況もある。それに対して、オラン・アスリおよび同じ先住民によって構成される NGO は、オラン・アスリの支援を目的としており、権利回復や差別撤廃を求めるなど、同じ理念や方向性を持つ人々のつながりだと言える。

　こうした NGO の特性に起因して、村びとと NGO の関係性もまた柔軟で自由度が高く、親和的なものとなっている。誰もが気軽に参加できるだけでなく、次世代へと続く持続性があることも特徴であろう。さらには、構成員のほとんどがオラン・アスリもしくは同じ先住民であるため、親近感を持ちやすく、家族や親族のような関係性を築きやすい。実際に NGO 活動で出会って結婚する人たちも出てきている。村びとにとって NGO という新たなアクターは、高く厚い壁を越えなくても外部とつながることのできる回路となっているように見えるのである。

　こんにち、NGO はオラン・アスリをはじめとする先住民のネット
ワークを構築し、開発による土地の収奪や様々な差別などに立ち向かう
彼らを支援している。グローバル化によって世界や社会が急速に変化し、
彼らの生活を脅かす事案が次々と起きるなか、こうした NGO が出現す
ることもまた、歴史的な必然であったように思う。オラン・アスリは歴
史のなかで柔軟に、そしてしなやかに時代の流れに合わせて生きのびて
きた民族である。今後もまた、彼らは、NGO という新たなアクターと
関係を取り結びながら、グローバル化というこの激動の時代を生き抜い
ていくであろう。

おわりに

　人類は太古の昔から家族や親族といった血縁によるつながりを基盤として互いに助け合い、分かち合いながら生きてきた[1]。大自然の厳しい環境のなかで、非力な人類が単独で生きることが不可能であったのは言うまでもない。しかし、人類は平穏無事に家族や親族だけで生きてきたわけではない。食糧の奪い合いなどを原因として、争いが起きるようになったのである。貨幣システムの出現や武器の発明もまた争いの原因となり、争いを激化させたであろうと考えられている。家族や親族のみの小さな集団は、迫り来る敵の脅威に対抗するため、婚姻や交易を通して他のグループと関係を築き、より大きな集団となっていったのである。やがて都市が出現し、国家がつくられる頃には、その頂点に君臨する王に強大な富と権力が集中することになった。こうした財産や権力を王の死後誰が引き継ぐのかといった問題を解決するためのシステムが、歴史のある時点で現れたのである。

　エマニュエル・トッド（2016a; 2016b）によれば、世界の歴史のどこかの段階で、ユーラシア大陸の中心地域において、父から息子へと権力が継承されるような父系制が生まれ、それが帝国や王朝、国家の拡大とともに周辺部へと伝わり、時には上からの強制という形でそれぞれの社会に浸透していったという。実際、中国、インド、中東の各地域では、父系制が社会の主流となった。一方、トッドによれば、母系制はこうした

---

[1] 近年、考古学、霊長類学、脳科学、心理学などの分野で、人類がその進化の過程で受け継いできた「協力行動（利他的行動）」や「分かち合い」への注目が集まっている。例えば、脳科学や霊長類学では、共感を生み出す脳の神経細胞ミラーニューロンが注目され（山極 2014: 159-162; イアコボーニ 2009）、心理学やミーム学の分野でも利他主義について盛んに論じられている（佐倉 2000、2001; ブラックモア 2001）。

父系制の拡大に対する反動として父系制地域の周辺で出現したのだという[2]。

　父系制や母系制は、一系的な集団を形成する原理であり、ある者はその集団に属することは認められるが、ある者はその集団から排除されるような原理である。敵味方に分かれて戦う場合には、集団の境界線が必要であり、父系制などの一系的な原理が採用されたと考えられる。

　一方で、例えば山間部や海域など、父系制や母系制の影響が及ばない地域では父系にも母系にも固執しない双系的なシステムが形成されている。双系的な集団は、一系的な集団とは違い、誰かを排除するのではなく、すべての成員を包摂するような原理によって成り立っている。父方、母方、双方のいずれの人々ともつながりをつくっていける融通の利く原理と言っても良い。トッドは、こうした社会のシステムを人類本来の古代的で未分化なシステムであると述べている。ここでは、それを原初的な社会システムと呼んでおく。

　以上のような観点から考えると、本書で解析してきたドリアン・タワール村の社会システムは原初的な社会システムに近いものだと言える。第4章と第5章では共時的な分析をしてきたが、人類史的な視点で見てみると、ミナンカバウ社会から伝播した母系制の影響は表層的で、彼らの社会の基盤的な部分では昔から何も変わっていないという見方も可能である。実際、双方的にたどる親族関係は現在でも見られるし、妻方居住にこだわらない居住のあり方も認められている。ルールがないことがルールのような原理、状況次第で臨機応変に対応できる融通無碍な原理、つまり、双系的な原理というものが、彼らの社会に通底しているのである。

---

　[2] トッドはこうした現象を「父系変動」という概念で説明している（トッド 2016a: 58）。

助け合い、分かち合いの関係性

　ドリアン・タワール村における双系的な社会システムが原初的である
ということと、今なおこの村に助け合い、分かち合いの関係性が存在し
ていることの間には相関性がある。村では、誰も排除しない双系的な親
族関係で互いに結びついた人間関係のなかで、助け合い、分かち合いが
行なわれている。双系的な社会システムと、家族、親族での助け合いや
分かち合いは、いずれもが、人類が初期の段階で自然につくりあげた社
会システムであることも、大いに関係しているだろう。本書の「はじめ
に」では、「日本の家族は変わっても、この村の家族は変わらない。村
の人口も減らない」と述べているが、かつての日本の直系家族と違って、
ドリアン・タワール村の家族や親族は母系の理念が強まっているものの、
実際には誰かが排除されるような一系的な関係で結びついていない。そ
うであるがゆえに、広い範囲で双方的に親族とつながり、仲間を減らさ
ずに済むようにできているのである。そして何よりも重要なのが、双方
的な親族の人間関係のなかで助け合い、分かち合って生きてきたという
ことであろう。

　オラン・アスリは歴史に翻弄されながらも、権力者の支配から逃れ、
助け合いや分かち合いの関係性を森の奥深くで醸成させ、生存のために
維持しようとしてきた。もちろん、奴隷略奪やイスラーム化などによっ
て、権力者側の軍門に下った人たちもいたであろう。森林産物の交易で
は、パトロン－クライアント関係など、外部からの介入を受けた場合も
あったかもしれないが、彼らの社会の内部では、助け合いや分かち合い
の関係は維持された。つまり、オラン・アスリは、そうした外部の圧力
にさらされながらも、熱帯雨林の森の奥深くや海域などの辺境の地に逃
れるなどして、権力の側に入らずにいた人々の末裔なのである。こんに
ち、彼らがマイノリティであるのは、助け合い、分かち合って生きる
人々が現代において極めて少数になっていることの証なのかもしれない。

ドリアン・タワール村の家族や親族のつながりや、そのなかで見られる助け合いや分かち合いの関係性は、開発やイスラーム化などの大きな影響を受けながらも、この 20 年の間、ほとんど変わっていない。NGOなどの外部世界との交流を通じても、現段階では変わっていないように見える。その理由を考えてみると、村の社会が変化をしていないのではなく、実は、彼らのつながりや関係性のあり方というのは、変化に耐えうる柔軟性を従来から持っていたのであろうという見方も可能である。臨機応変で融通無碍な、一見すると組織原理がないような社会なのかもしれないが、実際に、彼らは、原初の時代からそうした社会のあり方を保ち続けてきたのである。それこそが彼らの社会の本質であり、その本質が変わらないからこそ、家族・親族の人間関係や助け合い、分かち合いという関係性もまた、いかなる社会変化にも耐えながら維持されてきたのであろうと今では考えている。

NGO というアクター

　オラン・アスリは、これまでの歴史のなかで、どんな過酷な状況におかれても、家族や親族で助け合いながら生きのびてきた人たちである。助け合いが彼らにとっての唯一の生存戦略であったと言っても過言ではない。しかし、現在彼らは、開発やイスラーム化など国家による強大な圧力にさらされている。開発により彼らが生きてきた森や彼らの住処が奪われ、さらに、イスラーム化は村のコミュニティの分断をもたらし、こんにちまで保たれていた村びとの結束が揺らぎ始めているのである。国家は彼らの味方ではなく、被差別民である彼らに手を差し伸べる周囲の民族もほとんど存在しない状況において、彼らはますます孤立してしまっていた。

　そのような孤立無援の彼らに手を差し伸べたのが、NGO というアクターである。NGO は新しい理念をかかげ、オラン・アスリなどの弱者

の支援を始めた。そして、オラン・アスリは NGO 活動に関与する村び
とを介して、家族・親族以外の他者とのネットワークを築いていったの
である。それは親族だけでなく民族といった壁をも超えた大きなネット
ワークとなりつつある。孤立した弱者であるオラン・アスリが強大な相
手と対峙するために、つながりを広げ、より大きな勢力やネットワーク
を形成しようとしているのである。こうした動きは、人類がその昔、敵
の脅威に対抗するために、婚姻や交易を通して他のグループと関係を築
き、より大きな集団となって生きのびようとした生存戦略と重なって見
える。

　この新たなつながりがオラン・アスリ社会にどのような影響を及ぼす
のか、ということは、オラン・アスリの歴史のみならず、人類の歴史を
考える上でも重要となるであろうが、それはまた新たな研究テーマとし
て取り組んでみたいと考えている。

　ともかくも、NGO 活動を介した関係性は外に向かって広がり始めて
いる。NGO がつなぐ関係性は、それまでの国家との垂直的な関係では
なく、水平的なつながりである。そのため、その関係はオラン・アスリ
という民族カテゴリーを超え、マレーシア先住民というカテゴリーにま
で広がっている。そして、この先、インターネットや SNS によって、
世界の先住民や世界の人々にまでつながっていく可能性も秘めているの
である。

助け合いの人類史へ

　オラン・アスリを対象とした人類学研究は、私のなかで、村のコミュ
ニティでのフィールドワークから、次第に、村を超えた NGO のネット
ワーク、さらには世界各地で同時多発的に発生した「グローバル支援」
へと、関心の幅が広がってきている。最近になって、村の家族や親族に
ついて考えるようになったのは、村びとが NGO 活動を通して、家族や

親族の関係を超えた新たな関係性を築いている状況に関心を抱くようになり、「助け合い」「分かち合い」という観点から、家族や親族について改めて再考したいと思い立ったからである。この点で、私の研究は、人類学における従来の親族研究とは異なったアプローチと言える。外部のアクターの関与によって築かれる新たな関係性と、従来の家族や親族による助け合いや分かち合いの関係性が、どのような影響関係にあるのかを探究するものなのである。

そこで、本書では、今後の新たな研究への出発点として、家族とは何か、親族とは何か、家族・親族を超える関係性とは何かという問いを立て、これまでの私自身の研究を整理しながら考察を進めてきた。

本書での議論は、残念ながらまだ試論にすぎない。今後は研究をさらに進めながら、「助け合い」「分かち合い」の未来の形を追究するとともに、助け合いや分かち合いという関係性が人類にもたらす影響について、オラン・アスリの事例を中心としつつ、「助け合いの人類史」に向けてさらなる探究を続けていきたいと考えている。

世帯の記録

　ここでは、個々の世帯状況に関してまとめた「世帯の記録」を提示する。より詳細な内容については、拙稿（信田 2004a）を参照。

　それぞれの世帯の系譜図には、名前と世帯調査当時（1997 年）の年齢を書き込んでいる。一部、本書で使用している名前と違う部分もあるが、それについては付記している。

　世帯調査を実施する際に、世帯にそれぞれ番号をつけた。番号は世帯調査当時のものである。調査を進めていくと、個々の世帯はある種の親族群にまとまっていることに気づいたので、いくつかの親族群に分けた上で、個々の世帯の特徴を記述している。

　なお、世帯に関する文章中では、時制的な混乱を避けるため、1996 年から 1998 年の長期フィールドワーク終了後の情報については、できるだけ、それと分かるように記述している。また、系譜図の名前の左横の〇は、世帯調査当時に同居していた世帯成員を示している。結婚や離婚、死亡、子供の誕生など、その後の情報については、系譜図には加えていないが、文章中に追記している。ただし、長期フィールドワーク期間中に生まれた子供については、番号と名前は付していないが、世帯人数には加えている。

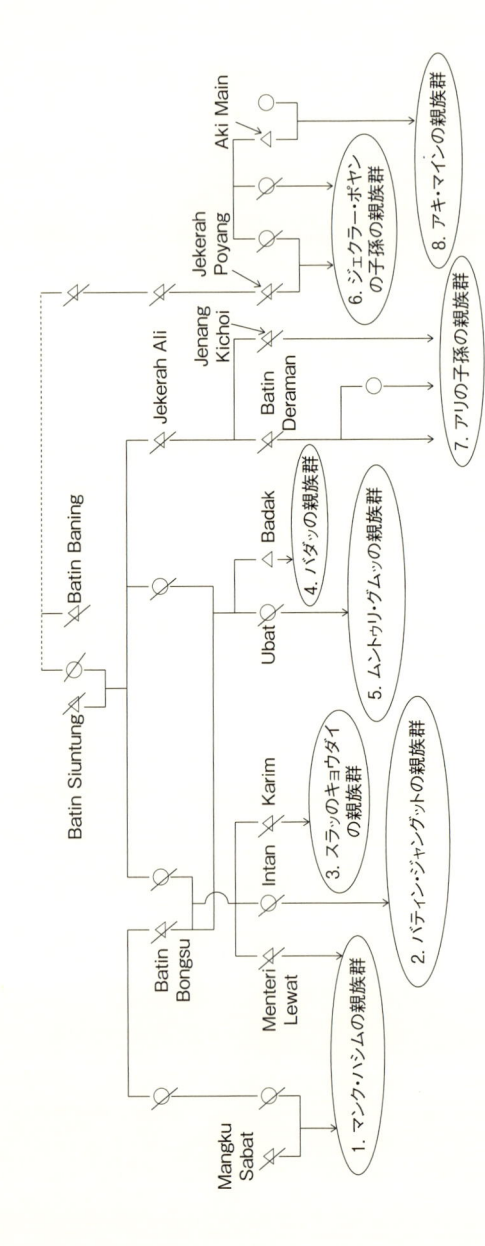

図 5　親族群の系譜図（1997 年当時）

1．マンク・ハシムの親族群

No. 1 から **No.12** までは、ムントゥリ・レワットの妻やそのキョウダイの親族群である。世帯調査時には、**No. 9** のハシムがマンクの称号を継承して、この親族群のリーダーとなっていた。彼らの祖先（バティン・ボンスとその姉妹）は自然消滅したチェルゴンという集落の出身者であった。

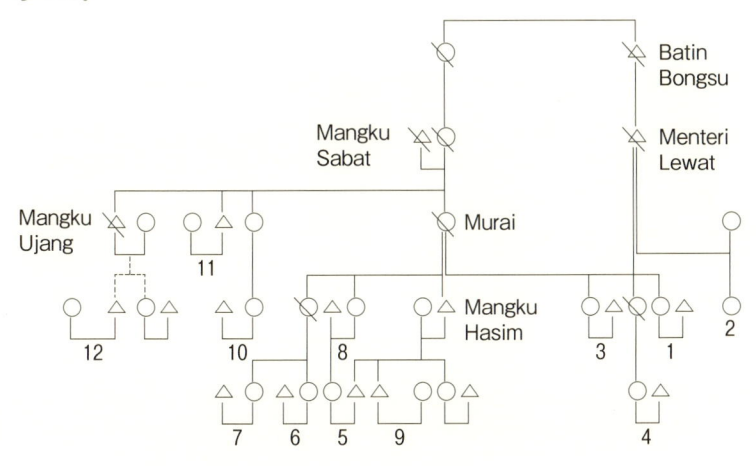

図6　No.1からNo.12　　数字は世帯番号（以下、同様）

No. 1

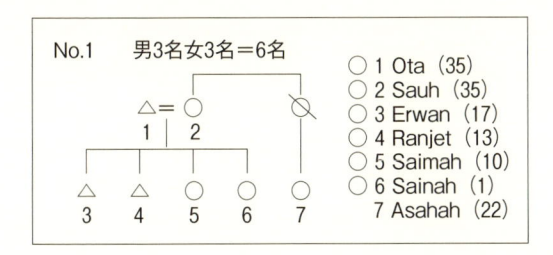

オタ（Ota）は、アカイ村出身。妻サウー（Sauh）はムントゥリ・レワットの実子。1979 年に結婚した。

ドリアン果樹園やゴム園の多くは、ムントゥリ・レワットからの相続ないし、彼の影響力によって得たものである。

オタは働き者で、ゴム採取による彼の世帯の収入は村で多い方である。オタはサウーの女キョウダイを核とする親族群の頼りになる働き手で、この親族群のリーダー的存在である。

オタとアバイ（No.13）はイトコ同士であり、No.57 のアキ・マインはオタにとって母方オジにあたる。

サウーの姉の娘で同居していたアサハー（Asahah）は、1995 年にジャクン（Jakun: オラン・アスリの下位民族集団の 1 つ）の男性と結婚。結婚後は夫の出身であるジョホール州のエンダウに住み、世帯調査時には村に住んでいなかったが、その後、ドリアン・タワール村に家族で移住してきた。アサハー夫婦の間には、子供が数人いる。夫は働き者で、新たに家を建築した。

No. 2

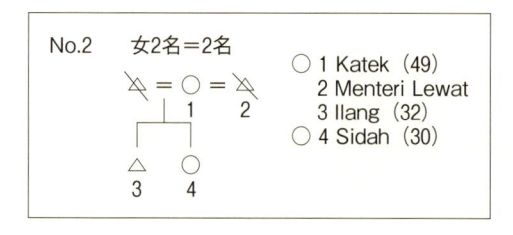

スィダー（Sidah）の母カテツ（Katek）はムントゥリ・レワットの 4 番目の妻。カテツとムントゥリ・レワットの間に子供はいなかった。スィダーはムントゥリ・レワットの実子ではなく、カテツの前夫との間の連れ子であった。スィダーの兄イラン（Ilang）は結婚後、パハン州に住んだ。1996 年 11 月にムントゥリ・レワットが亡くなった後、彼が所有していたゴム園の一部はスィダーに相続された。カテツは 2003 年に亡くなった。

No. 3

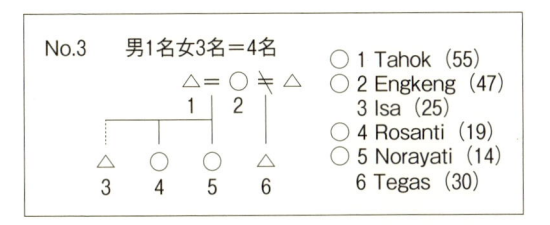

　タホッ（Tahok）は Panglima Sutan の称号保有者。タホッはスレンバン近郊のパンタイ出身。最初の妻（パンタイの女性）とは離婚。ポテー（No.26）らのイトコにあたるビハと結婚したときから、ドリアン・タワール村に移り住んだ。その後ビハとも離婚。そしてエンケン（Engkeng）と結婚した。エンケンもまた、ダラム村出身の男性との離婚経験があった。エンケンには前夫との間に子供（トゥガス（Tegas））がいたが、世帯調査当時は、すでに結婚してスランゴール（Selangor）州のブラナンに住んでいた。タホッとの間には2人の娘がいた。タホッ夫婦の間に、子供がなかなかできなかったため、タホッの妹（プユー（No.11）の妻）の子供を養子としていた。しかし、養子のイサ（Isa）は、タホッと折り合いが悪く、1997年、ルンバウのオラン・アスリ集落の女性と結婚し、現在はそこに住んでいる。

　マンク・ハシムの死後、同じ母系出自集団に属するトゥガスが、マンクの称号を継承した。トゥガスは、ドリアン・タワール村に移り住まず、ブラナンで家族と暮らしており、結婚式や葬式などの儀礼がある際にドリアン・タワール村を訪れる形でその役目を果たしている。

No. 4

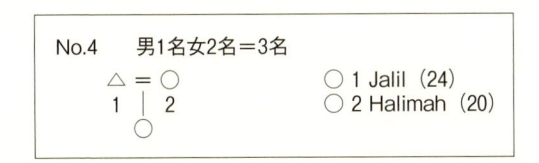

ジャリル（Jalil）の父はマレー人で、母はオラン・アスリ（パハン州のトゥムアン）。両親はイスラム教徒だが、彼自身はイスラム教徒ではないという。1996 年に結婚。妻ハリマー（Halimah）はエンケンの姉クディーの娘。クディーの夫は 2 人目の子供が生まれると、同じジェルブ郡にある出身村のドゥスン・クブール村に帰ってしまった。その後、離婚。ジャリル夫婦は、当初はタホッ夫婦と同居していたが、1997 年に娘が生まれてからは、タホッ夫婦の家の裏側に簡素な家屋を建設した。その後、子供が数人生まれた。

No. 5

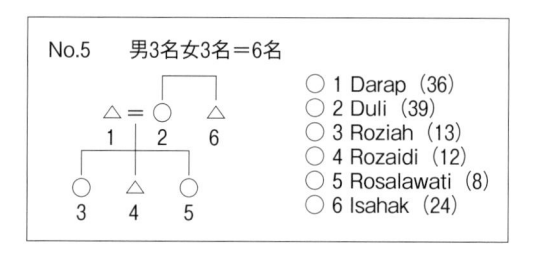

ダラップ（Darap）はマンク・ハシムの長男で、ドゥリ（Duli）はマンク・ハシムの姉ブチェーとカルの間の長女。交叉イトコ婚である。ドゥリが 3 歳年上である。世帯調査当時は、ドゥリの弟のイサハッ（Isahak）が同居していた。

ダラップは、午前中はゴム採取、午後はプタイなどの森林産物採集や狩猟に従事する。したがって、ゴム採取による収入だけで、彼らの家計を判断することはできない。1998 年に、バティン・ジャングットによって与えられた宅地に家を建設し、家族で新しい家に引っ越した。元の家には、ダラム村に住んでいたダラップの弟シボが、家族で移り住んだ。この弟家族もダラップの家の隣に新しい家を建設した。その後、シボの長男コサムは、ゲンレーの娘ザラフェラと結婚した。

また、ダラップの娘ロサラワティ（Rosalawati）は、No. 13 のデニと結婚した。子供が生まれた後は、ダラップ夫婦が元々住んでいた家に住んでいる。

No. 6

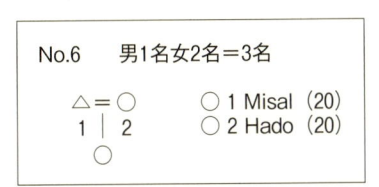

No.6　男1名女2名＝3名

△＝○　　　○ 1 Misal （20）
1　｜ 2　　○ 2 Hado （20）
　　○

　ミサル（Misal）はアジョイ（No.28）の息子。アジョイはミサルの妻ハド（Hado）と同じ母系出自集団に属する。父親のアジョイは近親婚であるが、息子ミサルもまた近親婚であった。

　彼らはアダットで禁止されているインセストに抵触する近親婚であったため、正式な手続きを踏むことはできなかった。1996年10月1日のハリ・クスダラアン（通称：ハリ・ラヤ）という年に一度の村の祭りの夜、ハドの親族であるカルラによって、ミサルはハドの家で同衾しているところを取り押さえられたのである。バティンから裁定を受けた後、結婚式が行なわれた。こうした結婚は、村ではタンカップ・バサーによる結婚と呼ばれている。

　妻ハドは、幼稚園の助手をしていた。その後、娘をはじめ数人の子供が生まれた。

　1992年にハドと彼女の母親（1996年6月に亡くなった）が住むために建てられた家屋は、ヤシの葉などを使った簡素な作りで、火災の恐れがあるため、電気を通すことができないものであった。水道は姉イラム（No. 7）の家から引いていたが、その後、PPRTという貧困家庭に家屋を提供する政府の支援を受け、新たな家を手に入れた。

　姉のほかに、男キョウダイが2人いて、そのうちの1人はスランゴール州のブラナンに住み、キリスト教に改宗していた。もう1人も結婚して、スランゴール州のウル・ランガットに住んでいた。

No. 7

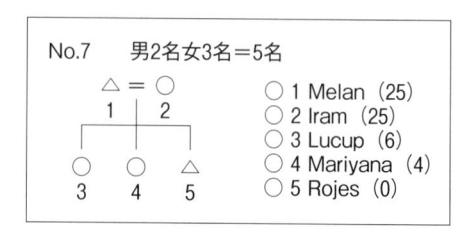

No.7　　男2名女3名＝5名

△ ＝ ○
　1　　2
○　　○　　△
3　　4　　5

○ 1 Melan （25）
○ 2 Iram （25）
○ 3 Lucup （6）
○ 4 Mariyana （4）
○ 5 Rojes （0）

　ムラン（Melan）はスレンバン近郊のパヤ・ルバール村（Kg. Paya Lebar）の出身。当時、パヤ・ルバール村はイスラム教徒用家屋建設プロジェクトのために村の土地の一部が収用されていた。彼はその補償金を受け取っていた。ダラ（バティン・ジャングット（No.14）の第5妻）の母は同じ村の出身であり、ダラとムランは同じ母系出自集団に属する。そのため、ムランはダラの娘スハイナの結婚式では新婦側の親族として婚姻儀礼に出席した。

　ムランは自らのゴム採取収入だけでは不足なのか、アマンのゴム園を借りて採取作業をしたり、ブディルの手伝いをしたり、ラタンの採集をしたり、その時々の状況に応じて生業を変えていた。こうした働き方は、子供がまだ小さく、ゴム園やドリアン果樹園もあまり所有していない、結婚間もない夫婦に見られる。子供の衣服代、教育費、医療費などに現金収入が必要な時期なので、収入の多い仕事を次から次へとこなしていったのである。

No. 8

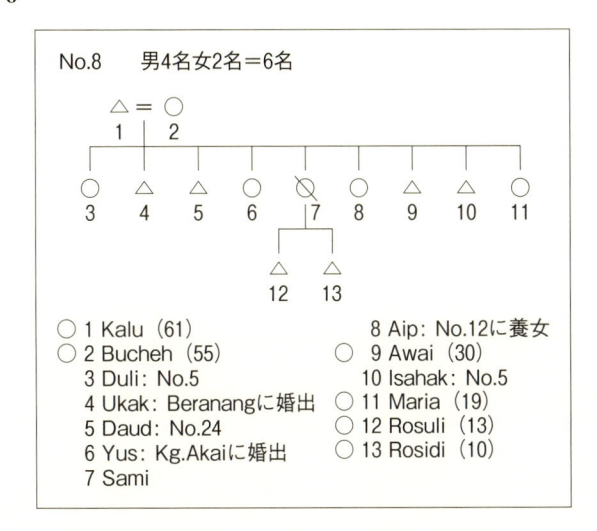

No.8　男4名女2名＝6名

○ 1 Kalu （61）
○ 2 Bucheh （55）
　 3 Duli: No.5
　 4 Ukak: Beranangに婚出
　 5 Daud: No.24
　 6 Yus: Kg.Akaiに婚出
　 7 Sami

　 8 Aip: No.12に養女
○ 9 Awai （30）
　 10 Isahak: No.5
○ 11 Maria （19）
○ 12 Rosuli （13）
○ 13 Rosidi （10）

　カル（Kalu）は狩猟の名人であり、森の知識を持ち合わせている。非常事態宣言期には連邦軍の下で働いていた経験があった。沈香（gaharu）やラタンが採れた時代には、息子たちとともに沈香やラタンの採集作業に従事した。当時はかなりの現金収入があり、村で最初にテレビを購入するなど、まさに全盛の時であった。その代わり、当時は酒をよく飲んでいた。森林産物の乱獲などによってブームが去ると、困窮に陥った。世帯調査当時は、テレビもなく（売却してなくなっていたのである）、古いラジオがあるだけであった。ゴム採取、ドリアン収穫、野菜（野草）の採集などで細々と暮らしていた。子供たちは成人していたが、親の生活を援助する様子はなく、カル夫婦も子供たちに頼る気もないようであった。

　カルはパンリマ・ガジャー（Panglima Gajah）という称号の保有者。彼は、バティン・ドゥランというアカイ村のバティンの息子の1人。キョウダイは12人いた。兄の1人が、ミロン（No.13）の父である。マンク・ハシムの妻アチ（華人）は、彼の姉の養女となった。妻のブチェー（Bucheh）は、ムライ（Murai）の娘である。この夫婦の関係に

ついては、本文（126 ページ）を参照。今では、カルもブチェーもこの世にはいない。

1997 年当時、同居していたのは、息子のアワイ（Awai）と娘のマリア（Maria）、そして亡き娘サミ（Sami）の 2 人の息子であった。サミはハントゥ・クニン（hantu kening）が原因で死亡したと言われている。ハントゥ・クニンとは夕方、空の色が黄色（kening）になるという異常気象の時に出てくるオバケ（hantu）を指す。精霊であるオバケが体内に入ったことが原因で死亡したのだと言われている。夫はキオップ（No. 60）の兄であった（その夫も、その後、森林伐採作業中の事故で死亡した）。

その後、娘のマリアはバティン・ジャングットの息子スハイランと結婚し、今では子供が数人いる。妻方居住の原則に従い、彼らはカル夫婦と同居していた。

No. 9

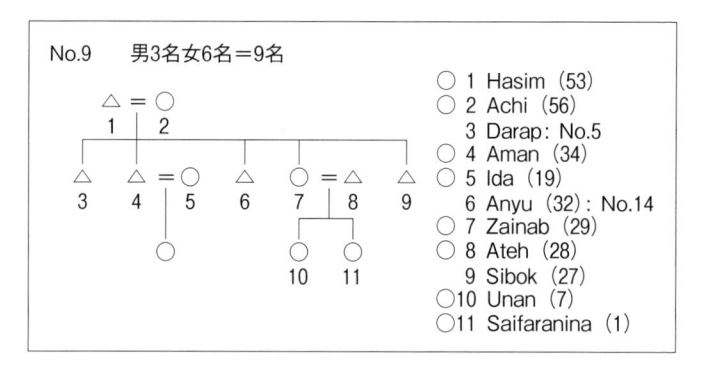

No.9　男3名女6名＝9名

○ 1 Hasim （53）
○ 2 Achi （56）
　 3 Darap: No.5
○ 4 Aman （34）
○ 5 Ida （19）
　 6 Anyu （32）: No.14
○ 7 Zainab （29）
○ 8 Ateh （28）
　 9 Sibok （27）
○10 Unan （7）
○11 Saifaranina （1）

ハシム（Hasim）はマンク（Mangku）の称号保有者。彼の家が村一番の裕福な家であったのは、義父ムントゥリ・レワットの遺した財産のおかげであった。妻アチ（Achi）はトゥオ・マンク（Tuo Mangku）の称号保有者。彼女は「純粋な」華人である。幼少の頃、両親が日本軍によって殺されたので、オラン・アスリの養女となり、オラン・アスリに育て

られたのである。かつて、ダラップが住んでいる家屋（No. 5）に住んでいたが、森林産物ブームで儲けた資金を基に、新たに大きな家を建てた。

　1997 年当時、同居していたのは、アマン（Aman）夫婦とザイナブ（Zainab）夫婦であった。当時、アマンは新居を建築中であった。アマンの妻は、パハン州出身のジャクン。その後、アマン夫婦は新居に移住し、子供が数人生まれた。

　ザイナブの夫、アテー（Ateh）はブラナン出身。狩猟採集の名人である。アニュ（Anyu）はバティン・ジャングットの娘スリア（Sulia）と結婚。当時はアニュとスリアの結婚によって、バティン・ジャングットとマンク・ハシムの間の結びつきは強化されたという見方があった。シボ（Sibok）はダラム村に婚出。その後、シボは妻子とともにドリアン・タワール村に移住。

　ハシム夫婦は、息子たちの協力を得て開拓地を広げ、森のなかにも多くの果樹園を所有していた。ゴム採取も積極的に行なっており、ドリアン収穫による収入は村のなかでも一番の高収入であった。アマンはムントゥリ・レワットから引き継いだゴムの仲買店を経営し、華人の仲買人との関係も強かった。

　華人の血筋が、生業形態や生業への取り組みに影響を与えている家族である。

　ハシム夫婦は、ザイナブ夫婦の子供たちが成長し、家が手狭になると、元の家屋（No. 5）に移り住んだ。隠居したのである。ハシムが食道癌で亡くなった後、アチは再びザイナブ夫婦と暮らしている。

No. 10

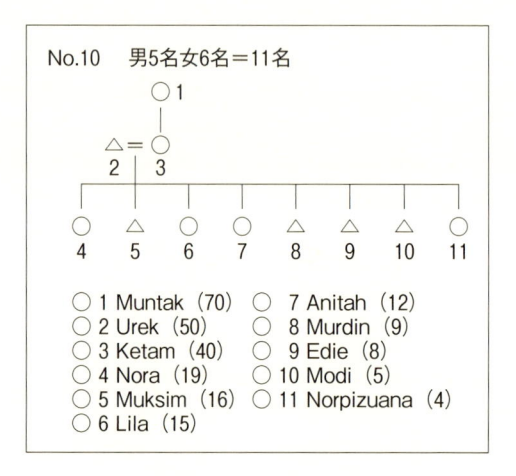

No.10　男5名女6名＝11名

○ 1 Muntak（70）　○ 7 Anitah（12）
○ 2 Urek（50）　　○ 8 Murdin（9）
○ 3 Ketam（40）　○ 9 Edie（8）
○ 4 Nora（19）　　○ 10 Modi（5）
○ 5 Muksim（16）　○ 11 Norpizuana（4）
○ 6 Lila（15）

　ウレッ（Urek）の父親はバティン・ドゥラマンである。ゴムの採取作業は妻クタム（Ketam）や義母ムンタッ（Muntak）が行ない、彼自身はプタイや森林産物の採集に従事していた。そして、時々、華人によって雇われた日雇い労働に従事した。ドリアンやラタンの仲買人である華人に多額の借金があった。ウレッは酒飲み（mabuk）。

No. 11

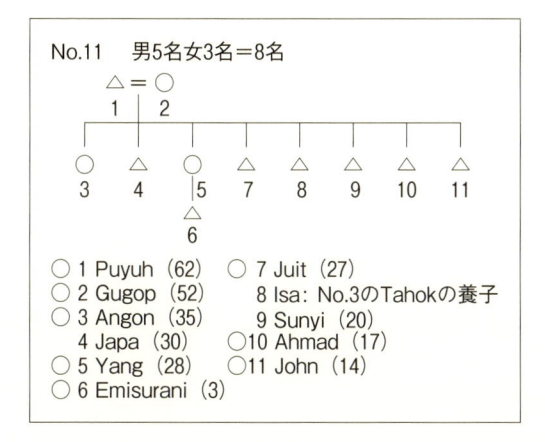

No.11　男5名女3名＝8名

○ 1 Puyuh（62）　　○ 7 Juit（27）
○ 2 Gugop（52）　　　 8 Isa：No.3のTahokの養子
○ 3 Angon（35）　　　 9 Sunyi（20）
　 4 Japa（30）　　○10 Ahmad（17）
○ 5 Yang（28）　　○11 John（14）
○ 6 Emisurani（3）

　プユー（Puyuh）は、吹き矢作りの名人。村のほとんどの吹き矢は彼が作っていた。彼の家族は、子供が多いこともあり、困窮していた。それは、酒飲みがいるからではなく、子供の多さによる貧しさであった。長女には知的な障がいがあった。

　長期フィールドワークの期間中には、家の裏に伝統的な家屋を建てたが、それはたんに家を建築するための資金がないためで、いわゆる伝統回帰という現象とは言えないものだった。妻グゴップ（Gugop）は、タホッの妹。働き手は息子ジュイット（Juit）だけであった。他の息子たちは婚出していた。夫がオートバイ事故で亡くなった娘ヤン（Yang）親子も同居していた。

No. 12

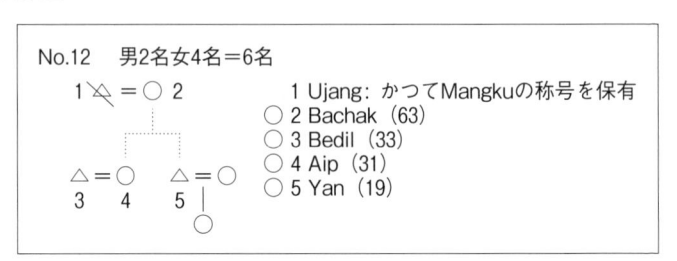

```
No.12    男2名女4名＝6名
      1▷◁ = ○ 2              1 Ujang: かつてMangkuの称号を保有
                             ○ 2 Bachak （63）
                             ○ 3 Bedil （33）
                             ○ 4 Aip （31）
  △ = ○    △ = ○             ○ 5 Yan （19）
  3    4    5  |
            ○
```

　ブディル（Bedil）はアキ・マインの末子。実兄ユウの紛争――ユウが No.13 の家に酔っぱらって怒鳴り込んだ事件――の時、兄に代わってバティン・ジャングットから裁定を受ける。この事件の詳細については、拙稿（信田 2003）を参照。

　ブディルの仕事は、家屋建設作業を請け負ういわゆる大工である。ムランやウレッの息子、そしてイナン（Inan）（No.54）やアキ・マインの孫などを雇う。

　妻アイプ（Aip）はカルの娘だが、マンク・ウジャンに子供ができなかったので、養女となっていた。マンク・ウジャンの妻バチャッ（Bachak）が同居。彼ら夫婦にとっては「母」である。アワス（No.61）やキオップ（No.60）の父はバチャッの兄弟である。

　ヤン（Yan）は、No.34 のバンコン夫婦（妻ビルがマンク・ウジャンと同じ母系出自集団）からの養子である。彼は、スランゴール州のオラン・アスリの村に婚出していたが、結局、経済的な理由から妻と子供（男子）とともにこの家に住むようになった。その後、数人の子供ができた。

　もう１人、バチャッの兄弟からの養子もいたそうだが、幼少のころに亡くなってしまったという。

　この家族は、すべて血のつながらない家族である。ヤンには子供がいるが、ブディルとアイプの間には子供ができなかった。

　ブディルは実質的な舅・姑（mentuha）であるカル夫妻と姑のバチャッの面倒をよく見ていた。彼らが沈香の採集のために森でキャンプするときや、町に出かけるときには、ブディルが自動車で送り迎えをしていた姿が印象的であった。

2．バティン・ジャングットの親族群

No.13 から **No.25** までは、バティン・ジャングットのキョウダイの親族群となっている。ピンダーを祖とする母系出自集団の一翼を担うグループである。バティン・ジャングットは、前妻の子供たちとの間に確執があったので、必ずしも一致団結したグループとなっていなかった。ジェナン・ミサイの子供たちのように、次世代の子供たちになると、それぞれキョウダイ間の結束は強かった。

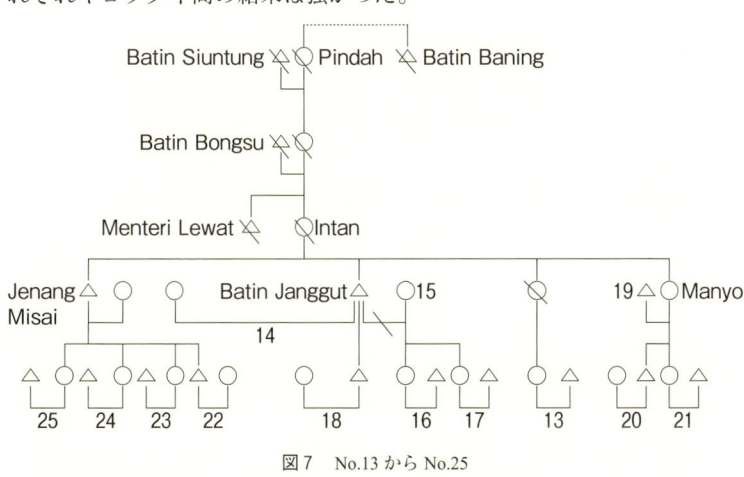

図7　No.13 から No.25

No. 13

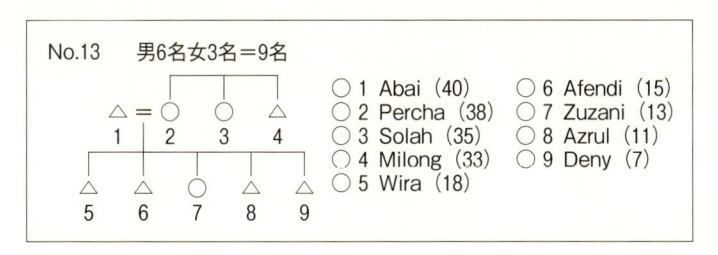

アバイ（Abai）はアカイ村出身で、父はアカイ村のかつてのバティンの兄の息子。妻プルチャ（Percha）とは第2イトコの関係にあった。プルチャの父はそのバティンの息子であった。アバイの父は、リーダー的素質を持った人物だったが、イスラームに改宗し、イスラム教徒であるトゥミアール（Temiar）の女性と再婚した。アバイの母は、アキ・マインの妹で、オタの母の妹でもある。

　プルチャの父はカル（No. 8）の兄。妻アモッ（Amok）の死後、アカイ村で再婚した。プルチャの母アモッはバティン・ジャングットやジェナン・ミサイの妹であった。アカイ村のバティンは、プルチャの弟である。また、世帯調査当時は、弟ミロンが同居していた。その後、ミロンは、No.41のナー（Nah）と結婚し、ナーの実家に移り住んだ。さらに、その後の経緯については本文（130-131ページ）を参照。妹ソラー（Solah）はスレンバンの工場で働いていたが、退職後村に戻ってきて、家を建てた。その後、白血病にかかり、療養中である。

　私はこの家族の養子である。つまり、プルチャの養弟（adik angkat）となったのである。プルチャはバティン・ジャングットの属する母系出自集団の核となっている女性の1人。しかし、長らく腎臓を患って、2015年に亡くなった。プルチャが亡くなった後、アバイは、アカイ村で生活することが多くなった。

　長男ウィラ（Wira）は、高校卒業後、職業を転々としたが、公用車の運転手に落ち着いた。マレー人女性と結婚し、イスラームに改宗した。子供が数人いる。ウィラについては本文（147ページ）も参照。アフェンディ（Afendi）は、スムライの女性と結婚し、同じヌグリ・スンビラン州にある妻の村に移住した。ズザニ（Zuzani）は、短期大学まで進み、公務員として働いている。アズルル（Azrul）は、No.25のハピサーと結婚し、ハピサーの家に住んでいる。彼も公務員として働いており、パンリマ・ムダの称号を保有している。デニは、既述したように、No. 5のロサラワティと結婚した。

No. 14

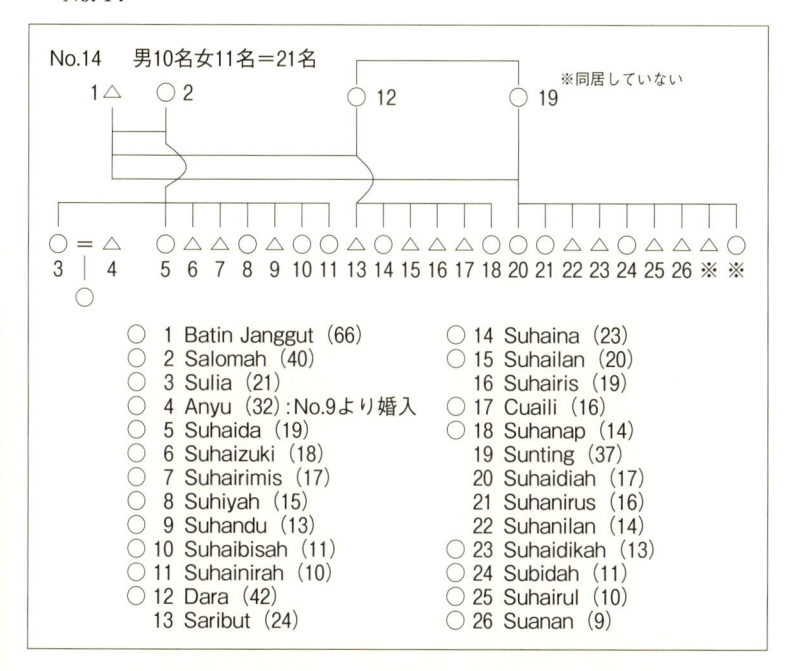

No.14　男10名女11名＝21名　　　　　　　　　　　　　※同居していない

	1 Batin Janggut（66）	○	14 Suhaina（23）
○	1 Batin Janggut（66）	○	14 Suhaina（23）
○	2 Salomah（40）	○	15 Suhailan（20）
○	3 Sulia（21）		16 Suhairis（19）
○	4 Anyu（32）：No.9より婚入	○	17 Cuaili（16）
○	5 Suhaida（19）	○	18 Suhanap（14）
○	6 Suhaizuki（18）		19 Sunting（37）
○	7 Suhairimis（17）		20 Suhaidiah（17）
○	8 Suhiyah（15）		21 Suhanirus（16）
○	9 Suhandu（13）		22 Suhanilan（14）
○	10 Suhaibisah（11）	○	23 Suhaidikah（13）
○	11 Suhainirah（10）	○	24 Subidah（11）
○	12 Dara（42）	○	25 Suhairul（10）
	13 Saribut（24）	○	26 Suanan（9）

　バティン・ジャングットは、同時にではないが、7人の妻を持ち、子供は合計で33人だった。ただし、バティン本人も名前や年齢などを把握しきれていなかった。世帯調査当時の妻は3人。バニン村で小学校の用務員として勤務していたダラ（Dara）（第5妻）とマンパス村の妻（第7妻）は、姉妹であった。サロマー（Salomah）（第6妻）はダラム村の出身であった。サロマーの母は華人でオラン・アスリに引き取られて養女となった。妻3人とも外向けには「妻」ではなく、「内縁の妻」としていた。なぜなら、それぞれが「間違った結婚（nikah salah）」だったからである。詳細については、拙稿（信田 2003）を参照。とりわけ、サロマーとの結婚（1978年）は、息子ティカやシンガーをはじめとするモイェム（第3妻）の子供たちとの確執の原因となった。サロマーはシンガーの妻の妹であり、サロマーとの結婚後、バティン・ジャングッ

トはモイェムと離婚した。

　ゴム園やドリアン果樹園などを多く所有していた（150 エーカーとも言われた）が、その大半をシンガーのキョウダイやティカなどの子供たちに相続させた。世帯調査当時、ドリアン・タワール村のゴム園では、スハイダ（Suhaida）などの子供たちが採取作業を行ない、ダラム村のゴム園ではバティン・ジャングット自ら採取作業を行なっていた。

　娘スリア（Sulia）はマンク・ハシムの息子アニュと結婚。一方、私が村を去った後の 1998 年 11 月、スハイダはアタウ（クアラ・ピラーに近いタンジョン・イポーの華人：実業家で村に出入りしているドリアン仲買業者の 1 人）と結婚した。スハイダについては、本文（147 ページ）参照。2002 年に弟のスハイズキ（Suhaizuki）が突然死した。デング出血熱が疑われた。その数年後、スハイリミス（Suhairimis）も突然亡くなった。スランゴール州のオラン・アスリ女性と結婚して間もない時だった。妹のスヒヤー（Suhiyah）は、バニン村で小学校教師をしており、スランゴール州のオラン・アスリ男性と結婚して子供もいる。

　スハイナ（Suhaina）は隣村のマレー人の村で小学校教師をしている。1998 年 1 月にスランゴール州出身のオラン・アスリ男性と結婚。弟のチュアイリ（Cuaili）もまた、小学校教師で、妻子とともにペラ州に住んでいる。

No. 15

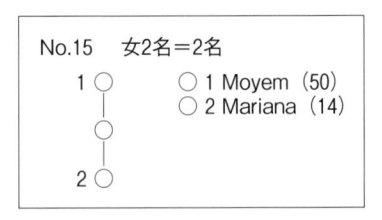

　モイェム（Moyem）はバティン・ジャングットの 3 番目の妻。ダラム村出身。しかし、バティン・ジャングットと離婚。世帯調査時は、孫のマリアナ（Mariana）と同居していた。家の裏手には No. 16 の娘アミナー（Aminah）が住んでいた。バティン・ジャングットが与えたゴム園とドリアン果樹園を所有していた。ゴム園で、娘とともに採取作業を

していた。彼女の第 1 イトコには、No.53 のエンタッがいた。

No. 16

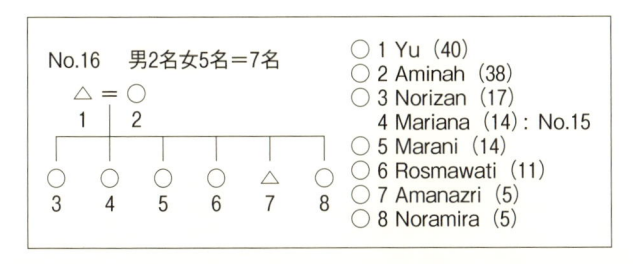

No.16　男2名女5名＝7名

○ 1 Yu （40）
○ 2 Aminah （38）
○ 3 Norizan （17）
　 4 Mariana （14）：No.15
○ 5 Marani （14）
○ 6 Rosmawati （11）
○ 7 Amanazri （5）
○ 8 Noramira （5）

ユウ（Yu）はアキ・マインの息子。大酒飲みでトラブル・メーカーだった。妻アミナーとの結婚には、バティン・ジャングットは猛反対した。ユウの前妻は死亡しており、アミナーは 2 番目の妻であった。

アミナーの兄シンガーは当初、ドリアン・タワール村に住んでいたが、その後、妻の出身村ダラム村に移住した。サロマーとの再婚や村の開発をめぐって、父バティン・ジャングットに猛反発していた。そして、ユウもまたバティン・ジャングットに反発していた。

子供たちは、村の言葉を話すことはなく、学校で習うマレーシア語を話していた。そして、一部を除いて、村びととの付き合いがなかった。息子は、窃盗をして捕まるなど、問題行動が増えるようになった。

アミナーの妹は、スィマー（No.17）を除いて、村を出て生活していた。そのうちの 2 人はクアラ・ルンプールのブティックで働いていた。また、1 人はオーストラリア人と結婚し、イスラームに改宗した（No.17 を参照）。

シンガーのキョウダイのうち、アユ（Ayu）だけが父バティン・ジャングットと良好な関係を保っていた。

No.15 のモイェムの家とこの家は、バティン・ジャングットの家の上方に隣接している。かつては、モイェムの家屋にバティン・ジャングットは住んでいた。対立している家族が隣接して暮らしていることは、緊張関係をさらに強める原因となっていた。

No. 17

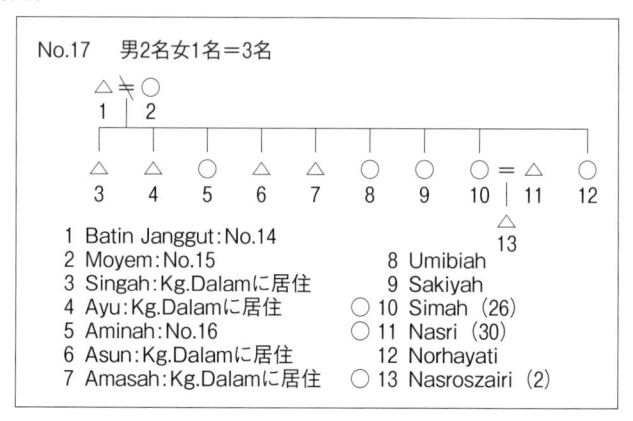

No.17　男2名女1名＝3名

1 Batin Janggut：No.14
2 Moyem：No.15
3 Singah：Kg.Dalamに居住
4 Ayu：Kg.Dalamに居住
5 Aminah：No.16
6 Asun：Kg.Dalamに居住
7 Amasah：Kg.Dalamに居住
8 Umibiah
9 Sakiyah
○ 10 Simah（26）
○ 11 Nasri（30）
12 Norhayati
○ 13 Nasroszairi（2）

　スィマーは幼稚園教師。夫はパハン州出身のジャクン。ラジオ（Radio Orang Asli という番組プログラム）のペン・フレンド制度を通して知り合った。世帯調査当時、夫はパハン州の州都クアンタンの建設現場に出稼ぎに行き、留守がちであった。スィマー夫婦が住んでいる家屋は、家屋建設プロジェクトで政府がバティン・ジャングットに与えたものである。

No. 18

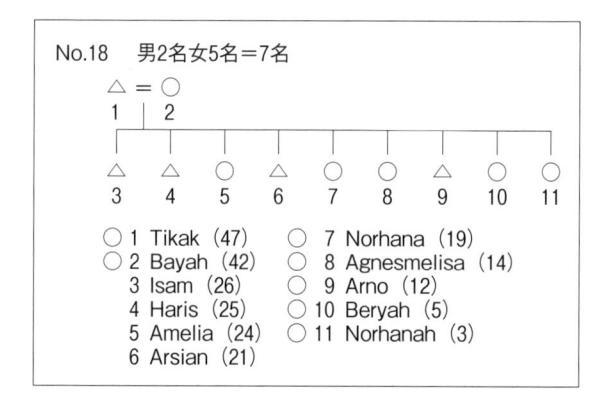

No.18　男2名女5名＝7名

○ 1 Tikak（47）
○ 2 Bayah（42）
3 Isam（26）
4 Haris（25）
5 Amelia（24）
6 Arsian（21）
○ 7 Norhana（19）
○ 8 Agnesmelisa（14）
○ 9 Arno（12）
○ 10 Beryah（5）
○ 11 Norhanah（3）

　ティカ（Tikak）はオラン・アスリ局の職員（1967-1979年）をしていたが、途中で退職して村へ帰ってきた。父バティン・ジャングットの「代理」として、RISDAやUMNO（United Malays National Organisation：統一マレー人国民組織、当時のマレーシアの最大与党）、JKKK（Jawatan-kuasa Kemajuan dan Keselamatan Kampung：村落開発安全委員会、村レベルにおける開発プロジェクトの配分を決定する委員会）などのプロジェクトにとって重要なポストに就いて、村の開発を進めた。しかし、進め方をめぐって父バティン・ジャングットと対立した。

　妻バヤー（Bayah）（マー・ムリとトゥムアンの混血）とはオラン・アスリ局職員時代に知り合い、結婚した。息子たちのほとんどは婚出していた。娘アメリア（Amelia）はマレー人と結婚し、イスラームに改宗した。

　この家はシンガーの家であった。シンガーとティカは異母同父キョウダイとして良好な関係を持っていた。

　長期フィールドワークの時期、当初、妻バヤーはゴム採取作業をしていたが、途中から止めてしまった。ゴム園は華人に賃貸していたり、アジョイ（No.28）の家族に貸していた。ティカは土地の転売（実際には、華人がティカの名義で土地登記の申請を行ない、ティカが手数料を受け取るということ）や木材伐採のコミッションを受け取る（伐採許可を申請して、華人業者が伐採作業を行ない、ティカが手数料を受け取る）など、政府との仲介が必要な仕事をしていた。UMNOのドリアン・タワール村の支部長という肩書きが申請の許可に有効であったようである。

　ティカは母を幼い頃に亡くし、バティン・ジャングットが男手一つで育てた。しかし、実際には、ティカはジェナン・ミサイ夫妻によって育てられた。ティカのゴム園やドリアン果樹園の一部は、ジェナン・ミサイが与えたものであった。

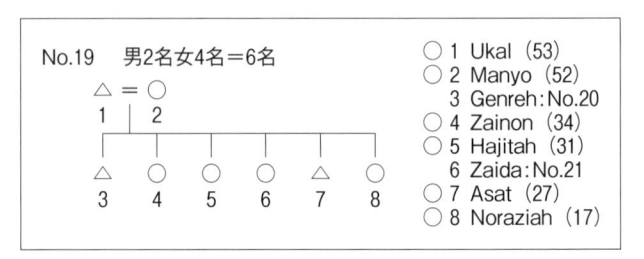

ウカル（Ukal）の妻マニョ（Manyo）はバティン・ジャングットの妹で母系出自集団の女性側の長でもある。

息子ゲンレーはかつてオラン・アスリ局職員としてパハン州で勤務し、家を留守にしていたが、世帯調査時には、バニン村の小学校教師となり、家族を連れて戻ってきていた。また娘ザイダはコンチョンと結婚して、家の近くに住んでいる。息子アサットは婚出していたが、離婚して戻ってきた。詳細については本文（118-119ページ）を参照。その他、娘たちは、世帯調査当時テレコム大学（Universiti Telekom）で学んでいたノラズィアー（Noraziah）、シンパン・プルタン（Simpang Pertang）の工場で働いていたザイノン（Zainon）、ゴム採取作業をしていたハジター（Hajitah）である。アサットと妹のノラズィアーの間には、女の子が生まれていたが、幼くして亡くなった。その後、ノラズィアーはプトラ大学（Universiti Putra Malaysia）に進学し、高校の教師となった。村のなかでは裕福な家族の1つである。

ハジターはグンティン・ハイランド（Genting Highland）のホテルのレストランで皿洗いとして働いたことがある。カジノで有名なグンティン・ハイランドは、オラン・アスリが多く従業員として雇われている。ザイノンはポート・ディクソン出身のオラン・アスリ男性（父親は華人）と結婚した。夫ビカ（Bika）の家で暮らしていたが、男の子を出産した後、夫と子供を連れて戻ってきた。その後、女の子を出産。ビカの父親の妹にあたる女性（華人）がプルタンの町に住んでおり、ビカがドリアン・タワール村に移住した後も交流がある。ちなみに、ビカの姉はマレー人の男性と結婚しており、イスラム教徒である。詳細については

本文（119-120 ページ）を参照。

No. 20

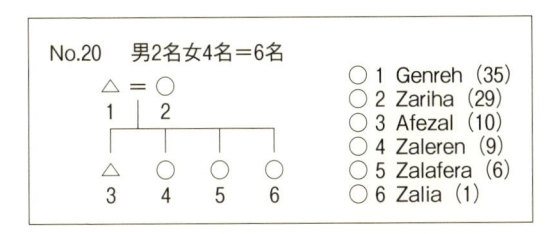

ゲンレー（Genreh）はバニン村の小学校教師、そして、現在のバティンである。小学校教師となる前は、パハン州でオラン・アスリ局職員をしていた。オラン・アスリ局への就職には、ティカと同様、オラン・アスリ局職員であったバティン・ジャングットの口添えがあった。パハン州出身の妻ザリハ（Zariha）はセマイ（Semai）の女性。

ゲンレーはオラン・アスリ局職員として長い期間村を離れていたが、バニン村の小学校で働くようになると、次第に村の政治に関与するようになった。バティン・ジャングットもゲンレーを自分の後継者と考えて、パンリマ・トゥハ（Panglima Tuha）の称号を与えた。このあたりの事情は、本文（135 ページ）で詳しく述べている。POASM の幹部でもあり、ティカの後任として UMNO の支部長も務めている。

No. 21

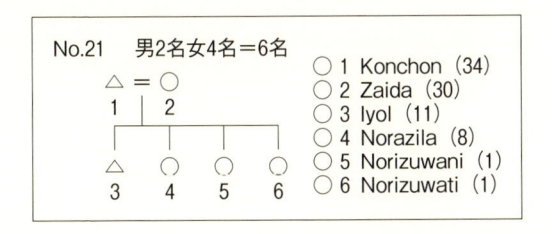

コンチョン（Konchon）とザイダ（Zaida）の結婚は同一母系出自集団

内の「間違った結婚」であった。このことについては、拙稿（信田 2004b）を参照。家屋は、コンチョンの実家とザイダの実家（No.19）の中間に自力で建てた。

長期フィールドワークの期間中、ザイダの家にはザイダの両親や姉妹がよく出入りをしていた。「間違った結婚」をして、母系出自集団の成員権を失ったにもかかわらず、日常生活においては、彼ら夫婦はウカル夫婦やザイダの兄弟姉妹と良好な関係が続いていた。

その後、子供たちのすべてが、他村のオラン・アスリと結婚した。結婚後も、それぞれの夫婦がすべてこの家で暮らすようになり、小さな家は手狭となっている。現在、新たな家の建築を計画中である。2019 年1 月、コンチョンは農作業中に倒れて、亡くなった（写真 26、124 ページ）。

No. 22

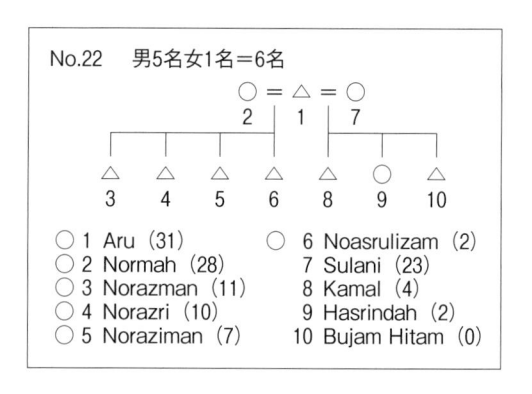

アル（Aru）はジェナン・ミサイの息子であり、妻ノルマー（Normah）はジェナン・ミサイと同じ母系出自集団の成員。両者の親族関係は、第 2 イトコ（見方によっては第 3 イトコともなる）であった。アルが 1997 年 2 月に第 2 妻と結婚したときには彼らは離婚しなかった。2番目の妻スラニ（Sulani）はルティンの妻であったが、アルと私通していた。

アルとの「姦通」が「結婚」によって解決され、前夫ルティンが異議

を申し立てなかったのは、アルがジェナン・ミサイの息子であるという権力構造が関係していた。本来ならば、重罪である姦通が、ここでは村内の権力関係のバランスのなかで、軽罪として処理されたのである。

アルと再婚後、スラニがスランゴール州の彼女の出身村に戻って以来、アルはほとんどそこで生活するようになった。その後の家族の顛末については、本文（140-141 ページ）を参照。

この系譜図にあるアルの家族は崩壊した。妻ノルマーはキリスト教に改宗し、そのことでアルと離婚した。さらにノルマーはイスラームに改宗したと言われている。キリスト教改宗に際して、ノルマーとの間の子供たちはアルが引き取った。母親ノルマーを助けていた息子たちは、ノルマーと別れた後、学校にも行かなくなり、酒を飲むようになった。そして、そのうちの 1 人は農薬を飲んで自殺をはかった。

住む者がいなくなったアルの家には、ジャナン・ミサイ夫婦が住むようになったが、今では誰も住んでいない。アル自身は彼の母親の親族関係からドゥスン・クブール村のバティンの継承者の位置にあり、現在では、ドゥスン・クブール村でマンクの称号保有者となっている。

No. 23

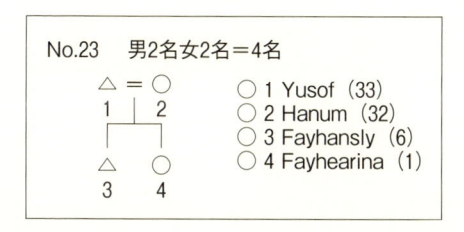

ハノム（Hanum）はジェナン・ミサイの娘。夫ユソフ（Yusof）はパハン州出身のジャクン。彼の父親は華人（母親はオラン・アスリ）。雑誌のペン・フレンド制度で知り合ったという。かつては、村の雑貨店を経営していた。店の経営はジェナン・ミサイから引き継いだもので、政府からの援助があった。ちなみに、現在の店の経営者はバティン・ゲンレーである。

ユソフは村の子供たちが学校に通学するバスの運転手もしていた。オラン・アスリ局から生徒 1 人あたりの交通費が支給され、1 カ月で 1,200 リンギットほどの収入になったという（当時、1 リンギットは約50 円）。

息子ファイハンスリ（Fayhansly）を華人幼稚園に通わせていた。母方・父方双方に華人の血筋が入っているということもあるが、当時、華人学校の方が公立学校より教育環境が整っていると考えたからである。そのファイハンスリも 2017 年に、他村のオラン・アスリ女性と結婚した。娘ファイヘアリナ（Fayhearina）は、2018 年に、大学を卒業した。

バティン・ジャングットに与えられた宅地に家屋を建設し、現在ではそこで暮らしている。時々、高齢になったジェナン・ミサイをあずかって世話をしているという。

No. 24

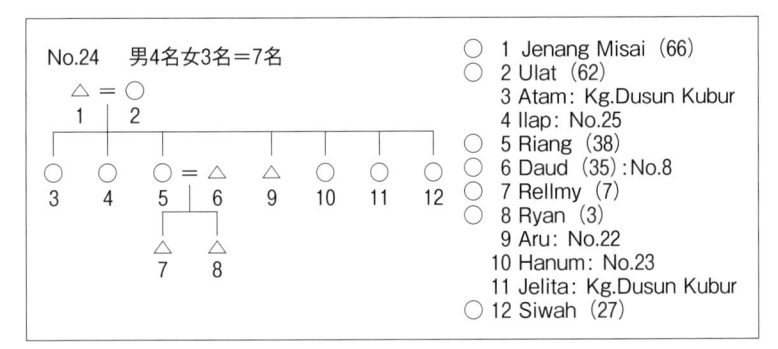

```
No.24    男4名女3名＝7名

      △ ＝ ○
      1    2
   ┌──┬──┬─┴─┬──┬──┐
  ○   ○   ○＝△   △   ○   ○   ○
  3   4   5  6   9   10  11  12
         ┌─┴─┐
         △   △
         7    8
```

○ 1 Jenang Misai（66）
○ 2 Ulat（62）
　 3 Atam: Kg.Dusun Kubur
　 4 Ilap: No.25
○ 5 Riang（38）
○ 6 Daud（35）:No.8
○ 7 Rellmy（7）
○ 8 Ryan（3）
　 9 Aru: No.22
　 10 Hanum: No.23
　 11 Jelita: Kg.Dusun Kubur
○ 12 Siwah（27）

ジェナン・ミサイはバティン・ジャングットの実兄。一時、オラン・アスリ局職員だったこともある。初期の開発では指導的立場にあったが、ティカに引き継がせた。バティン・ジャングットが政府との交渉において政治力を発揮し、ジェナン・ミサイは村の経済において指導力を発揮したと言える。この 2 人のリーダーの下で、ドリアン・タワール村は成功したのである。

ジェナン・ミサイはプラドンで収容所生活をしていた 1950 年に、妻ウラット（Ulat）と結婚した。その後、2 番目の妻と結婚したが、4 カ

月ほどで離婚した。ウラットはトゥオ・ジェナン（Tuo Jenang）の称号保有者。アダット・リーダーの妻は、その妻としての功績から Tuo という「称号」を与えられる。彼女は、日本軍兵士に左足を銃で撃たれた経験があった。そばにいた彼女の親族は、抱いていた赤ん坊とともに撃ち殺されたという。彼女の父親はドゥスン・クブール村のバティンであった。

　子供は No.22 のアルのみが男子。娘のうち、No.25 のイラップ（Ilap）と No.23 のハノムはドリアン・タワール村に住んでおり、アタム（Atam）とジェリタ（Jelita）はドゥスン・クブール村に住む。長女アタムの夫はドゥスン・クブール村のバティン。また、未婚の末娘スィワー（Siwah）はドゥスン・クブール村で幼稚園教師をしていた。その後、オラン・アスリ男性と結婚。ドゥスン・クブール村の開発は、ジェナン・ミサイ一族の指導によって行なわれたと言ってよい。

　1997 年当時、ジェナン・ミサイ夫婦は、娘リアン（Riang）夫婦と同居していた。リアンの夫ダウド（Daud）はカル（No. 8）の息子。ジェナン・ミサイが自ら開拓したゴム園やドリアン果樹園の多くは、子供たちが相続していて、ティカも一部を受け継いでいた。

　ジェナン・ミサイはバティン・ジャングット同様、華語（Bahasa Cina）を話す。また、華人名も持っていた。

　アルの離婚後は、アルの家に住むようになった。高齢となり、妻が亡くなった後は、娘たちの家々を転々としながら、世話を受けるようになった。リアンは乳癌が原因で亡くなった。

No. 25

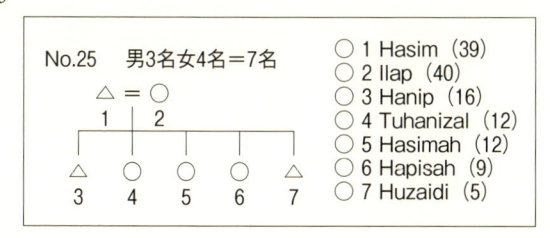

```
No.25    男3名女4名＝7名        ○ 1 Hasim （39）
                               ○ 2 Ilap （40）
      △ ＝ ○                    ○ 3 Hanip （16）
      ┌─┴─┐                    ○ 4 Tuhanizal （12）
      1   2                     ○ 5 Hasimah （12）
   ┌──┬──┼──┬──┐               ○ 6 Hapisah （9）
   △  ○  ○  ○  △               ○ 7 Huzaidi （5）
   3  4  5  6  7
```

　ハシム（Hasim）の実父は華人で、実母はスムライ（Semelai）の女性。

実母が死亡後、実母の弟の養子になった。養母はプサンの娘で、プサンはバティン・ジャングットやジェナン・ミサイの母やムントゥリ・レワットの兄にあたる人。つまり、ハシム夫婦は、血のつながりはないが、親族同士で結婚していることになる。ハシムの実のキョウダイはすべて実父に育てられ、華人として生活していた。かつて一度だけ対面したことがあるという。

数年前、ハシムは亡くなった。末子フザイディ（Huzaidi）を華人の幼稚園に通わせていた頃、ハシムが息子をバイクで送迎していた姿が印象的であった。長男ハニップ（Hanip）は、イスラームに改宗し、イスラーム改宗者のオラン・アスリ女性と結婚した。ハピサーは、No.13のアズルルと結婚して同居している。双子の姉妹は、いずれも結婚して、クアラ・ピラーの町でコンピュータ関係の店を経営しており、村の外で暮らしている。

3．スラッのキョウダイの親族群

No.26 から **No.30** は、ムントゥリ・レワットの弟カリムの子孫の親族群である。母系アダットの原則からすれば、ドリアン・タワール村に住むことはなかった人々である。しかし、バティンの息子であり、ゴム園やドリアン果樹園などの生きる糧がドリアン・タワール村にあったという理由で、カリムが婚出しなかったため、小さな親族群を形成することになった。

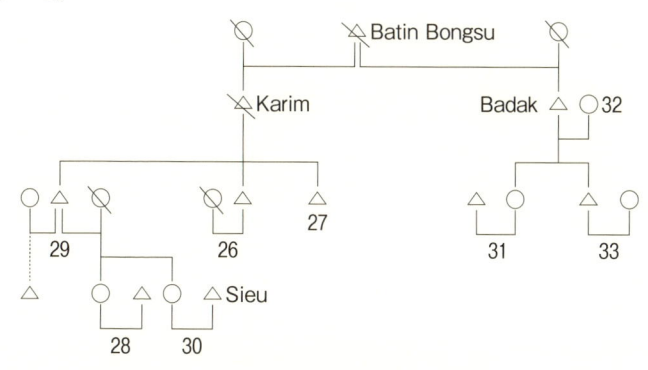

図8　No.26 から No.33

No. 26

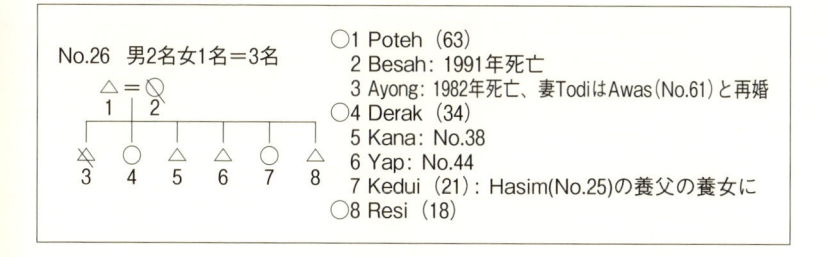

No.26　男2名女1名＝3名

○1 Poteh （63）
　2 Besah: 1991年死亡
　3 Ayong: 1982年死亡、妻TodiはAwas（No.61）と再婚
○4 Derak （34）
　5 Kana: No.38
　6 Yap: No.44
　7 Kedui （21）: Hasim(No.25)の養父の養女に
○8 Resi （18）

ポテー（Poteh）はパンリマ・クチル（Panglima Kecil）の称号保有者であった。非常事態宣言期には、連邦軍側の兵士として闘った。また、バティン・ジャングットと同様に助産師（bidan）でもあった。1991 年に妻を亡くして以来、娘ドゥラッ（Derak）と息子ルスィ（Resi）と生活していた。

　その後、ポテーはキリスト教に改宗。村のキリスト教改宗者たちのリーダーとなった。ルスィは他村のオラン・アスリ女性と結婚し、婚出した。

No. 27

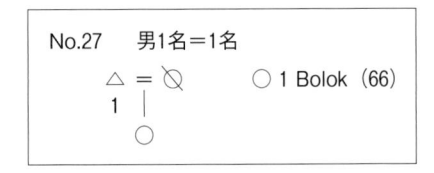

　ボロッ（Bolok）はポテーの実兄。耳が遠い（pekak）。トウガラシの栽培を細々としていて、ドリアン収穫による収入も少なかった。ゴム採取作業はしていなかった。ルンバウ郡の村に婚出していたが、妻が亡くなってから、村に戻って一人で生活していた。娘は結婚し、ルンバウ郡の村で暮らしていた。世帯調査当時は、プルタンの保健所まで自転車に乗って無料の薬をもらいに行くのが日課であった。生活に困っているのを見かねた村びとが、ときどき彼に現金を渡し、食事はポテーの家やアジョイの家で食べたりしていた。その後、亡くなった。

No. 28

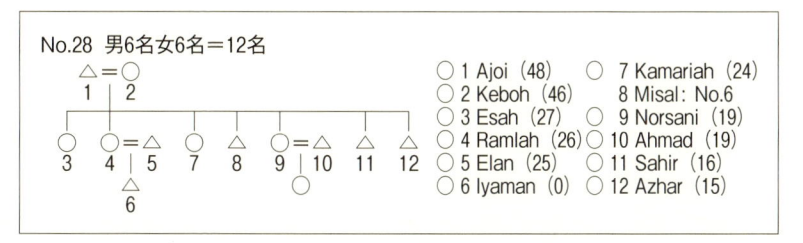

No.28 男6名女6名＝12名

- ○ 1 Ajoi （48）
- ○ 2 Keboh （46）
- ○ 3 Esah （27）
- ○ 4 Ramlah （26）
- ○ 5 Elan （25）
- ○ 6 Iyaman （0）
- ○ 7 Kamariah （24）
- 8 Misal: No.6
- ○ 9 Norsani （19）
- ○ 10 Ahmad （19）
- ○ 11 Sahir （16）
- ○ 12 Azhar （15）

　アジョイ（Ajoi）と妻クボー（Keboh）とはイトコ同士。アジョイは No.10 のムンタッの息子で、クボーは No.29 のスラッの娘。アジョイ夫婦の息子ミサルは No.6 のハドと結婚したが、ハドとアジョイは同じ母系出自集団の成員である。結果的に、2つの集団の間で婚姻関係が結ばれていることになる。アジョイは結婚時にパンリマ・クチル（Panglima Kecil）の称号を与えられた。

　世帯調査当時、クボーの父スラッは健在であったが、スラッがかつて開拓したドリアン果樹園のおかげで、アジョイの家のドリアン収入は村で上位に位置していた。その理由として、妻方のドリアン果樹園に加えて、アジョイが所有する（親から受け継いだものも含めて）ドリアン果樹園があることが挙げられる。子供たちも多く、大家族である。既婚した娘たちのそれぞれの世帯の収入は普通であるが、娘たちの世帯は独立していないので（当時は、同居していたが、その後、家を建て独立した）、それぞれを合計してアジョイの世帯として換算すると、ゴムやドリアンの収入は必然的に多くなったのである。娘たちのそれぞれの夫はスランゴール州の同じ村の出身であった。

No. 29

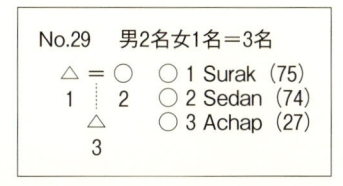

No.29　男2名女1名＝3名

- ○ 1 Surak （75）
- ○ 2 Sedan （74）
- ○ 3 Achap （27）

スラッ（Surak）はポテーらの兄であり、アジョイの妻クボーの父。かつては、パンリマ・トゥハ（Panglima Tuha）の称号を保有していた。ビラッ（bilak：罠の一種）の仕掛けを作っている時に、怪我をしたため左腕が曲がっていた。妻スダン（Sedan）はかつてバティン・ドゥラマンの妻であったが、バティン・ドゥラマンの亡き後、スラッのイトコと再婚。そのイトコも亡くなったため、その後、スラッと再婚した。彼らの結婚は、「インセスト」の事例としてバハロンの博士論文（Baharon 1973）で取り上げられている。スダンは No.15 のモイェムの母方のオバにあたる。また No.53 は娘エンタッの世帯である。彼女たちの関係をたどってみると、バティン・ドゥラマンとバティン・ジャングットの間に姻族関係が認められる（下記の系譜図参照）。

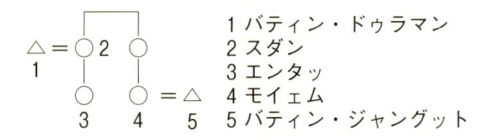

```
            ┌──┬──┐          1 バティン・ドゥラマン
  △ ＝ ○2  ○            2 スダン
  1          ○    ○ ＝ △    3 エンタッ
                                4 モイェム
            3    4    5        5 バティン・ジャングット
```

　エンタッ夫婦（No.53）の息子アチャップ（Achap）が養子になっていた。スダンからすれば、孫にあたる。養子の理由は、スラッの息子がエンタッの夫サキットに連れられて森に出かけた際に、行方不明になった事件にある。サキットはスラッの息子が行方不明になったので、そのことの詫びと賠償（ganti rugi）として、自分の息子であるアチャップをスラッの養子にしたのである。

　No.30 の娘スリはイスラームに改宗した。孫娘の 1 人も両親に従いイスラームに改宗したが、残る 2 人の孫娘は改宗せずスラッの家に住んでいた。ドリアン果樹園の一部はスリに与えていたが、イスラーム改宗を理由にとりあげた。改宗しなかった 2 人の孫娘がドリアン収穫時に働いていた。

　ゴム採取作業はアチャップが行なうのみだったが、彼は自分の稼ぎのほとんどを酒代などに使ってしまっていた。当時、スラッは 75 歳の老齢にもかかわらず日雇い労働を行なっていた。そのほかの収入源は、ドリアン収穫時の収入のみである。生活はかなり困窮していた。1998 年

4月に結婚してから、アチャップは真面目に働くようになった。アチャップはかつてイスラーム改宗を決意して、直前で取りやめたことがあった。娘スリ夫婦は生活の困窮からイスラームに改宗したのである。

ドリアンの季節、華人の仲買人から「イスラームに改宗すれば楽なのに」とからかわれ、「俺ら『異教徒／無宗教者 (kafir)』はイスラーム（マレー人）には（本当の意味では）なれない」と言ったスラッの発言は印象的であった。彼は豚肉などイスラームで禁止されている食物を食べているオラン・アスリ、しかも貧困に窮しているオラン・アスリがマレー人（イスラム教徒）になれるわけがないと言っていたのである。それは、名ばかりでもイスラム教徒になり、施しを受けている娘夫婦に対する強烈な批判でもあった。

その後、スラッは亡くなり、ほどなくして妻のスダンも亡くなった。アチャップは、妻の出身村ブキット・パヨン村に移住した。キリスト教に改宗したという噂を聞いた。ブキット・パヨン村はキリスト教徒（カトリック）が多い村として知られている。

No. 30

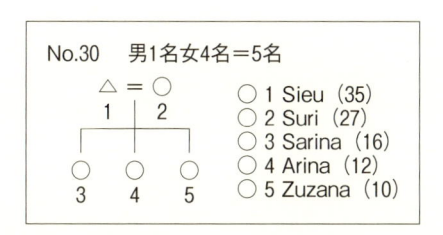

No.30　男1名女4名＝5名

△ ＝ ○
1　　2

○ ○ ○
3 4 5

○ 1 Sieu （35）
○ 2 Suri （27）
○ 3 Sarina （16）
○ 4 Arina （12）
○ 5 Zuzana （10）

スィウ (Sieu) は 1997 年 3 月にイスラームに改宗した。妻スリ (Suri) がスィウに先だってイスラームに改宗していた。スラッ夫婦と同居していたが、イスラーム改宗に先立って得た最貧民用の家屋プロジェクトの援助を受けてから、新居に移った。末娘ズザナ (Zuzana) のみがイスラームに改宗しており、そのほかの 2 人の娘は改宗を拒否し、食事を一緒にとれないなどの理由もありスラッの家に住んでいた。

ゴム採取作業をほとんど行なわず、村の外での日雇い労働を行なって

いたが、イスラーム改宗後は、日雇い労働でさえもほとんど行なわなく
なった。宗教局からの援助で生活していた。

　スィウは、イスラーム改宗後、ほとんどの村の集まりに顔を出すこと
がなくなった。困窮生活からの脱却をはかって、軽い気持ちでイスラー
ムに改宗したのであろうが、思わぬ反発を招いて本人も困惑していると
いった状況であった。スリは自分の意志で改宗したのであろうが、それ
に引き続いて改宗したスィウにはイスラム教徒としての自覚はないよう
であった。以前と変わらぬ生活を続けて、それが逆に反発を招く原因に
なっていた。援助金がなくなると、「イスラームを辞めたい」と漏らし
ていた。スリも「イスラームを辞めたい」と言い始めた。彼らにとって、
イスラーム改宗とは、現金獲得の手段だったのである。

　スィウとスリは、これまで何度も離婚・再婚を繰り返していた。2002
年に再訪したときには、離婚していたが、2003 年には再婚していた。
その後、再び離婚して、スィウは出て行ってしまい、現在は行方不明。

4. バダッの親族群

No.31 から **No.33** はバティン・ボンスと第2妻との間の息子バダッの親族群である。バティン・ボンスの第1妻の子供たちは、ムントゥリ・レワットやバティン・ジャングットの母である。バティン・ボンスは第1妻の死後、彼女の妹と結婚したのである。バダッは称号保有者候補であったが、能力がなく、称号を継承することができなかった。息子ロンゴッは狩猟の腕前が一流であるが、ゴム採取作業には興味がなかった。この親族群の人々の多くは困窮し、キリスト教に改宗した。

No. 31

カサイ（Kasai）はパハン州出身で、結婚時にパンリマ・ダタン（Panglima Datang）の称号を与えられた。

世帯調査の際、カサイは、「最近、夢でキリスト教に改宗するようにお告げを受けた」と話していたが、実際には3年以上も前からキリスト教に改宗していた。妻マッ（Mak）の弟ウカイ（Ukai）は、すでにキリスト教に改宗しており、キリスト教宣教活動の仕事をブラナンで行なっていた。ウカイに勧誘されて改宗したのである。

カサイ夫婦に子供はできず、No.37のポラン（Polan）の妻サリ（Sari）の弟にあたるジャスミザム（Jasmizam）やウカイの息子バスリ（Basri）を養子にしていた。その後、この息子たちは村を出て、ブラナンの村で生活するようになった。

No. 32

No.32　男1名女1名＝2名

△ ＝ ○　　○ 1 Badak （70）
1　　2　　○ 2 Linjin （68）

　バダッ（Badak）はバティン・ボンスの息子で、バティン・ジャングットらと同一の母系出自集団の成員である。本来ならば何らかの称号を保有しているはずの人物であるが、その才覚がなかった。子供たちの家の裏に簡素な小屋を建てて住んでいた。世帯調査時には「無宗教」としていたが、娘マッと同様にキリスト教に改宗していることが後に判明した。キリスト教改宗を公言してからは息子ウカイのもとで生活することが多くなった。その後、亡くなったという噂を聞いた。

　バダッの最初の妻トゥワはアキ・マインの妻の妹であり、No.56のルンブットの母である。彼らの間には子供ができなかった。ルンブットはトゥワの連れ子。2番目の妻リンジン（Linjin）の間には子供が3人いた。

No. 33

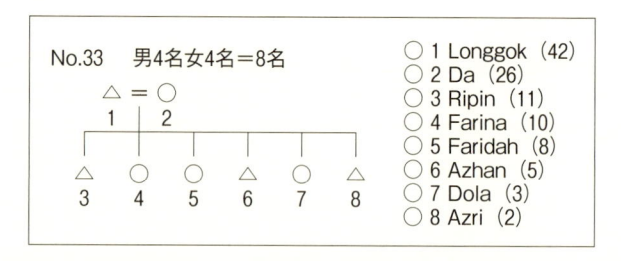

No.33　男4名女4名＝8名

△ ＝ ○
1　　2

△　○　○　△　○　△
3　4　5　6　7　8

○ 1 Longgok （42）
○ 2 Da （26）
○ 3 Ripin （11）
○ 4 Farina （10）
○ 5 Faridah （8）
○ 6 Azhan （5）
○ 7 Dola （3）
○ 8 Azri （2）

　ロンゴッ（Longgok）はバダッの息子。妻ダ（Da）はアイル村出身。両親やキョウダイがキリスト教に改宗しているにもかかわらず、彼の家族だけはキリスト教に改宗していなかった。ロンゴッは、森で生活するための技術には長けており、バティン・ボンスの末裔らしく、「森の民」の時代ならばリーダーになれた男性である。しかし、事務能力や外部と

の交渉能力などを必要とする現在のリーダー像とは一致しなかった。

　娘のファリナ（Farina）は、No.35 のアズマンと結婚し、子供が数人いる。ファリナ夫婦は、この家で同居している。

5．ムントゥリ・グムッの親族群

　No.34 から **No.38** は、バティン・ボンスの娘ウバットの子孫の親族群である。バティン・ジャングットの親族群とともに、ピンダーを祖とする母系出自集団の一翼を形成している。したがって、ムントゥリやジェクラーの称号保有者がいて、彼らがこの親族群のリーダーとなっている。その一方で、ティモはキリスト教に改宗して村を出ていき、バンコンの妻ビルのイスラーム改宗など、宗教問題を抱えているグループでもある。

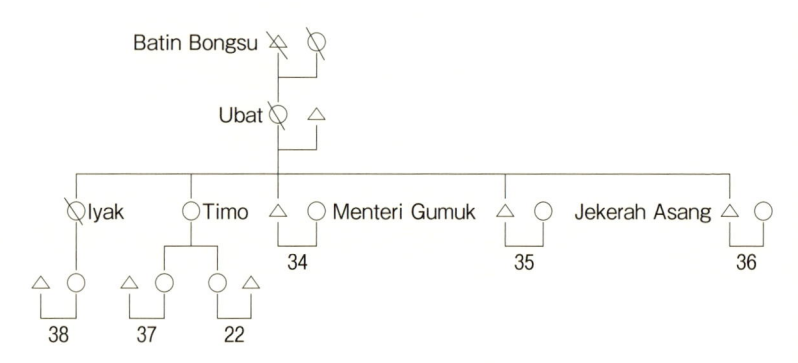

図9　No.34 から No.38

No. 34

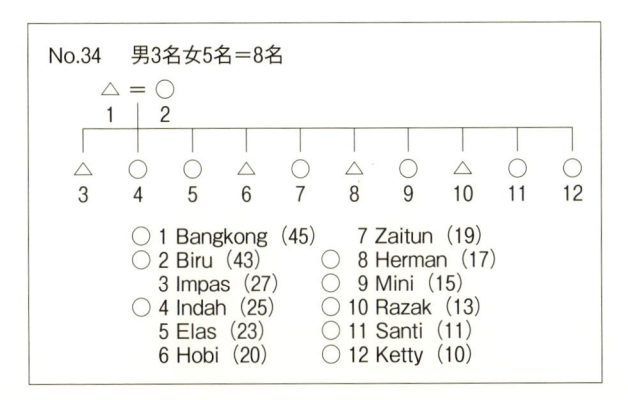

No.34　男3名女5名＝8名

　　　　△ ＝ ○
　　　　1　　2

△　○　○　△　○　△　○　△　○　○
3　4　5　6　7　8　9　10　11　12

○ 1 Bangkong（45）　　7 Zaitun（19）
○ 2 Biru（43）　　　○ 8 Herman（17）
　 3 Impas（27）　　 ○ 9 Mini（15）
○ 4 Indah（25）　　 ○ 10 Razak（13）
　 5 Elas（23）　　　○ 11 Santi（11）
　 6 Hobi（20）　　　○ 12 Ketty（10）

　バンコン（Bangkong）はパンリマ・ムダ（Panglima Muda）の称号保有者。ビル（Biru）はイスラーム改宗の決意をして、そのことでバンコンと離婚に至った。しかしその後、バンコンと暮らすようになった。このことについては、拙稿（信田 1999；2004b）を参照。ビルは No. 9 のマンク・ハシムの母系出自集団出身であり、息子ヤンを No.12 に養子に出していた。しかし、彼女のイスラーム改宗を契機として、この母系出自集団とのつきあいは途絶えた。ウカル（No.19）は、ビルの兄である。

　息子インパス（Impas）はアカイ村に婚出したが、ゴム採取作業の仕事をドリアン・タワール村で行ない、生計をたてていた。息子のホビ（Hobi）はマラカ州のブキット・パヨン村に婚入。バンコンのキョウダイとブキット・パヨン村の間には、親族関係があった。娘たちはそれぞれ、パハン州やヌグリ・スンビラン州のルンバウに婚出。その後、娘インダー（Indah）はサバ州出身のカダザン男性と結婚。女性たちは、イスラーム改宗者なので、儀礼の際にはベールを被っている。一時は、村びとと緊張関係にあったが、現在では、儀礼に出席するなど、関係は修復しているようである。

No. 35

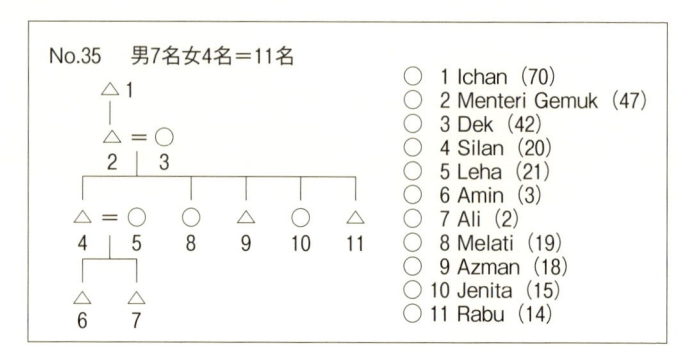

No.35　男7名女4名＝11名

- ◯ 1 Ichan（70）
- ◯ 2 Menteri Gemuk（47）
- ◯ 3 Dek（42）
- ◯ 4 Silan（20）
- ◯ 5 Leha（21）
- ◯ 6 Amin（3）
- ◯ 7 Ali（2）
- ◯ 8 Melati（19）
- ◯ 9 Azman（18）
- ◯ 10 Jenita（15）
- ◯ 11 Rabu（14）

　ムントゥリ・グムッ（Menteri Gemuk）はバンコンの実弟。妻デッ（Dek）はジェルブ郡のクラカ村の出身。バンコンの妻ビルの弟は同村のバティンであった。また、ムントゥリ・グムッの姉の娘夫婦も同村に住んでいた。ムントゥリ・グムッとクラカ村の間には、ジェナン・ミサイとドゥスン・クブール村のような関係があったのである。

　息子スィラン（Silan）は隣接するマレー人の村の娘をレイプした罪によって、6年間監獄のなかに入っていた。妻レハ（Leha）や子供がいる彼がなぜマレー人の娘をレイプしたのか、村びとたちは首を傾げていた。スィランは酒飲みであった。レハはブキット・パヨン村出身で、夫の出所をこの家で待っていた。出所したスィランは、その後、マレー人を殴打し、ふたたび刑務所に入った。そして、出所後、家族でクラカ村に移住した。イチャン（Ichan）は娘ティモ（キリスト教改宗者）のいるスランゴール州のブロガで過ごすことになった。その後、亡くなった。ムントゥリ・グムッも数年前に脳梗塞が原因で亡くなった。

　アズマン（Azman）は、その後、ロンゴッの娘ファリナ（No.33）と結婚。ジェニタ（Jenita）については、本文（166-169ページ）を参照。

No. 36

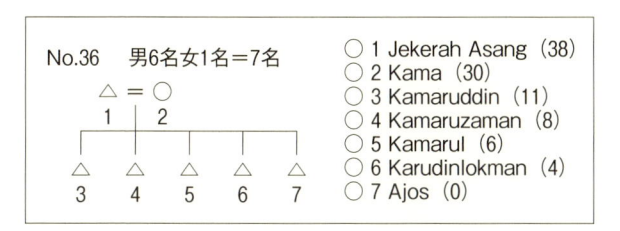

No.36　男6名女1名＝7名

○ 1 Jekerah Asang （38）
○ 2 Kama （30）
○ 3 Kamaruddin （11）
○ 4 Kamaruzaman （8）
○ 5 Kamarul （6）
○ 6 Karudinlokman （4）
○ 7 Ajos （0）

　ジェクラー・アサン（Jekerah Asang）は、ムントゥリ・グムッの実弟。ムントゥリ・レワットの死に伴って、空位となったムントゥリの称号をめぐる人選が、バティン・ジャングットを中心に行なわれた。グムッ（当時はジェクラー）をムントゥリに昇格させることはすぐに決まったが、ジェクラーの継承者をめぐって議論が起こった。候補者は、バンコン、ジェクラー・アサン、バニン村に住むボンの3人で、彼らは兄弟であった。そのうち、バンコンは妻のイスラーム改宗や妻との離婚をめぐるトラブルで脱落。ボンはバニン村に婚出しており、愛想がなく評判のよくない彼の妻がドリアン・タワール村に移住することにワリスの女性たちの間で抵抗があった。消去法でジェクラー・アサンが残ったが、ジェクラー・アサンにはほとんど経済力がなく、「コンデンス・ミルクでさえも、もらいに来た」とマニョ（No.19）が難色を示していた。しかし、結局、ジェクラー・アサンが継承することになった。

　ジェクラー・アサンはバニン村に婚出していたが、妻子を伴って戻ってきていた。妻カマ（Kama）はバニン村出身。彼ら夫婦は、キリスト教に改宗して村を出ていった姉ティモの家に住んでいた。

　その後、ジェクラー・アサンは、兄ムントゥリ・グムッが亡くなった後、心臓病が原因で亡くなった。彼らの称号は、ムントゥリをボン、ジェクラーをNo.42のアリフが引き継いだ。ボンはドリアン・タワール村に移住することなく、バニン村から通っている。

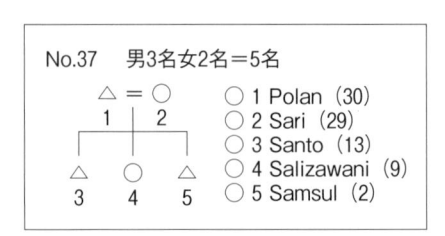

ポラン（Polan）はオタ（No. 1）の実弟。ポランの兄スリはキリスト教に改宗したことが原因で、ドリアン・タワール村を出てシンパン・プルタン村に移住した。スリの妻はポランの妻サリ（Sari）の姉。つまり、兄弟と姉妹が結婚していることになる。

サリの両親はキリスト教に改宗し、母親ティモ（ムントゥリ・グムッらの姉）は父親クドッの出身村に移住した。サリとキリスト教に改宗した家族の間には、つきあいがないという。

このように、キリスト教改宗というのも、イスラーム改宗と同様に、彼らの村での権力関係や親族関係に重大な影響を与えていた。公には、キリスト教徒、イスラム教徒、無宗教者の間では、儀礼などの親族を基盤とした関係が途絶えていた。村内が分裂している村もあれば、キリスト教の村と無宗教の村では没交渉となっている場合もあった。

息子サント（Santo）は、ラノ・プロジェクトを受け継ぎ、村の若きリーダーの1人で精力的に活動している。本文（166-168ページ）で紹介した JOAS のワークショップに参加してからは、先住民運動にも関わっている。他村のオラン・アスリ女性と結婚して、子供もいるが、ドリアン・タワール村に住んでいる。

No. 38

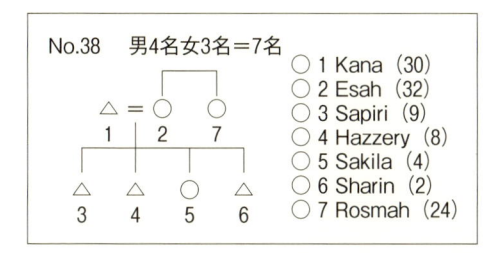

カナ（Kana）はポテー（No.26）の息子であり、妻エサー（Esah）は
ムントゥリ・グムッらの姉イヤッの娘である。妻エサーのキョウダイに
は、No.21 のコンチョン、No.42 のアリフ、No.45 のクダイの妻マラが
いる。

カナは、この世代では珍しく、No.19 のアサットと同様に、高校まで
学校に通い、マレー語の読み書きができることもあり、ティカが
UMNO の支部長を辞めた後、支部長に就いたこともあった。

妻エサーの異父妹ロスマー（Rosmah）が同居していたが、彼女は
ジョホール州のバトゥ・パハットの工場で働いていた。彼女の父は華人。
母イヤッと華人男性との間にできた子供であった。その後、マレー人と
結婚して、イスラームに改宗した。自らの置かれた境遇に屈することな
く凛として生きる彼女の生き方に、村の女性たちは同情的であった。通
常のイスラーム改宗者とは異なり、イスラームに改宗した後も村の人々
との親しい関係を維持していた。

本書の冒頭で紹介した結婚式の新婦は、カナの娘サキラ（Sakila）で
ある。

6．ジェクラー・ポヤンの子孫の親族群

No.39 から **No.42** は、かつて村内の紛争が原因で追放されたジェクラー・ポヤンの妻とその妹の子孫たちである。彼らはバティン・ジャングットに頼んで、ドリアン・タワール村に移住してきた。最後に述べるアキ・マイン派の人々は、彼らと近い親族関係にある人々である。

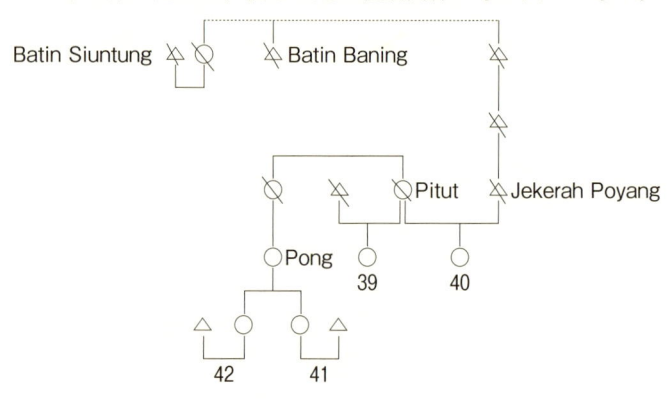

図 10　No.39 から No.42

No. 39

バンリ（Bangli）の夫エディ（Edy）はインドネシア人（ジャワ人）の出稼ぎ労働者でイスラム教徒であった。1991 年に結婚し、当初は、村の人々と良好な関係を築いていたが、その後イスラーム問題が起きると、村の人々との関係が悪化し、1997 年 4 月、離婚と同時にエディは村を出ていった。

　バンリの母ピトゥット（Pitut）は、アキ・マイン（No.57）とキョウダイであった。シンパン・プルタン村に住んでいたが、バティン・ジャングットに頼んで、ドリアン・タワール村に住むようになった。バンリの父はバングラデシュの人（村びとはインド人と思っていた）であり、彼女の名前もバングラデシュに由来していた。ルナス（Lunas）（No.40）とは、異父姉妹である。

　バンリは、ゴム採取以外にも、プルタンや村でバナナを売ったり、お菓子を作って売ったりするなど、小銭稼ぎが好きである。こうした商売の仕方は「インド人」である父親ゆずりだとしばしば噂されていた。

　2002 年 8 月、デング出血熱によって娘が亡くなった。父親であるエディが葬式に来て号泣した。エディは近隣のマレー人女性と再婚していた。しばらくして、バンリはオラン・アスリ男性と再婚した。

No. 40

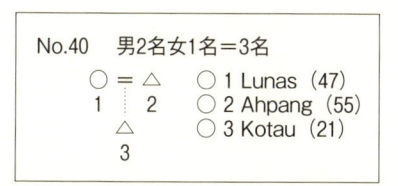

```
No.40    男2名女1名＝3名
  ○ ＝ △      ○ 1 Lunas （47）
  1    2      ○ 2 Ahpang （55）
     △        ○ 3 Kotau （21）
     3
```

　ルナス（Lunas）の父ポヤンはかつてジェクラーの称号を保有していた。しかし、バハロンの博士論文によれば、ポヤンは当時のバティン・ドゥラマンと争い、村を出ていったという（Baharon 1973）。ポヤンが亡くなった後、未亡人であるピトゥットはバティン・ジャングットに懇願し、ドリアン・タワール村に住むようになった。ルナスとバンリのゴム園やドリアン果樹園は、バティン・ジャングットの所有地の一部を譲り受けたものである。

　ルナスは長らく独身であったが、1997 年 4 月にスレンバンの華人と結婚した。適齢期を過ぎたオラン・アスリ女性はしばしば老齢に達している華人男性と再婚する。これはその一例である。独身で子供がいないと思ったからであろうか、母親の姉妹の娘であるポン（No.41）の子供

コタウ（Kotau）を養子として育てていた。しかし、コタウはしばしば狂気の状態（gila）になり、この病いのために、婚約直前で相手から婚約を破棄されたことがあった。

　ルナスにはかつてムントゥリ・グムッとの結婚話があったが、ルナスから断ったと言われている。「あのとき断らなければこんなことにならなかったのに」とジェナン・ミサイは残念そうに話す。ルナスの夫である華人男性は相続をめぐる争いに巻き込まれ、実の娘をレイプした罪で刑務所に入ることになった。その後、コタウはキリスト教へ改宗し、正気を失った状態のなかで、農薬を飲んで死んでしまった（詳細は、本文77-78ページを参照）。そして、ルナスは妹バンリとの関係が悪化して絶縁状態になった。ムントゥリ・グムッと結婚していれば、こんな不幸な目にあわなかったのにという思いが、ジェナン・ミサイにはあるのだろう。

No. 41

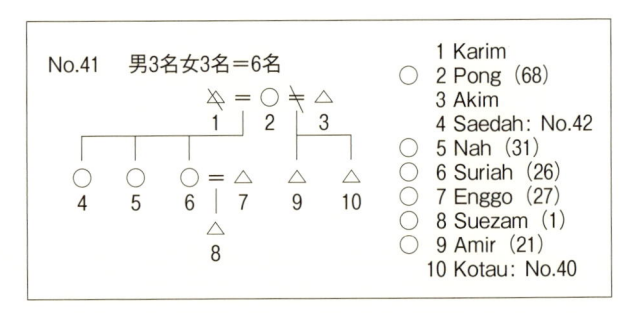

No.41　男3名女3名＝6名

1 Karim
2 Pong（68）
3 Akim
4 Saedah: No.42
5 Nah（31）
6 Suriah（26）
7 Enggo（27）
8 Suezam（1）
9 Amir（21）
10 Kotau: No.40

　ポン（Pong）はルナス（No.40）とイトコ同士である。母親同士が姉妹である。ポンの双子の息子の1人コタウをルナスの養子にしている。ポンはカリム（Karim）というスムライの男性と結婚していた。一時、アキム（Akim）という男性と1カ月間過ごしたことがあり、コタウとアミール（Amir）はアキムとの間にできた子供である。彼らがドリアン・タワール村に移住してきたのは、ルナスの母ピトゥットについてきたからである。娘サエダー（Saedah）はアリフ（No.42）の妻。

　娘ナー（Nah）は、1998年頃、グンティン・ハイランドのホテルのレストランの皿洗いとして、ハジター（No.19）とともに働きに出ていた。

ナーの妹スリアー（Suriah）は結婚しており、夫エンゴ（Enggo）はスランゴール州のパンスーン村の出身である。バティン・ジャングットの娘スハイナ（No.14）の夫も同村出身であり、彼らの結婚式にはエンゴも出席していた。

その後、ナーはミロン（No.13）と結婚し、夫婦はこの家で同居していた。女の子と男の子が生まれた後、ナーは乳癌が原因で亡くなった。癌が発覚した後も、「怖い」という理由で治療を拒否したという。ナーを亡くした後も、ミロンはこの家に住んで、2人の子供を育てていたが、再婚後、子供を残して家を出た（詳細は、本文130-131ページを参照）。

No. 42

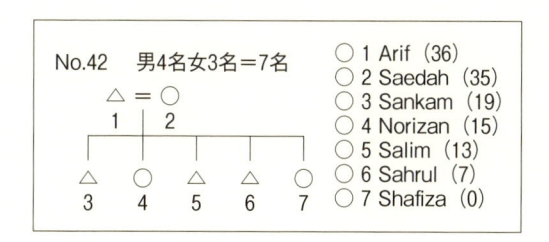

No.42　男4名女3名＝7名

○ 1 Arif（36）
○ 2 Saedah（35）
○ 3 Sankam（19）
○ 4 Norizan（15）
○ 5 Salim（13）
○ 6 Sahrul（7）
○ 7 Shafiza（0）

アリフ（Arif）はコンチョン（No.21）やエサー（No.38）とキョウダイである。アリフはパンリマ・プラン（Panglima Perang）の称号を継承した。隣家のクダイ（No.45）の妻マラは彼らの姉。兄ジャハリはドゥスン・クブール村に婚出。

サエダー（Saedah）はポン（No.41）の娘である。息子サンカム（Sankam）は村のゴム仲買店で働いていたが、その後、イスラームに改宗し、アンコット（No.50）と結婚した。イスラーム改宗者となったサンカムは、村びととの交流がなくなってしまった。サンカムの弟サリム（Salim）は、バニン村の寄宿舎に寝泊まりして小学校に通っていた。プルタンの中学校に入学したが、すぐに学校に行かなくなった。その後、サリムはブキット・パヨン村の女性と結婚。

ジェクラー・アサン（No.36）が亡くなった後、アリフがジェクラーの称号を継承した。

7．アリの子孫の親族群

No.43 から **No.55** は、アリ派の人々である。アリの子供たちはそれぞれバティンとジェナンの称号を継承したので、ドリアン・タワール村に留まることになった。そして、アリ派の子孫もまたドリアン・タワール村に住んでいる。アリの父がマレー人であり、ジェナン・キチョイもマレー人女性と結婚していたなど、マレー人との関係が見られる。イスラームに改宗した人々が多い。

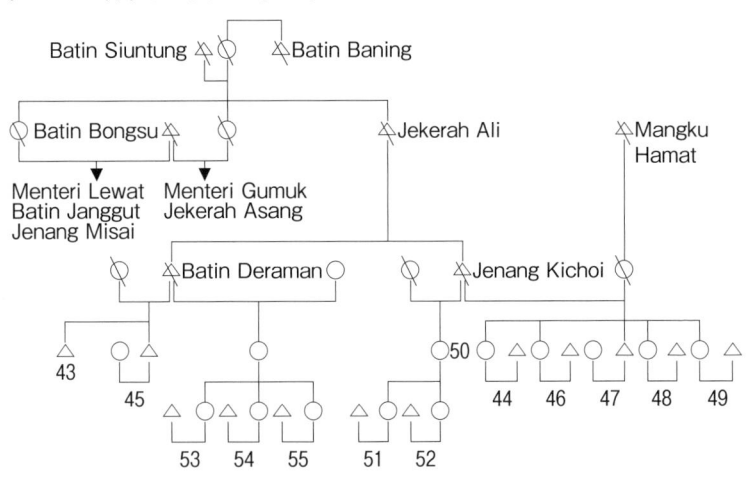

図 11 　No.43 から No.55

No. 43

アジャムはクダイ（No.45）、カトップ（No.44）、ハジ・コニン（No. 52）、エンタッ（No.53）、ウレッ（No.10）らとキョウダイである。狂人（orang gila）と言われており、病気で左手の成長が止まっている（ca-cak）。

クダイが生活の面倒を見ていた。バンコン（No.34）の家屋の北側に小屋を建てて住んでおり、生活に困窮すると、親族らが米やお金を与えていた。時々（満月に近いとき）、真夜中に村のなかを徘徊していた。本人いわく、「オバケが襲ってくるから逃げているのだ」。面倒を見てくれる姉がいるというシンパン・プルタン村まで、約10キロメートルの道をしばしば歩いて出かけていた。

No. 44

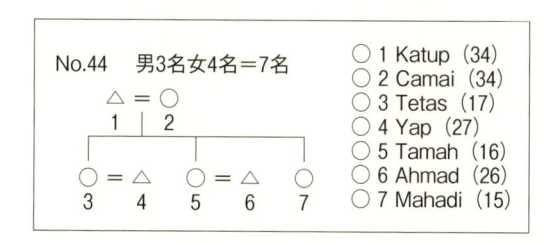

No.44　男3名女4名＝7名

○ 1 Katup（34）
○ 2 Camai（34）
○ 3 Tetas（17）
○ 4 Yap（27）
○ 5 Tamah（16）
○ 6 Ahmad（26）
○ 7 Mahadi（15）

カトップ（Katup）はクダイ（No.45）らとキョウダイである。妻チャマイ（Camai）はブジャン（No.47）らとキョウダイである。カトップの父バティン・ドゥラマンとチャマイの父ジェナン・キチョイはキョウダイである。したがって、彼らの結婚は、いわゆる父方平行イトコ婚である。

カトップはゴム採取作業をせず、プタイなどの森林産物採集の仕事をしていた。兄ウレッ（No.10）とともに行動することが多く、酒飲みであった。一方、妻チャマイは軽度の精神病（sewel）と言われていて、家にいるよりもドリアン果樹園につくった小屋に住んでいることの方が多かった。娘トゥタス（Tetas）はポテー（No.26）の息子ヤップと結婚しており、家計は彼らが担っていた。娘タマー（Tamah）はブキット・ランジャン村の男性と結婚し婚出していたが、夫アフマッド（Ahmad）

とともに村に帰ってきた。その後、この家族はキリスト教に改宗した。

数年前、カトップが亡くなったという知らせをアサットから受けた。

No. 45

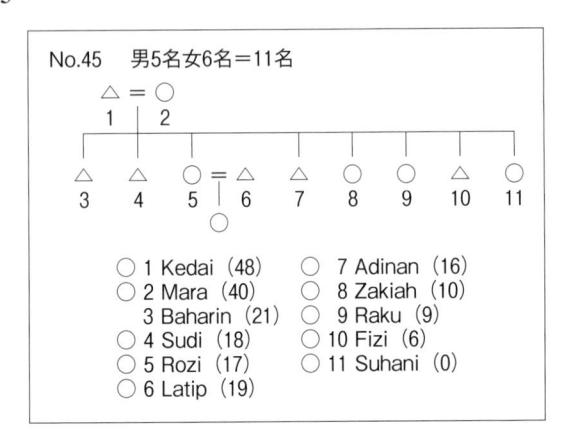

No.45　男5名女6名＝11名

○ 1 Kedai （48）
○ 2 Mara （40）
　 3 Baharin （21）
○ 4 Sudi （18）
○ 5 Rozi （17）
○ 6 Latip （19）
○ 7 Adinan （16）
○ 8 Zakiah （10）
○ 9 Raku （9）
○ 10 Fizi （6）
○ 11 Suhani （0）

クダイ（Kedai）はバティン・ドゥラマンの息子でパンリマ・フラン・パナス（Panglima Helang Panas）の称号保有者。ウレッ（No.10）、カトップ（No.44）、アジャム（No.43）とは同母同父キョウダイ、エンタッ（No.53）やハジ・コニン（No.52）とは異母同父キョウダイである。バティン・ドゥラマンには4人の妻がいたのである。

妻はアリフ（No.42）らの姉マラである。彼女は狂人（orang gila）と言われていた。息子アディナン（Adinan）は唖者（bisu）で、軽度の知的障がいがあった。また娘ロズィ（Rozi）も狂気の状態（gila）になった経験があった。その後、妻の精神的な病気が原因で一緒に生活することが難しくなり、クダイは家を出て、森のなかに小屋を建てて住むようになった。

バハリン（Baharin）は婚出していた。スディ（Sudi）はクアラ・ルンプールへ出稼ぎに出ていた。「外の仕事」も経験して何でもできる男になりたいとスディは語っていた。現在は、村で生活している。ザキアー（Zakiah）は成績が優秀で大学などへ進学できるほどの学力があるが、「ザキアーと一緒に寝ないと眠れない」と母親が手放さなかった。現在

は公務員として働いている。

ロズィの夫ラティップ（Latip）はスムライの男性である。両親はイスラームに改宗していたが、彼自身は改宗していなかった。長期フィールドワークの後半、1998 年頃、コンチョン（No.21）の家の裏に新居を建てた。粗末な家で、水はコンチョンの家から借りていた。その後、PPRT による家屋提供を受けた。ロズィとラティップ夫婦のように、子供が生まれるころになると、娘夫婦あるいは息子夫婦は親夫婦との同居をやめて、新居を構えることが多い。2018 年、ラティップと彼の小さな息子は、自動車事故のため亡くなった。

No. 46

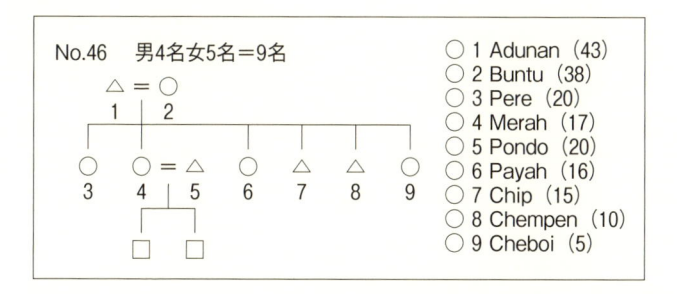

アドゥナン（Adunan）はバンコン（No.34）、ムントゥリ・グムッ（No.35）、ジェクラー・アサン（No.36）らのキョウダイである。1994 年にイスラームに改宗した。ブントゥ（Buntu）はブジャンらとキョウダイで、父親はジェナン・キチョイである。娘ペレ（Pere）はニライ（Nilai）近郊のスンガイ・マハン村（Kg. Sungai Mahang）の男性と結婚しようとしたのだが、ペレの方は男性に妻がいることを知らず、男性の方は彼女がイスラームに改宗していることを知らなかった。1996 年 12 月にアドゥナンがジェナン・ミサイに結婚式をアダット会館で行ないたいと申し込んできたが、イスラーム式の結婚式はできないとの理由でジェナン・ミサイは断った。娘メラー（Merah）は母ブントゥの弟ポンド（Pondo）と結婚し子供が 2 人いる。この結婚については拙稿（信田 2004b）を参照。

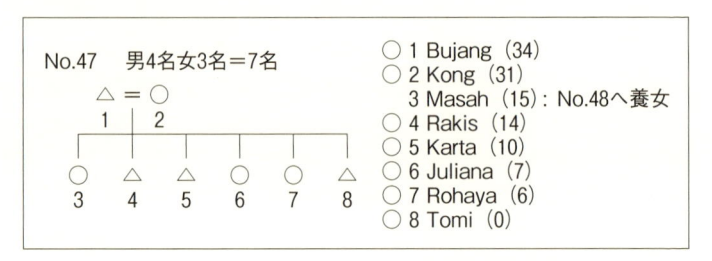

```
No.47   男4名女3名＝7名          ○ 1 Bujang （34）
                                ○ 2 Kong （31）
         △ ＝ ○                   3 Masah （15）：No.48へ養女
         1   2                  ○ 4 Rakis （14）
     ┌───┼───┬───┬───┬───┐       ○ 5 Karta （10）
     ○   △   △   ○   ○   △       ○ 6 Juliana （7）
     3   4   5   6   7   8       ○ 7 Rohaya （6）
                                ○ 8 Tomi （0）
```

　ブジャン（Bujang）はジェナン・キチョイの息子であり、キョウダイ
がチャマイ（No.44）、ブントゥ（No.46）、ポンド（No.46）、ドイェス
（Doyes）（No.48）、ハパム（Hapam）（No.49）である。その他のキョウダ
イはドゥスン・クブール村に住んでおり、いずれもイスラームに改宗し
ていた。

　ブジャンは、イスラームには改宗しなかった。父ジェナン・キチョイ
が遺したドリアン果樹園は、ブジャンやドイェス（No.48）、テコッ
（Tekok）（No.50）（彼女はブジャンらのキョウダイとは異母同父キョウダ
イである）が継承していた。

　ブジャンは耳が遠く、視力が弱い。妻コン（Kong）はパハン州出身。
しばしばコンの酒飲みの弟が訪れていた。長女マサー（Masah）はド
イェスの養女になっている。

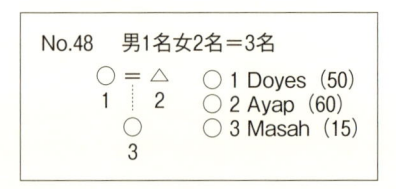

```
No.48   男1名女2名＝3名
         ○ ＝ △      ○ 1 Doyes （50）
         1   2       ○ 2 Ayap （60）
           ○         ○ 3 Masah （15）
           3
```

　ドイェス（Doyes）はジェナン・キチョイの娘でブジャン（No.47）ら
とキョウダイである。長らく未婚であり、ブジャンの娘マサーを養女と

していた。しかし、アヤップ（Ayap：本名ではない）と結婚した。アヤップはスレンバン出身の華人で、様々な事業をこの辺りの地域で行なっていた。例えば、木材伐採業。世帯調査当時は、アブラヤシを扱っていた。ルナス（No.40）と同様に、老齢の華人男性と適齢期を過ぎたオラン・アスリ女性の結婚の一例である。彼はキリスト教徒であるが、妻ドイェスはキリスト教に改宗していなかった。しかしその後、彼女はキリスト教に改宗した。

No. 49

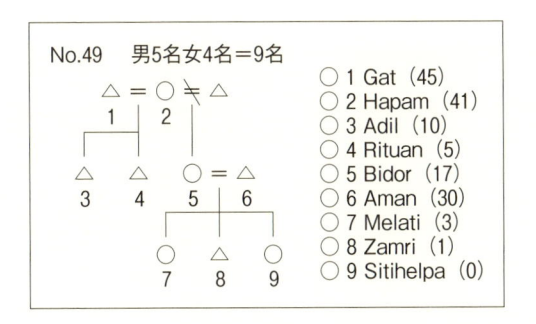

No.49　男5名女4名＝9名

○ 1 Gat　（45）
○ 2 Hapam　（41）
○ 3 Adil　（10）
○ 4 Rituan　（5）
○ 5 Bidor　（17）
○ 6 Aman　（30）
○ 7 Melati　（3）
○ 8 Zamri　（1）
○ 9 Sitihelpa　（0）

　ガット（Gat）の生まれは複雑であった（写真19、86ページ）。彼の父ジャスィンがムンタ（No.10）と「結婚」する前にガットは生まれていた。ガットの実母は行方不明（hilang）だった。アジョイ（No.28）はムンタとパンリマ・クチルとの間にできた子供である。アジョイには同母同父の弟がいたが、他村に婚出した。夫パンリマ・クチルの死後、ムンタはジャスィンと再婚したのである。ジャスィンとの間にはクタム（No.10）を産んだ。

　ガットは、前妻ロドー（Lodoh）（No.60）との間に子供がいたが、ロドーとは離婚。その後、ハパム（Hapam）と再婚。ハパムはかつてプルタンの華人を夫としていた。娘ビドール（Bidor）はその前夫との子供であった。ビドールはすでに結婚しており、夫はクナボイ（Kenaboi）のドゥスン・クブール村に近いトホール村出身である。

　その後、彼ら家族は全員キリスト教に改宗した。

No.50、No.51、No.52

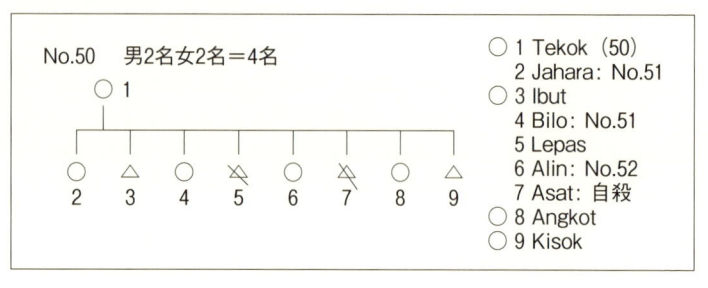

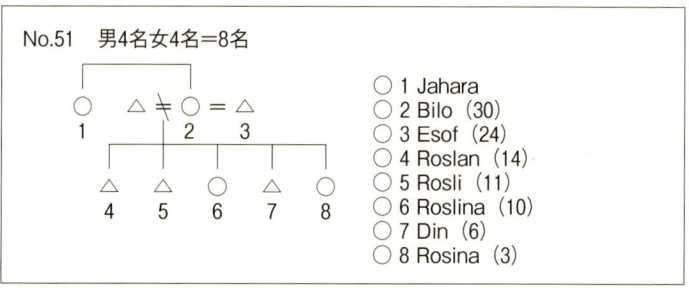

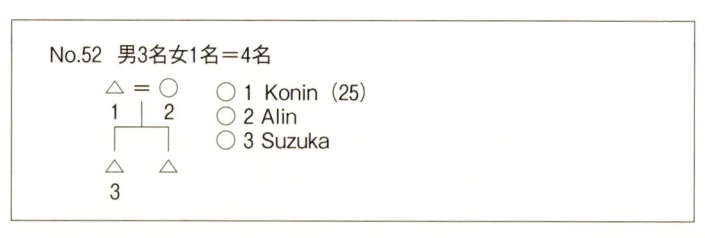

　テコッ（Tekok）はジェナン・キチョイの長女であるが、他のキョウダイとは母親が異なる。村の家よりも、ドリアン果樹園の小屋に住んでいることのほうが多い。娘ジャハラ（Jahara）（No.51）、娘ビロ（Bilo）（No.51）、娘アリン（Alin）（No.52）はイスラームに改宗した。息子たちはイスラームに改宗していないということになっていたが、真相は不明。

　実は、No.50からNo.52に対しては、世帯調査を行なっていない。世帯調査を拒否されたからである。したがって、彼らの世帯の成員の詳細

なデータは手に入れていない。子供たちは学校に通っていないし、森での生活を好み、村びととの交流がほとんどなかった。

ゴム採取作業の収入とドリアン収穫の収入以外には（きわめて少額であった）、これといった収入源はなかった。No.51 と No.52 についてはイスラームに改宗したので、その援助金で生活していると思われる節があった。援助金をクアラ・クラワンのオラン・アスリ局まで受け取りに行った帰りに、プルタンの華人の店で買い物をする彼らを見かけることがよくあった。娘たちの家（No.51, No.52）はいずれも PPRT のプロジェクトによって建てられたものだが、家具らしきものはほとんどなかった。

テコッの息子アサット（Asat）は農薬を飲んで自殺し、エンタッ（No.53）の娘で現在はゴベッ（Gobek）の妻であるインガッ（Ingak）（No.55）の前夫ルパス（Lepas）もまた農薬を飲んで自殺した。こうしたことからも彼ら家族の困窮がうかがえる。

ルティン（Leting）はアル（No.22）に妻をとられたが、何も文句を言わなかった。その後、ルティンは母の異母同父キョウダイであるダオの娘と再婚する。その結婚はタンカップ・バサーによる結婚であったが、2 人を捕らえたのはカトップ（No.44）である。相手の娘は、華人男性と 2 度結婚しており（1 週間、一緒に過ごしたのを「結婚」というのならだが）、ルティンで 3 度目の結婚であった。ルティンはカトップやウレッとつるんで、酒を飲んでいた。森林産物採集の稼ぎを酒代に使ってしまっていたのである。

ビロの息子ロスリ（Rosli）はサンカム（No.42）に代わってアマンの店の手伝いをするようになったが、彼の父親アリー（Alih）は 12 人の「妻」があちこちにいると言われていた。世帯調査当時は、別の地域に住んでいた。村々を転々として、「妻」と関係を持ち、子供をつくっていったのである。そのうちの 1 人がビロということになるが、ビロは別の男性と「再婚」して 2 人の間には子供もいた。

アリン（Alin）の夫コニン（Konin）（No.52）は、イスラームに改宗したため、村びとは彼のことを皮肉を込めてハジ・コニン（Haji Konin）と呼んでいた。彼はバティン・ドゥラマンの息子である。妻はバティン・ドゥラマンのキョウダイのジェナン・キチョイの孫であるから、彼

らもまた近親婚である。かつて彼らの赤ん坊が亡くなって、マレー人の村の墓場に葬ろうとしたとき、その赤ん坊がまだ生きていることにマレー人の村びとが気づき、葬式が中止されたことがあった。この出来事は、イスラム教徒であるならば、墓場を別の場所にする必要があることを村びとに印象づけた。

No.50、No.51、No.52 の世帯構成員、および年齢などの個人情報は不正確である。さしあたり、保健所（Pusat Kesihatan）の名簿を参照したが、その名簿もまた彼らの世帯構成員を十分に把握しているわけではなかった。

No.42 のサンカムは、この家族の娘アンコットと結婚したのである。

No. 53

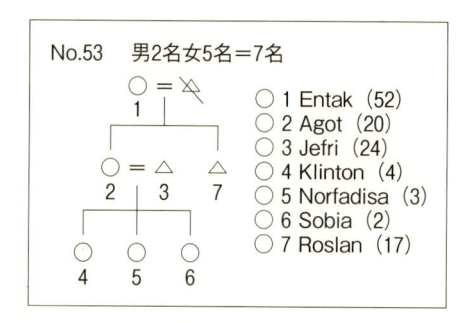

エンタッ（Entak）はバティン・ドゥラマンの娘であり、亡夫サキット（Sakit）はジェクラーの称号を保有していた。しかし、テレビなどの電気製品を次々に購入し、月賦を返済できず取り上げられるなど、アダット・リーダーとしての能力はなかったと言われている。

娘アゴット（Agot）はイスラームに改宗しており、プルタン北部のランゴイ村（Kg. Rangoi）の男性と結婚していた。彼女はかつて、エジャ（Eja）（No.62）の弟にレイプされたことがあり、それはアダットに従って処理された。

息子ロスラン（Roslan）には知的障がいがある。家計はエンタッとイナンと結婚した娘アリッ（No.54）によって行なわれていたゴムの採取

作業による収入に依存しており、生活は困窮していた。

No. 54

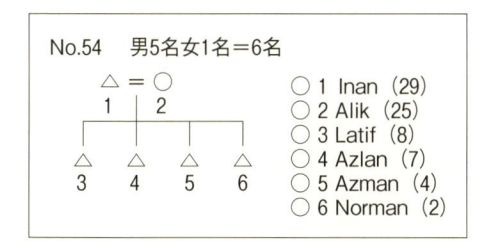

No.54　男5名女1名＝6名

○ 1 Inan　(29)
○ 2 Alik　(25)
○ 3 Latif　(8)
○ 4 Azlan　(7)
○ 5 Azman　(4)
○ 6 Norman　(2)

　イナン（Inan）は酒飲みであり、長期フィールドワーク当時は、ユウ（No.16）やキオップ（No.60）と同様に酔って暴れるトラブル・メーカーの1人であった。パハン州出身。ブディルの大工仕事を手伝う。酒を飲まなければ問題はないのだが、一旦酒が入ると言動が荒くなり、しばしば喧嘩沙汰を引き起こしていた。

　妻アリッ（Alik）のゴム採取作業による収入が主な現金収入であった。イナンは自分の稼ぎのほとんどを酒に使ってしまっていたのである。子供はいずれも栄養失調状態であり、学校にも通っている様子はなかった。家は PPRT のプロジェクトで建てられたが、家具と呼べるものはなく、小さな部屋のコンクリートの床にはパンダヌスの茣蓙が敷かれていた。家族は、そこで粗末な布をかぶって寝ていた。

No. 55

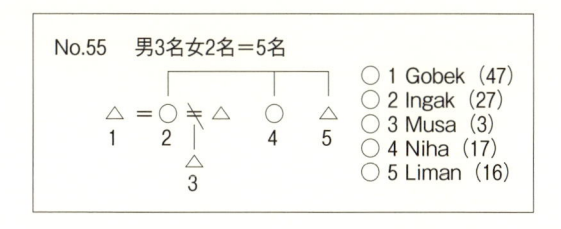

No.55　男3名女2名＝5名

○ 1 Gobek　(47)
○ 2 Ingak　(27)
○ 3 Musa　(3)
○ 4 Niha　(17)
○ 5 Liman　(16)

　ゴベッ（Gobek）はアキ・マイン（No.57）の娘モイェットと結婚して

いたが、モイェットが死亡した後、インガッ（Ingak）と再婚した。ゴベッはクアラ・ルンプール近郊のブキット・ランジャン村の出身。インガッはゴベッとは 20 歳も年が離れていた。ゴベッが 3 番目の夫である。最初の夫はテコッ（No.50）の息子ルパスであったが、彼は農薬を飲んで自殺した。2 番目の夫は、パハン州出身のジャクンの男性であったが、離婚。2 番目の夫との間に子供がいるが、ゴベッとの間の子供は 1996 年 12 月に死亡。栄養失調が原因であった。

　妹ニハ（Niha）と弟リマン（Liman）が同居していた。世帯調査当時、彼らは日雇い労働に従事しており、ゴベッ夫婦はゴム採取作業に従事していた。その後、家族そろってキリスト教に改宗し、村では、彼らの家が「教会」の役目を果たしていた。

8. アキ・マインの親族群

No.56 から **No.63** は、アキ・マインがブキット・ランジャン村から移住した際に連れてきた妻のキョウダイたちの親族群である。

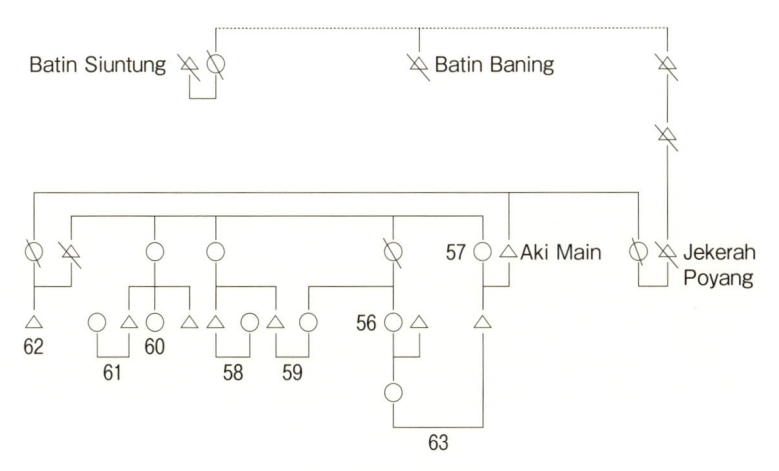

図12 No.56 から No.63

No. 56

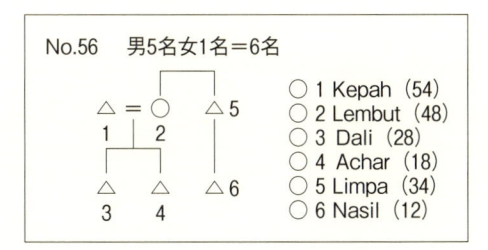

クパー（Kepah）夫婦はイスラームに改宗していた。クパー自身はスランゴール州出身。彼らは、イスラーム宣教活動に嫌気がさして、妻ルンブット（Lembut）とともにドリアン・タワール村に逃げてきたのだが、結局、イスラームに改宗したのである。息子ダリ（Dali）のみがイス

ラームに改宗していなかった。ダリは精神を病んでいるように見え、酒飲みであった。

　ルンブットの実父は不明だが、バダッ（No.32）は義父であった。また、同母異父キョウダイであるリンパ（Limpa）がその息子ナシル（Nasil）とともに同居していた。リンパは妻に逃げられた。リンパは世帯調査のとき、自分はイスラームではないと私に語ったその直後、金曜日のイスラーム礼拝に出かけていた。イスラーム改宗者だったのである。

　娘ロスナーはスディン（No.63）の2番目の妻であった。ルンブットの母とスディンの母は姉妹であるため、彼らの結婚はニュンバン（nyumbang：母方平行イトコ婚）であった。詳細は、拙稿（信田 2004b）を参照。息子アチャール（Achar）はゴム採取作業の仕事に従事していた。

　1998年4月にマレー首長ウンダンが村を訪問した際に、イスラームの教えについてのパンフレットが配られたが、マレー人のイスラーム教師に「これを読めるか」と訊かれ、申し訳なさそうに首を横に振るクパーの姿が村のイスラーム改宗者の実態を象徴していた。

　リンパは、2003年8月に亡くなった。遺体を村の墓地に埋葬するか近隣のマレー人墓地に埋葬するかをめぐってもめたが、結局、村の墓地に埋葬されることになった。

No. 57

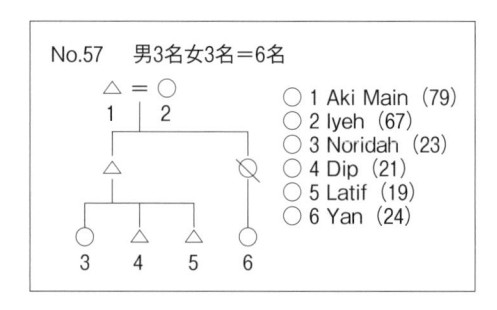

No.57　男3名女3名＝6名

○ 1 Aki Main （79）
○ 2 Iyeh （67）
○ 3 Noridah （23）
○ 4 Dip （21）
○ 5 Latif （19）
○ 6 Yan （24）

　アキ・マイン（Aki Main）は、高齢ながら権力志向が強く、バティン・ジャングットに対するライバル意識が強かった。彼は呪術師（dukun）として知られており、呪術力でもバティン・ジャングットへの対抗意識が強いようであった。非常事態宣言期には軍に協力し、共産ゲリラに加担した親族を密告したこともあった。独立後も軍に勤務。その間は、ブキット・ランジャン村に住んでいた。妻はブキット・ランジャン村出身である。引退後、妻の親族とともに帰ってきた。最初は親族のいるアカイ村に住んでいたが、村びととトラブルを起こし、ドリアン・タワール村に移住した。

移住当初は、現在のマンク・ハシム（No. 9）の屋敷地に住んでいたが、義兄のムンキン（呪術師としてはアキ・マイン以上に有能であったと言われている）の死後、現在の場所（彼らのドリアン果樹園のある場所）に移住した。アキ・マインのキョウダイには、オタ（No. 1）、アバイ（No.13）、ポラン（No.37）、ルナス（No.40）、ポン（No.41）の母親がいた。妻イェー（Iyeh）の姉妹はルンブット（No.56）の母、ルモ（No.58）、ミチ（No.60）であった。つまり、本来ならば、ドリアン・タワール村出身ではないのだが、自らの親族を引き連れて1つのグループを形成しているのである。このグループは村の行事や儀礼には参加していなかった。

長期フィールドワーク当時、インド人やマレー人などが施療を受けるために、毎日曜日ごとにアキ・マインの家を訪れていた。日頃の彼らの言動をよく知っている者ならば信用しないであろうアキ・マインの呪術力を、外部の者は信じているようであった。1回につき100リンギット（当時、1リンギットは約50円）ほどの施療料をとっていたが、そのほとんどが酒代に消えていた。

また、ブキット・ランジャン村の都市再開発のために土地が収用され、補償金を受け取っていた。

ユウ（No.16）の前妻マガ（死亡）の子供やゴベッ（No.55）の子供が同居していた。収入のほとんどは、アキ・マインの呪術師としての収入とブキット・ランジャン村の補償金であった。ドリアン果樹園を所有しており、その収入もあった。

長期フィールドワーク終了後の数年後、アキ・マインは亡くなった。

No. 58

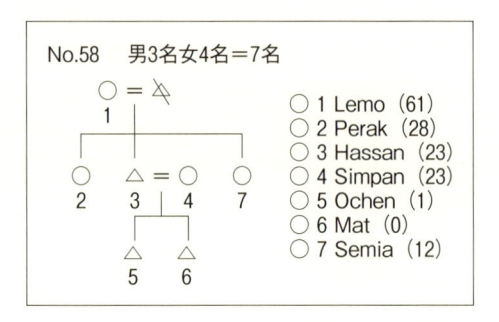

ルモ（Lemo）はアキ・マイン（No.57）の妻イェーの妹であり、ア
キ・マインの家族についてきた。長女ペラッ（Perak）は身体障がい者
であった。息子ハサン（Hasan）はゴム採取作業の仕事をしていたが、
酒飲みであった。妻シンパンはルンバウ出身。ルモは高齢にもかかわら
ず、日雇い労働の仕事をしていた。娘ザリナ（Zarina）はスンガイ・マ
ハン村の男性と結婚し、婚出した。

No. 59

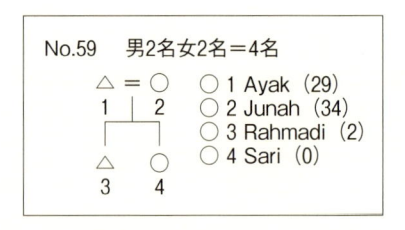

アヤッ（Ayak）はルモ（No.58）の息子。世帯調査当時、華人の豚肉
業者の仕事を手伝っていた。妻ジュナー（Junah）はスディン（No.63）
の妻であったが、離婚してアヤッと再婚した。ジュナーの母はルンブッ
ト（No.56）の母と同一人物であり、スディンの母やアヤッの母とは姉
妹である。したがって、スディンともアヤッとも母方の第1イトコにあ

たる。この結婚もまた、母方平行イトコ婚であった。

アヤッをはじめとするアキ・マインのグループの次世代の人々は、子供のころ、ブキット・ランジャン村で育っていた。そのため、ドリアン・タワール村の生活スタイルにはなじめず、ゴム採取やドリアン収穫などの「村の仕事」というより、どちらかといえば日雇い労働などの「外の仕事」を好む傾向が強かった。それは、ブキット・ランジャン村の生業のほとんどが、「外の仕事」に依存する都市的なものであることも関係しているのかもしれない。したがって、ゴム採取を中心とする村びととはつきあいがあまりなかった。

No. 60

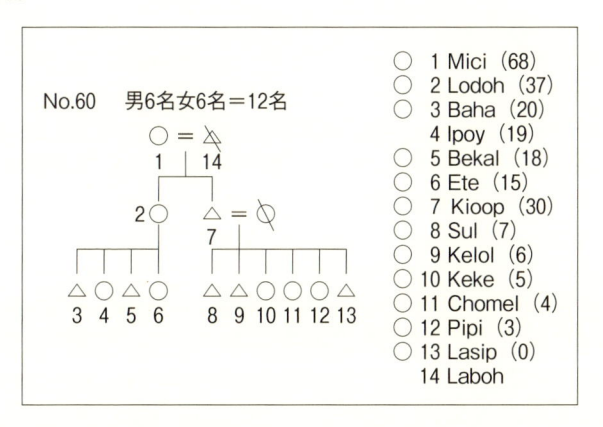

ロドー（Lodoh）は軽い精神病（sewel）を患っていた。精神病というより、困窮生活が続き、考えることを拒否しているようにも見えた。今から思えば、うつ病だったのかもしれない。かつて、ガット（No.49）と結婚していたが、離婚。ゴム園は弟キオップ（Kioop）が華人に貸し出しており、華人からの賃貸収入のほとんどはキオップの酒代に消えていた。母ミチ（Mici）は視覚障がい者（buta）であった。父ラボー（Laboh）は聾者（pekak）、聴覚障がい者であった。ラボーはバチャッ（No.12）とキョウダイである。

ロドーは日雇い労働に従事しており、ガット（No.49）との間の子供も同居していた。娘イポイ（Ipoy）はスランゴール州へ婚出。

キオップは妻ミラを1996年に出産時に亡くしてから、生活が荒れ始めた。酒飲みで周りの者に迷惑をかける、村で最も厄介なトラブル・メーカーになっていた。妻がキリスト教に改宗していたので、キオップもキリスト教に改宗していた。

その後、キオップは、子供たちとともに妻の出身村であるマラッカ州のブキット・パヨン村に住むようになったが、ほどなくして戻ってきた。

No. 61

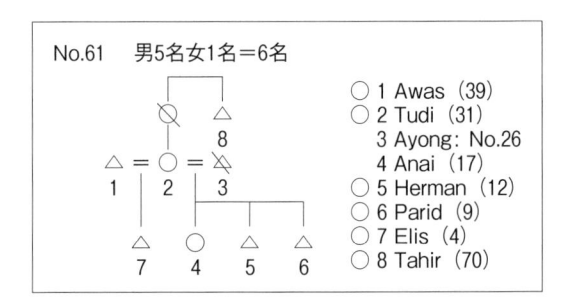

No.61　男5名女1名＝6名

○ 1 Awas（39）
○ 2 Tudi（31）
　 3 Ayong: No.26
　 4 Anai（17）
○ 5 Herman（12）
○ 6 Parid（9）
○ 7 Elis（4）
○ 8 Tahir（70）

アワス（Awas）はロドー（No.60）やキオップ（No.60）のキョウダイである。彼だけはゴム採取作業に従事しており、ゴム園の脇に家を建てて住んでいた。クバンという彼らのキョウダイの1人は、カル（No. 8）の娘と結婚していたが、森林伐採作業中に倒木にあたって死亡した。子供たちはカルがひきとって育てていた。

アワスは、しばしば村の儀礼に参加していた。家はPPRTのプロジェクトによって建設。ラボーのゴム園を相続したのは彼だが、ドリアン果樹園は所有していなかった。

妻トゥディ（Tudi）はポテー（No.26）の息子アヨンと結婚していたが、アヨンが死亡した後、アワスと再婚した。トゥディの父親は華人であった。娘のアナイ（Anai）は、パハン州へ婚出。トゥディの母のキョウダイであるタヒール（Tahir）をひきとって世話をしていた。タヒールはかつてイスラームに改宗したことがあったというが、世帯調査時に

は、イスラーム改宗者ではないと主張していた。当時、タヒールは毎日プタイ採集に出かけていた。

No. 62

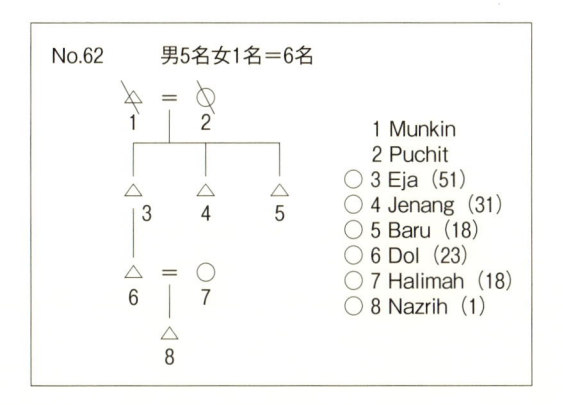

No.62　　男5名女1名＝6名

1 Munkin
2 Puchit
○ 3 Eja（51）
○ 4 Jenang（31）
○ 5 Baru（18）
○ 6 Dol（23）
○ 7 Halimah（18）
○ 8 Nazrih（1）

　エジャ（Eja）の父はムンキン（Munkin）でアキ・マイン（No.57）の妻らとキョウダイである。有能な呪術師であったと言われていた。母はプチット（Puchit）といって、アキ・マインとキョウダイである。つまり、アキ・マインとムンキンはそれぞれの姉妹を交換する形で結婚していたのである。エジャは妻とは離婚しており、息子ドル（Dol）はすでにトホール村の女性と結婚していた。エジャには弟ジナン（Jinang）とバル（Baru）がいて、同居していた。男所帯の彼らは、親族であるアキ・マインの家などで食事をしていた。ジナンは耳が少し聞こえにくく、キオップと行動をともにしていた。日雇い労働や森林産物の採集で生計をたてているが、しばしばゴム採取作業の仕事も行なっていた。ゴム採取作業を行なっていたのはエジャとドルのみであった。エジャも酒飲みであった。

No. 63

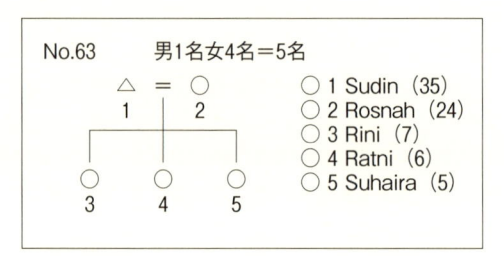

　スディン（Sudin）はアキ・マイン（No.57）の息子であり、車を所有し、アキ・マインの運転手をしていた。長期フィールドワーク当時、それ以外に彼が仕事をするのを見たことも聞いたこともなかった。前妻は母方第１イトコのジュナー（No.59）であり、世帯調査当時の妻は母方第１イトコのルンブット（No.56）の娘ロスナー（Rosnah）であった。

参考文献

綾部恒雄・石井米雄 (編) 1982 『もっと知りたいマレーシア【第2版】』東京：弘文堂。

イアコボーニ、マルコ 2009 『ミラーニューロンの発見――「物まね細胞」が明かす驚きの脳科学』塩原通緒 (訳)、東京：早川書房。

池端雪浦 (編) 1999 『東南アジア史　II　島嶼部』(世界各国史6) 東京：山川出版社。

今井昭夫 (編集代表) 東京外国語大学東南アジア課程 (編) 2014 『東南アジアを知るための50章』東京：明石書店。

イリッチ、イヴァン 1977 『脱学校の社会』東洋、小澤周三 (訳)、東京：東京創元社。

上杉富之 2002 「新生殖技術時代の人類学――親族研究の転換と新たな時代」『民族学研究』66 (4)：389-413。

上杉富之 (編) 2005 『現代生殖医療――社会科学からのアプローチ』京都：世界思想社。

宇田川妙子 2011 「親子関係の複数性という視点からの親族研究再考――イタリアの事例とともに」『文化人類学』75 (4)：574-601。

内堀基光 1989 「民族論メモランダム」『人類学的認識の冒険』田辺繁治 (編)、同文館、pp. 27-43。

内堀基光・山下晋司 1986 『死の人類学』東京：弘文堂。

エドワーズ、マイケル 2008 『「市民社会」とは何か――21世紀のより善い世界を求めて』堀内一史 (訳)、千葉：麗澤大学出版会。

NHKスペシャル取材班 2012 『ヒューマン――なぜヒトは人間になれたのか』東京：角川書店。

NHKスペシャル取材班 2013 『老人漂流社会――他人事ではない"老後の現実"』東京：主婦と生活社。

NHKスペシャル取材班 2015 『老後破産――長寿という悪夢』東京：新潮社。

NHKスペシャル取材班 2016 『老後親子破産』東京：講談社。

NHK「無縁社会プロジェクト」取材班 2012 『無縁社会――"無縁死"三万二

千人の衝撃』東京：文藝春秋。

大木昌 2005 『関係性喪失の時代——壊れてゆく日本と世界』東京：勉誠出版。

小川正恭 2008 「親族研究の消滅はあったのか——日本の教科書の記述から」
『ソシオロジスト』（武蔵大学社会学部）10: 51-72。

奥野克巳 2018 『ありがとうもごめんなさいもいらない森の民と暮らして人類
学者が考えたこと』東京：亜紀書房。

小野林太郎 2018 『海の人類史——東南アジア・オセアニア海域の考古学』東
京：雄山閣。

加藤剛 1980 「矛と盾？——ミナンカバウ社会におけるイスラームと母系制の
関係について」『東南アジア研究』18（2）: 222-256。

加藤剛 1990 「『エスニシティ』概念の展開」『講座東南アジア学第3巻 東南ア
ジアの社会』坪内良博（編）、東京：弘文堂、pp. 215-245。

加藤剛（編）2007 『国境を越えた村おこし——日本と東南アジアをつなぐ』東
京：NTT出版。

加藤剛 2014 「『開発』概念の生成をめぐって——初源から植民地主義の時代ま
で」『アジア・アフリカ地域研究』13（2）: 112-147。

金子芳樹 2001 「第9章 マレーシア——国家・NGO関係における二つの二重
構造」『アジアの国家とNGO——15カ国の比較研究』重富真一（編）、
東京：明石書店、pp. 226-249。

カルドー、メアリー 2007 『グローバル市民社会論——戦争へのひとつの回答』
山本武彦ほか（訳）、東京：法政大学出版会。

河合利光（編）2012 『家族と生命継承——文化人類学研究の現在』東京：時潮
社。

キージング、R. M. 1982 『親族集団と社会構造』小川正恭・笠原政治・河合利
光（訳）、東京：未来社。

金敬黙 2009 『越境するNGOネットワーク——紛争地域における人道支援・平
和構築』東京：明石書店。

口蔵幸雄 1996 『吹矢と精霊』東京：東京大学出版会。

口蔵幸雄 1997 「オラン・アスリの起源——マレー半島先住民の民族形成論の
再検討」『岐阜大学地域科学部研究報告』1号、143-169。

口羽益生・前田成文 1989 「屋敷地共住集団と家族圏」『東南アジア研究』18
（2）: 186-205。

久保田裕之 2009『他人と暮らす若者たち』東京：集英社。

黒柳晴夫 2016「ジャワ農村の家族と親族組織──ジョクジャカルタ特別州内の農村を事例に」『椙山女学園大学研究論集』（社会科学篇）47: 55-69。

小池誠・信田敏宏（編）2013『生をつなぐ家──親族研究の新たな地平』東京：風響社。

ザイナル＝アビディン＝ビン＝アブドゥル＝ワーヒド（編）1983『マレーシアの歴史』野村亨（訳）、東京：山川出版社。

佐倉統 2000『わたしたちはどこから来てどこへ行くのか？──科学が語る人間の意味』東京：ブロンズ新社。

佐倉統 2001『遺伝子 vs ミーム──教育・環境・民族対立』東京：廣済堂出版。

佐藤若菜 2018「中国本土・台湾の漢族に関する 1990 年代以降の親族研究」『社会人類学年報』44: 131-146。

椎野若菜（編）2007『やもめぐらし──寡婦の文化人類学』東京：明石書店。

椎野若菜 2008『結婚と死をめぐる女の民族誌──ケニア・ルオ社会の寡婦が男を選ぶとき』京都：世界思想社。

清水展 2007「グローバル化時代に田舎が進める地域おこし──北部ルソン山村と丹波山南町をつなぐ草の根交流、植林、開発の取り組み」『国境を越えた村おこし──日本と東南アジアをつなぐ』加藤剛（編）、東京：NTT 出版、pp. 165-198。

須藤健一 1989『母系社会の構造──サンゴ礁の島々の民族誌』東京：紀伊國屋書店。

瀬川昌久 1997「人類学における親族研究の軌跡」『岩波講座文化人類学　第 4 巻　個からする社会展望』青木保ほか（編）、東京：岩波書店、pp. 27-60。

瀬川昌久（編）2018『越境者の人類学──家族誌・個人誌からのアプローチ』（東北アジアの社会と環境）東京：古今書院。

関本照夫 1987「東南アジア的王権の構造」『現代の社会人類学 3　国家と文明への過程』伊藤亜人・関本照夫・船曳建夫（編）、東京：東京大学出版会、pp. 3-34。

左右田直規 2014「マレーシア概要」『東南アジアを知るための 50 章』今井昭夫（編集代表）東京外国語大学東南アジア課程（編）、東京：明石書店、pp. 415-420。

ダイアモンド、ジャレド 2013a『昨日までの世界——文明の源流と人類の未来（上）』倉骨彰（訳）、東京：日本経済新聞出版社。

ダイアモンド、ジャレド 2013b『昨日までの世界——文明の源流と人類の未来（下）』倉骨彰（訳）、東京：日本経済新聞出版社。

立本成文 2000『家族圏と地域研究』京都：京都大学学術出版会。

田辺繁治 2005「コミュニティ再考——実践と統治の視点から」『社会人類学年報』31: 1 -29。

多和田裕司 1997「イスラームという力——マレー・ムスリム社会における文化的理念への指向」『岩波講座 文化人類学第6巻 紛争と運動』青木保ほか（編）、東京：岩波書店、pp. 259-281。

多和田裕司 2005『マレー・イスラームの人類学』京都：ナカニシヤ出版。

多和田裕司 2007「現代マレーシアにおける棄教——『制度化』されたイスラームの一断面」『人文研究』（大阪市立大学大学院文学研究科紀要）58: 212-226。

鶴見良行 1981『マラッカ物語』東京：時事通信社。

寺田勇文（編）2002『東南アジアのキリスト教』東京：めこん。

土佐桂子 2014「20 親族・家族論からみる東南アジア社会」『東南アジアを知るための50章』今井昭夫（編集代表）東京外国語大学東南アジア課程（編）、東京：明石書店、pp. 173-179。

トッド、エマニュエル 2001『世界像革命——家族人類学の挑戦』石崎晴己（訳）、東京：藤原書店。

トッド、エマニュエル 2008『世界の多様性——家族構造と近代性』荻野文隆（訳）、東京：藤原書店。

トッド、エマニュエル 2016a『家族システムの起源 Ⅰ ユーラシア 上』石崎晴己（監訳）、片桐友紀子・中野茂・東松秀雄・北垣潔（訳）、東京：藤原書店。

トッド、エマニュエル 2016b『家族システムの起源 Ⅰ ユーラシア 下』石崎晴己（監訳）、片桐友紀子・中野茂・東松秀雄・北垣潔（訳）、東京：藤原書店。

ドンズロ、ジャック 1991『家族に介入する社会——近代家族と国家の管理装置』宇波彰（訳）、東京：新曜社。

長津一史 2004「『正しい』宗教をめぐるポリティクス——マレーシア・サバ州、

海サマ人社会における公的イスラームの経験」『文化人類学』69
（1）: 45-69。

信田敏宏 1996「オラン・アスリの内陸交易ルートとその戦略的側面──トゥ
ミアの事例を中心に」『アジア・アフリカ言語文化研究』51: 185-208。

信田敏宏 1999「改宗と抵抗──マレーシアのオラン・アスリ社会におけるイ
スラーム化をめぐる一考察」『東南アジア研究』37（2）: 257-296。

信田敏宏 2000「『上の人々』と『下の人々』──オラン・アスリ社会における
開発と階層化」『社会人類学年報』26: 129-156。

信田敏宏 2003「首長の罪と罰──マレーシア、先住民社会における慣習法」
『〈もめごと〉を処理する』宮本勝（編）、東京：雄山閣、pp. 52-73。

信田敏宏 2004a「ドリアン・タワール村の生活世界──マレーシア、オラン・
アスリ社会における階層秩序と世帯状況」『国立民族学博物館研究報
告』29（2）: 201-306。

信田敏宏 2004b『周縁を生きる人びと──オラン・アスリの開発とイスラーム
化』京都：京都大学学術出版会。

信田敏宏 2008「歳時世相篇（7）【ハリ・ラヤ】オラン・アスリの祝祭日」
『月刊みんぱく』10月号、通巻 373 号：18-19。

信田敏宏 2009「開発の風景──マレーシア先住民オラン・アスリの事例」『東
南アジア・南アジア 開発の人類学』信田敏宏・真崎克彦（編）、東
京：明石書店、pp. 99-117。

信田敏宏 2010「『市民社会』の到来─マレーシア先住民運動への人類学的アプ
ローチ」『国立民族学博物館研究報告』35（2）: 269-297。

信田敏宏 2013a『ドリアン王国探訪記──マレーシア先住民の生きる世界』
（フィールドワーク選書1）京都：臨川書店。

信田敏宏 2013b「親族システムの理念と実践──マレーシア、オラン・アスリ
社会の母系制」『国立民族学博物館研究報告』37（3）: 311-330。

信田敏宏 2015a「私たちの選択」『いのちはどう生まれ、育つのか──医療、
福祉、文化と子ども』（岩波ジュニア新書 799）道信良子（編）、東
京：岩波書店、pp. 29-42。

信田敏宏 2015b『「ホーホー」の詩ができるまで──ダウン症児、こころ育て
の 10 年』東京：出窓社。

信田敏宏 2016「親の立場から考える就学支援──インクルーシブ教育に対す

る提言」『発達障害研究』38（3）: 292-301。

信田敏宏 2017a「統治される森の民――マレー半島におけるオラン・アスリと隣人との関係史」『狩猟採集民からみた地球環境史――自然・隣人・文明との共生』池谷和信（編）、東京：東京大学出版会、pp. 190-202。

信田敏宏 2017b「序論　グローバル支援の人類学」『グローバル支援の人類学――変貌するNGO・市民活動の現場から』信田敏宏・白川千尋・宇田川妙子（編）、京都：昭和堂、pp. 1-14。

信田敏宏 2017c「人」『東南アジア地域研究入門　2 社会』山本信人（監修）、宮原暁（編）、東京：慶應義塾大学出版会、pp. 123-140。

信田敏宏 2017d「マレーシア（オラン・アスリ）」『世界の暦文化事典』中牧弘允（編）、東京：丸善出版、pp. 106-109。

信田敏宏 2018『「ホーホー」の詩、それから――知の育て方』東京：出窓社。

速水洋子 2009『差異とつながりの民族誌――北タイ山地カレン社会の民族とジェンダー』京都：世界思想社。

ブラックモア、スーザン 2000『ミーム・マシーンとしての私』（上・下）垂水雄二（訳）、東京：草思社。

ブルデュー、ピエール；パスロン、ジャン＝クロード 1991『再生産――教育・社会・文化』宮島喬（訳）、東京：藤原書店。

前田成文 1986「マレー農民の家族圏」『家族の文化誌――さまざまなカタチと変化』原ひろ子（編）、東京：弘文堂、pp. 29-50。

前田成文 1989『東南アジアの組織原理』東京：勁草書房。

松沢哲郎 2011『想像するちから――チンパンジーが教えてくれた人間の心』東京：岩波書店。

三浦敦 2001「NGOへの人類学的アプローチ――新たな現代の市民社会論にむけて」『文化人類学研究』2: 1-22。

水島司 1994「マレー半島ペラ地域における土地行政」『東南アジア 歴史と文化』23: 22-42。

ミズン、スティーヴン 2006『歌うネアンデルタール――音楽と言語から見るヒトの進化』熊谷淳子（訳）、東京：早川書房。

宮本勝 1986『ハヌノオ・マンヤン族――フィリピン山地民の社会・宗教・法』東京：第一書房。

牟田和恵（編）2009『家族を超える社会学――新たな生の基盤を求めて』東

京：新曜社。

村武精一 1973『家族の社会人類学』東京：弘文堂。

目加田説子 2003『国境を超える市民ネットワーク──トランスナショナル・シビルソサエティ』東京：東洋経済新報社。

森明子（編）2004『ヨーロッパ人類学　近代再編の現場（フィールド）から』東京：新曜社。

森明子（編）2014『ヨーロッパ人類学の視座　ソシアルなるものを問い直す』京都：世界思想社。

山極寿一 2012『家族進化論』東京：東京大学出版会。

山極寿一 2014『「サル化」する人間社会』東京：集英社インターナショナル。

ユヴァル・ノア・ハラリ 2016a『サピエンス全史──文明の構造と人類の幸福　上』柴田裕之（訳）、東京：河出書房新社。

ユヴァル・ノア・ハラリ 2016b『サピエンス全史──文明の構造と人類の幸福　下』柴田裕之（訳）、東京：河出書房新社。

リード、アンソニー 1997『大航海時代の東南アジア　Ⅰ──貿易風の下で』平野秀秋・田中優子（訳）、東京：法政大学出版局。

リード、アンソニー 2002『大航海時代の東南アジア　Ⅱ──拡張と危機』平野秀秋・田中優子（訳）、東京：法政大学出版局。

レヴィ＝ストロース、クロード 2000『親族の基本構造』福井和美（訳）、東京：青弓社。

ローズマン、マリーナ 2000『癒しのうた──マレーシア熱帯雨林にひびく音と身体』山田陽一・井本美穂（訳）、京都：昭和堂。

和田正平 1988『性と結婚の民族学』京都：同朋舎出版。

Baharon Azhar Raffie'i 1973 Parit Gong: An Orang Asli in Transition. Unpublished Ph. D. Dissertation, University of Cambridge.

Baharun Azhar Raffie'i 2006 Orang Asli Social Organization and Leadership. In *The Encyclopedia of Malaysia Volume 12 Peoples and Traditions*, Hood Salleh (ed.), pp. 24-25. Kuala Lumpur: Editions Didier Millet.

Bellwood, P. 1993 Cultural and Biological Differentiation in Peninsular Malaysia: The Last 10, 000 Years. *Asian Perspectives* 32: 37-60.

Bellwood, P. 1997 *Prehistory of the Indo-Malaysian Archipelago*. Honolulu: University of Hawai'i Press.

Benjamin, Geoffery and Cynthia Chou (eds.) 2002 *Tribal Communities in the Malay World: Historical, Cultural and Social Perspectives*. Singapore: Institute of Southeast Asian Studies.

Carsten, Janet (ed.) 2000 *Cultures of Relatedness: New Approaches to the Study of Kinship*. Cambridge: Cambridge University Press.

Carsten, Janet 2004 *After Kinship*. Cambridge: Cambridge University Press.

Comaroff, J. L. and Comaroff, J. (eds.) 1999 *Civil Society and the Political Imagination in Africa: Critical Perspectives*. Chicago: University of Chicago Press.

Dentan, Robert Knox 1997 The Persistence of Received Truth: How the Malaysian Ruling Class Constructs the Orang Asli. In *Indigenous Peoples and the State: Politics, Land, and Ethnicity in the Malayan Peninsula and Borneo*, Winzeler, R. L. (ed.), pp. 98-134. New Haven: Yale University Southeast Asia Studies.

Dentan, R. K., Endicott, K., Gomes, A. G. and Hooker, M. B. 1997 *Malaysia and the "Original Peoples": A Case Study of the Impact of Development on Indigenous Peoples*. Boston: Allyn and Bacon.

Duncan, Christpher R. 2004 Legislating Modernity among the Marginalized. In *Civilizing the Margins: Southeast Asian Government Policies for the Development of Minorities*, Christopher R. Duncan (ed.), pp. 1-23. Ithaca: Cornell University Press.

Dunn, F. L. 1975 *Rain-Forest Collectors and Traders: A Study of Resource Utilization in Modern and Ancient Malaya*, Monograph No. 5, Malaysian Branch of the Royal Asiatic Society.

Dunn, F. L. 1977 Secular Changes in Temuan (Malaysian Orang Asli) Settlement Patterns, Subsistence and Health. *The Malayan Nature Journal* 31 (2): 81-92.

Edelman, Marc 2001 Social Movements: Changing Paradigms and Forms of Politics. *Annual Reviews of Anthropology* 30: 285-317.

Endicott, Kirk 1983 The Effects of Slave Raiding on the Aborigines of the Malay Peninsula. In *Slavery, Bondage, and Dependency in Southeast Asia*, A. Reid and J. Brewater (eds.), pp. 216-245. Brisbane: University of Queensland

Press.

Endicott, Kirk 2003 Indigenous Rights Issues in Malaysia. In *At the Risk of Being Heard: Identity, Indigenous Rights, and Postcolonial States*, Bartholomew Dean and Jerome M. Levi (eds.), pp. 142-164. Ann Arbor: The University of Michigan Press.

Endicott, Kirk and Dentan, Robert Knox 2004 Into the Mainstream or into the Backwater? Malaysian Assimilation of Orang Asli. In *Civilizing the Margins: Southeast Asian Government Policies for the Development of Minorities*, Christopher R. Duncan (ed.), pp. 24-55. Ithaca: Cornell University Press.

Evans, I. H. N. 1915 Notes on Various Aboriginal Tribes of Negri Sembilan. *Journal of the Federated Malay States Museums* 6 (2): 100-114.

Favre, P. 1848 An Account of the Wild Tribes Inhabiting the Malayan Peninsula, Sumatra and a Few Neighboring Islands. *Journal of the Indian Archipelago and Eastern Asia* 2: 237-282.

Garland, Elizabeth 1999 Developing Bushmen: Building Civil (ized) Society in the Kalahari and Beyond. In *Civil Society and the Political Imagination in Africa: Critical Perspectives*, J. L. Comaroff and J. Comaroff (eds.), pp. 72-103. Chicago: University of Chicago Press.

Gomes, Alberto G. 2004 *Looking for Money: Capitalism and Modernity in an Orang Asli Village*. Center for Orang Asli Concerns/ Trans Pacific Press.

Hann C. and Dunn E. (eds.) 1996 *Civil Society: Challenging Western Models*. New York: Routledge.

Harper, T. N. 1997 The Politics of the Forest in Colonial Malaya. *Modern Asian Studies* 31 (1): 1-29.

Harper, T. N. 1999 *The End of Empire and the Making of Malaya*. Cambridge: Cambridge University Press.

Hasan Mat Nor 1994 Christianity and the Peripheral Community: A Malaysian Case. *The Journal of Sophia Asian Studies* (上智アジア学) 12: 143-158.

Hasan Mat Nor 1997 *Kajian Keciciran Kalangan Pelajar Orang Asli Peringkat Sekolah Rendah*. Jabatan Antropologi dan Sosiologi, Universiti Kebangsaan Malaysia.

Hill, C., Soares, P., Mormina, M., Macaulay, V., Meehan, W., Blackburn, J., Clarke, D.,

Raja, J. M., Ismail, P., Bullbeck, D., Oppenheimer, S. and Richards, M. 2006 Phylogeography and Ethnogenesis of Aboriginal Southeast Asians. *Mol. Biol. Evol.* 23 (12): 2480-2491.

Hunt, Robert, Lee Kam Hing and Roxborogh, John (eds.) 1992 *Christianity in Malaysia: A Denominational History*. Selangor, Malaysia: Pelanduk Publications.

Jabatan Hal Ehwal Orang Asli (JHEOA) 1983 *Strategi Perkembangan Ugama Islam di Kalangan Masyarakat Orang Asli*.

Jabatan Hal Ehwal Orang Asli (JHEOA) 1997 *Kenyataan Ketua Pengarah Jabatan Hal Ehwal Orang Asli, Malaysia*.

Jennings, Sue 1995 *Theatre, Ritual and Transformation: The Senoi Temiars*. London and New York: Routledge.

Jimin bin Idris 1992 People's Participation in Development: A Case Study of a Successful Programme of an Orang Asli Settlement. Paper presented at the "Workshop on Penan Development: Towards Active Participation of the Penan Community in Development," organized by Angkatan Zaman Mansang (AZAM), 20-21 January, Marudi, Sarawak.

Kathirithamby-Wells, Jenamalar 2005 *Nature and Nation: Forest and Development in Peninsular Malaysia*. Honolulu: University of Hawai'i Press.

Laderman, Carol 1991 *Taming the Wind of Desire: Psychology, Medicine, and Aesthetics in Malay Shamanistic Performance*. Berkley: University of California Press.

Leary, J. D. 1995 *Violence and Dream People: The Orang Asli and the Malayan Emergency 1948-1960*. Monograph in International Studies, Southeast Asia Series, Number 95, Athens Center for International Studies, Ohio University.

Loh Kee Wey 1993 Evolving Semai Identities: Religious Conversion and Social Relations in a Semai Community. M. A. Thesis, Monash University.

Mathur, Satkuna 1986 The Besisi and Their Religion: An Introduction to the People, the Beliefs and the Ritual Practices of an Aboriginal Community of Coastal Selangor, Malaysia. *Contributions to Southeast Asian Ethnography* 5: 137-179.

Maureen Kooi Cheng Chew 2000 *The Journey of the Catholic Church in Malaysia*

1511-1996. Kuala Lumpur: Catholic Research Centre.

Maxwell, W. E. 1880 The Aboriginal Tribes of Perak. *Journal of the Straits Branch of the Royal Asiatic Society* 4: 46-50.

Mohd. Tap Salleh 1990 An Examination of Development Planning among the Rural Orang Asli of West Malaysia. Unpublished Ph. D. Dissertation, University of Bath.

Nagata, Shuichi 1995 Education and Socialisation in a Semang Resettlement Community of Kedah, Malaysia: The Case of the Kensiu, the Kintak Bong and the Kintak Nakil. In *Indigenous Minorities of Peninsular Malaysia: Selected Issues and Ethnographies*, Razha Rashid (ed.), pp. 86-108. Kuala Lumpur: Intersocietal and Scientific Sdn. Bhd.

Nicholas, Colin 2000 *The Orang Asli and the Contest for Resources: Indigenous Politics, Development and Identity in Peninsular Malaysia*. Kuala Lumpur : IWGIA/ COAC.

Nicholas, Colin 2002 Organizing Orang Asli Identity. In *Tribal Communities in the Malay World: Historical, Cultural and Social Perspectives*, Geoffery Benjamin and Cynthia Chou (eds.), pp. 119-136. Singapore: Institute of Southeast Asian Studies.

Nobuta, Toshihiro 2009 *Living on the Periphery: Development and Islamization among the Orang Asli in Malaysia*. Subang Jaya, Malaysia: Center for Orang Asli Concerns.

Noone, H. D. 1936 Report on the Settlements and Welfare of the Ple-Temiar Senoi of the Perak-Kelantan Watershed. *Journal of the Federated Malay States Museums* 19 (1): 1-85.

Paley, Julia 2002 Toward an Anthropology of Democracy. *Annual Reviews of Anthropology* 31: 469-496.

Pelez, M. G. 1988 *A Share of the Harvest: Kinship, Property, and Social History among the Malays of Rembau*. Berkeley: University of California Press.

Pertubuhan Kebajikan Islam Malaysia (PERKIM) 1980 *Resolusi: Seminar Dakwah Islamiah di Kalangan Orang Asli Malaysia*. Universiti Malaya, Kuala Lumpur.

Schebesta, P. 1973 (1928) *Among the Forest Dwarfs of Malaya*. Reprinted edition,

Oxford University Press.

Shastri, Hermen P. 1989 Christ in Tribal Culture: A Study of the Interaction between Christianity and Semai Society of Peninsular Malaysia in the Context of the History of the Methodist Mission (1930-1983). Submitted in Partial Fulfilment of the Requirement for the Degree of Doctor of Theology, The Faculty of Theology, Ruprecht-Karis-Universitat of Heidelberg.

Skeat, W. W. and Blagden, C. O. 1966 (1906) *Pagan Races of the Malay Peninsula.* two volumes, London: Frank Cass.

Wilder, Gary 1999 Practicing Citizenship in Imperial Paris. In *Civil Society and the Political Imagination in Africa: Critical Perspectives.*, J. L. Comaroff and J. Comaroff (eds.), pp. 44-71. Chicago: University of Chicago Press.

Zafarina Zainuddin (ed.) 2012 *Genetic and Dental Profiles of Orang Asli of Peninsular Malaysia.* Pulau Pinang: Penerbit Universiti Sains Malaysia.

あとがき

　人類学研究が花盛りだった頃、人類学者は「未開」の地に赴き、私たちとはまったく違った生活をしている人たちを対象に研究をしていた。しかし現在では、文明に全く染まらない「未開」の地は地球上にほぼ存在しなくなってきていると言ってよい。こんにちの人類学者はフィールドに押し寄せる文明の波を目の当たりにし、時代の変化に翻弄され、変わりゆく人々の生活や社会に目を奪われることが多くなってきているのではないだろうか。

　私自身も 20 年以上前に、世界宗教に染まっていないオラン・アスリを研究対象として選び、人類のかつての姿を見てみたいと思いドリアン・タワール村を訪れた。そこには確かに、吹き矢を使った狩猟をしたり、森に自生する果実を採集しながら森の民として生きるオラン・アスリの生活があった。しかし、徐々に、そうした彼らの原初的な姿よりも、変化の波に翻弄される姿の方に私の興味は傾き、時代の波が辺縁の地に押し寄せ、「未開」の地が未開の地でなくなっていくプロセスを追うことに研究者としての関心を持つようになった。

　今後も原初的な社会システムが存在するこの場所に、様々な原理、宗教、システムが入ってくるであろう。NGO に代表されるような新しい価値観やインターネットのような新しい技術が、波のように、そして今まで以上に早いスピードで入り込んでくるにちがいない。彼らがこれまで保持してきた原初的な社会システムが今後どのように変化するか、変化しないとしたらなぜなのか、という問いを追究していくことが人類学者としての使命であり、それは人類の未来を考えることにもつながっていくだろう。

彼らの素朴で自然な生き方は、日々ストレスと孤独に押しつぶされそうになりながら生きる私たちに多くの示唆を与えてくれる。人が生きるためには、自然との共生、そして人と人との助け合いや分かち合いがいかに大切であるかを、彼らが教えてくれているような気がしてならない。ドリアン・タワール村の人々と暮らした日々を懐かしく思う時、彼らがこの先もオラン・アスリとして生きていけることを願ってやまない。

　本書の4章と6章は、それぞれ以下の論文に加筆修正したものである。

　「親族システムの理念と実践──マレーシア、オラン・アスリ社会の母系制」『国立民族学博物館研究報告』37巻3号、2013年。
　「『市民社会』の到来──マレーシア先住民運動への人類学的アプローチ」『国立民族学博物館研究報告』35巻2号、2010年。

　4章と6章以外の章は、以下の論文を元に書き下ろしたものである。

　「統治される森の民──マレー半島におけるオラン・アスリと隣人との関係史」池谷和信（編）『狩猟採集民からみた地球環境史──自然・隣人・文明との共生』東京大学出版会、2017年。
　「序論　グローバル支援の人類学」信田敏宏・白川千尋・宇田川妙子（編）『グローバル支援の人類学──変貌するNGO・市民活動の現場から』昭和堂、2017年。
　「人」山本信人（監修）・宮原曉（編）『東南アジア地域研究入門　2　社会』慶應義塾大学出版会、2017年。
　「開発のメタファーとしての学校教育──オラン・アスリ社会における低就学と教育格差」長津一史・加藤剛（編）『開発の社会史──東南アジアにみるジェンダー・マイノリティ・境域の動態』風響社、2010年。

「『改宗の人類学』序説——マレーシア、オラン・アスリ社会における
キリスト教化」杉本良男（編）『キリスト教と文明化の人類学的研究
（国立民族学博物館調査報告 62）』国立民族学博物館、2006 年。

　本書の草稿に対して、有益なコメントをしてくださった宇田川妙子さ
ん（国立民族学博物館）と白川千尋さん（大阪大学）に心より感謝したい。
その後、大幅な加筆修正を経て脱稿することができた。言うまでもない
が、本書の内容についての最終的な責任は私にある。

　京都西陣の路地にある小さな喫茶店で、臨川書店の西之原一貫さんと
出版について話をした時に、本書のタイトルと内容がほぼ固まった。前
作と同様に、的確なアドバイスと丁寧な編集作業をしていただいた西之
原さんに深く感謝申し上げたい。また、本書の出版を認めていただいた
臨川書店に御礼を申し上げる。

　家族について考えるようになったのは、村の家族とのつきあいもある
が、自分の家族ができたからでもある。家族の問題は、私的な問題であ
ると同時に、社会の問題であると思うようになったのも、自らの子育て
の経験が大きく影響している。家族の問題に終わりはなく今でも課題が
山積しているが、今後も、妻や娘とともに色々と思いをめぐらせていき
たいと考えている。

　　2018 年　師走の京都にて

　　　　　　　　　　　　　　　　　信　田　敏　宏

信田敏宏 (のぶた　としひろ)

1968年東京都生まれ。東京都立大学大学院博士課程単位取得退学。
博士（社会人類学）。国立民族学博物館教授。
専門は社会人類学・東南アジア研究。主な著書に『周縁を生きる人びと
──オラン・アスリの開発とイスラーム化』（京都大学学術出版会、
2004年）、『ドリアン王国探訪記──マレーシア先住民の生きる世界』
（臨川書店、2013年）、『「ホーホー」の詩ができるまで──ダウン症児、
こころ育ての10年』（出窓社、2015年）、『「ホーホー」の詩、それから
──知の育て方』（出窓社、2018年）などがある。

家族の人類学
マレーシア先住民の親族研究から助け合いの人類史へ

2019年7月31日　初版発行

著　者　信田敏宏
発行者　片岡　敦
印　刷　亜細亜印刷株式会社
発行所　株式会社　臨川書店

〒606-8204
京都市左京区田中下柳町八番地
電話(075) 721-7111
郵便振替　01070-2-800

印東道子・白川千尋・関 雄二 編　**フィールドワーク選書**　全20巻完結！

四六判ソフトカバー／平均200頁／各巻 本体2,000円＋税　臨川書店 刊